财务管理与会计实践

吴应运 刘冬莉 王郁舒 主编

北京工业大学出版社

图书在版编目（CIP）数据

财务管理与会计实践 / 吴应运，刘冬莉，王郁舒主
编 . — 北京：北京工业大学出版社，2018.12（2021.5 重印）
ISBN 978-7-5639-6011-8

Ⅰ . ①财… Ⅱ . ①吴… ②刘… ③王… Ⅲ . ①财务管
理②会计学 Ⅳ . ① F275 ② F230

中国版本图书馆 CIP 数据核字（2019）第 019096 号

财务管理与会计实践

主　　编：吴应运　刘冬莉　王郁舒
责任编辑：申路好
封面设计：点墨轩阁
出版发行：北京工业大学出版社
　　　　　　（北京市朝阳区平乐园 100 号　邮编：100124）
　　　　　　010-67391722（传真）　　bgdcbs@sina.com
经销单位：全国各地新华书店
承印单位：三河市明华印务有限公司
开　　本：787 毫米 ×1092 毫米　1/16
印　　张：16.75
字　　数：335 千字
版　　次：2018 年 12 月第 1 版
印　　次：2021 年 5 月第 2 次印刷
标准书号：ISBN 978-7-5639-6011-8
定　　价：69.80 元

前 言

　　现阶段，有关中国特色的财务会计理论与应用的研究方兴未艾，关于如何构建我国的财务管理与会计实践体系，至今仍未取得一致意见。究其原因，笔者认为关键在于有关人员对构建财务会计理论与应用体系逻辑起点的问题没有达成共识。财务管理的内容随着时代的发展不断丰富，过去的部分管理模式与体制亟待更新，信息时代下的财务管理必将迎来大的变革。财务会计也从传统的手工工作方式向电算化方向转变，这种转变是时代发展的必然。会计电算化会引起会计理论和会计方法上的变化，但这种变化是渐进型的，而不是突变型的，会计电算化必须遵循基本的会计理论和会计方法。只有跟得上时代的步伐，财务会计才会在新的时代有更多的作为。

　　本书开篇从财务会计的定义入手，依次介绍了财务会计的相关职能与现存问题，能够使读者对财务会计有一个初步的了解。本书通过分析财务管理的环境背景和制度要求，来阐释财务管理的必要性。使有关从业人员在财务管理相关理论的指导下，进一步熟悉财务报表，对其工作提出方法论的指导。本书从营运资金与投资方面，对企业财务管理加以深入论述，为财务管理提供参考，并引入税收管理的概念，强调税收管理的重要性。通过介绍内部控制的方法与策略，来分析会计内部控制的现状，在对会计电算化概念介绍的基础之上，进一步提出操作流程的具体举措。

　　本书由广西民族大学的吴应运担任第一主编；由来自河南省会计学校的刘冬莉担任第二主编；由大连开发区热电厂的王郁舒担任第三主编。在编写本书的过程中，笔者查阅了大量国内外的最新研究成果、文献资料，借鉴了部分专家学者和前辈的经验及著作，在此特向作者表示由衷的感谢！由于时间仓促，加之笔者精力有限，书中难免出现不足之处，望广大读者谅解并期待您的宝贵意见。

编　者

2018 年 10 月

作者简介

吴应运　　　男，1975 年 12 月生，汉族，毕业于中央财经大学，中级经济师。2014 年进入广西民族大学从事教育教学工作至今。主讲税收筹划、中国税制、国际财务管理、资产评估等多门课程，在省级以上正式刊物发表论文 5 篇。

刘冬莉　　　女，1971 年 12 月生，汉族，毕业于河南财经学院，高级讲师。1996 年进入河南省会计学校会计教研室从事教学工作，2014 年 12 月至今任河南省会计学校实习实训部主任（兼任河南财政税务高等专科学校综合实验实训中心副主任）。主讲基础会计、会计学、财务会计、会计基础与实训、初级会计实务、市场营销等课程，在核心期刊发表论文 3 篇，在其他期刊发表论文 13 篇。

王郁舒　　　女，1989 年 6 月生，汉族，毕业于大连海洋大学，中级会计师。2012 年毕业后到国电电力发展股份有限公司大连开发区热电厂工作至今。主要从事会计、材料、档案、薪酬管理工作。在省级以上正式刊物发表论文 4 篇。

目 录

第一章　财务会计概述

　　财务会计是一种工具，是人造的以提供会计信息为目的的信息系统。财务会计的目标就是期望会计达到的目的。会计目标虽然是人们主观认识的产物，但并不属于纯主观范畴，会受到经济、政治、法律和社会文化背景的影响不断变化。随着社会发展，经济结构不断完善，会计制度也随之改变。目前，如何构建有关中国特色的会计理论研究体系，已经成为众多有关学者研究的首要问题，其中非常重要的一点就是要以财务会计目标作为构建中国特色会计理论的起点。而会计目标又会受到会计环境的制约，所以有关学者及研究人员应该从会计环境出发，研究两者的关系，结合我国特有的经济环境，借鉴西方成熟技术，学习西方理论方法，去其糟粕，取其精华，寻找适合我国的财务会计目标。目前，我国经济体制还在不断构建和完善，财务会计报告造假情况严重，公司结构还不够完善，确立正确的会计目标是经济建设的重中之重。适合中国特色的财务会计目标有利于群众、投资者、经营者、风险管理者、国家等对财务会计的信任，避免信任危机，使企业和国家经济健康发展。

　　会计要素在整个会计理论体系中，居于相当重要的地位。现代会计学家认为，会计要素的重要性并不低于会计假设和会计原则，它是会计理论研究的核心和连接会计实践的关键，当然它必然是会计规范体系中极为重要的内容。作为会计理论体系中最基本的会计概念，会计要素的发展和演变与账户体系和财务报表的内容密切相关。随着经济和社会的迅速发展，目前人们所理解的会计要素，与传统会计已有一定区别。然而，会计要素从何而来、应该如何定义，它在财务会计理论体系中究竟处于什么地位，其具体组成是什么，对于类似问题会计学界并没有一致的意见。总的来看，近年来一个重要发展趋势是财务会计逐渐引入经济学的相关概念，试图使财务报表和其他财务报告能够更真实地反映企业的财务状况、经营业绩和现金流量。

第一节　财务会计的相关界定

一、财务会计的相关概念

（一）财务

财务泛指财务活动和财务关系。前者指企业在生产过程中涉及资金的活动，表明财务的形式特征；后者指财务活动中企业和各方面的经济关系，揭示财务的内容本质。因此，企业财务就是企业在生产过程中的资金运动，体现着企业和各方面的经济关系。财务不仅是国民经济各部门、各单位在物质资料再生产过程中客观存在的资金运动及资金运动过程中所体现的经济关系，更主要的是财产和债务，即资产和负债等。财务理论是指一套以原则为形式而进行的科学推理或对财务实践的科学总结而建立的系统化和理性化的概念体系。从揭示的内容看，财务理论的内容是对财务实践的理性认识。财务理论来源于财务实践，是人们在长期的财务实践活动中获得从感性认识上升为理性认识的结果。从理论的结构看，财务理论是具有内在联系的各个要素之间排列组合起来的一个整体，即由基本理论、实践运用预测和发展方面的要素组成。从理论的形成看，它是财务实践的结果，又是研究者总结实践履行思想的结果，因此财务理论反映了特定历史时代下研究者的认识水平。

随着生产资料公有，商品经济进一步发展，市场竞争也愈发激烈。这使得社会主义企业财务以及社会公用福利事业财务大量存在，同时还存在着成千上万的公民家庭财务。其中大多数公民不是以家庭为单位从事生产活动的，而是在社会主义的企业、事业单位中从事生产活动的，因此大多数公民家庭财务只是一个纯粹的消费性家庭财务。而另外一小部分公民是以家庭为单位从事生产活动的，从而使其家庭财务成为经营性的家庭财务。在社会主义社会财务中，国家财务占据统治地位，支配着其他社会财务。与资本主义社会相同，尽管各公民的家庭财务是社会财务的基本单位，但由于其大多是纯粹消费性家庭财务，因此不是社会财务的基础。社会主义社会财务的基础是社会主义的企业财务，至于经营性家庭财务则是社会主义社会财务的补充。各种财务相互依存，相互制约，构成了社会主义的社会财务，它反映了社会主义的生产关系。

（二）会计

认识会计的定义，首先必须弄清会计的本质，所谓会计的本质，是指在从产生到发展进步的历史过程中，会计这一客观社会现象的内部联系，它由会计的内在矛盾构成，是会计这一事物比较深刻的、一贯的和稳定的方面。从会计产生和发展的历史观察各个时代的会计，其各个阶段均有着不同的反映和控制的具体内容，其发展水平以及所采用的方法也不同，也就是说，各个不同时代的会计，具有各个时代的特征。各个时代的会计特征，决定了各个不同时代会计的个性，会计的本质则是各个不同时代会计的共性。在人类社会中，由于存在着物质资源的有限性和社会需要的无限性之间的矛盾，客观上就要求节约使用经济资源和合理分配经济资源，即资源的最优配置。尽管各个时代会计管理所追求的具体目标及其性质不同，但其共同点都是为了使资源的最优配置。

会计是在社会生产实践中产生的。人们在进行生产地，对劳动耗费和劳动成果进行记录与计算，以获得关于生产过程和结果的经济信息，据以总结过去、了解现状和安排未来。会计就是适应这种需要而产生的。在人类社会的早期，会计只是生产职能的附带部分，单个商品生产者甚至只用头脑记账。当社会生产力发展到一定的水平，出现了剩余产品、社会分工和私有制，特别是商品经济有了一定发展之后，会计才逐渐从生产职能的附带部分分离出来，成为专门委托当事人的独立的职能。经济活动的量化与软科学是相辅相成的。随着经济的发展，整个经济活动的过程、环节、要素包括的范围越来越广，这就意味着会计所要研究的内容即量化的内容随之扩大。从生产过程中物的要素的量化到人力与物力的量化结合，从微观主体量化到宏观主体量化，从现在要素的量化到将来事项的量化，人力资源、社会责任、未来事项及自然经济资源配置的综合效果，已成为会计研究的重要内容。会计作为一门软科学，在现代社会中日益得到体现。

（三）经济

经济就是对物资的管理，是对人们生产、使用、处理、分配一切物资这一整体动态现象的总称。这一概念微观的指一个家庭的家务管理，宏观的指一个国家的经国济民。在这一动态整体中，包括人类的生产、储蓄、交换、分配的各项活动，其中生产是这一动态的基础，分配是这一动态的终点。新常态经济不仅是一种新的经济形，也是一种新的经济发展模式，它与国内生产总值（GDP）导向的旧经济形态和旧经济发展模式存在根本区别。新常态经济用发展促进增长、用社会全面发展代替 GDP 增长，用价值机制取代价格机制作为市场的核心机制，把改革开放的目标定位于可持续发展的社会主义市场经济而不是不可持续增长的资本主义市场经济，因此新常态经济可以说就是社会主义市场经济。

独立的市场主体是市场经济的基石，而企业是最主要的市场主体。在市场经济中，作为市场主体的企业生产什么、生产多少以及如何生产，是由市场需求的规模和结构决定的，企业要对市场供求、竞争和价格的变化做出灵活反应。市场机制要达到提高效率、优化资源配置的结果，必须具有一个完善的市场体系。完善的市场体系要求在市场中必须有足够多的买者和卖者以及他们之间的充分竞争，以避免产生买方或卖方的垄断现象，否则市场的资源配置功能的充分发挥就会受到限制。市场经济是以社会化大生产为基础的高度发达的商品经济。伴随着社会分工的深化和社会生产的增长，必然要求市场的扩大，从而要求各民族、各地区和各个国家连成一个相互依赖的有机整体，把分散的地方市场联合为统一的全国市场，并把国内市场联合成为世界市场。在市场经济的运行过程中，如市场的准入、市场的交易、市场的竞争都必须由法律来规范、保证和约束，政府管理部门也要按照相应的法律法规体系来协调与管理市场上的各种经营活动。没有好的法制环境，市场主体的独立性、市场竞争的有效性、政府行为的规范性和市场秩序的有序性都将缺乏根本的保证。因此，从根本上讲，健全的法制是市场经济的内在要求。

二、财务会计的概念解读

（一）经济系统角度

经济系统是由相互联系和相互作用的若干经济元素结合成的，是具有特定功能的有机整体。广义的经济系统指物质生产系统和非物质生产系统中相互联系、相互作用的若干经济元素组成的有机整体。亚太地区经济系统、国民经济系统、区域经济系统、部门经济系统、企业经济系统都是广义的经济系统。经济系统的目标的多样性：任何系统都有一定的目标，经济系统既要考虑到经济效益，又要考虑到社会效益，还要照顾到对生态环境的影响。既要考虑长远目标又要考虑近期目标。这些目标有的是相一致的，有的是相矛盾的，相关学者必须根据实际情况研究经济系统的具体目标，有时需要同时考虑多种目标。

在我国市场经济发展的过程中，形成了一系列相互联系和相互依存的程序，这些程序组合在一起形成了统一的程序。我国企业建立了会计系统，市场中企业的发展需要经济系统提供有效的信息。企业为了维护自身利益向市场提供各种信息，市场参与者有效利用这些信息，使做出的决策科学有效。在整个决策过程中需要市场上各个企业和参与者利用这些信息进行科学的决策，同时在整个运行过程中需要企业和参与者之间加强控制，在相互协调的过程中共同进步。工作人员可以对财务会计进行详细的解读，认真研究系统各个组成部分的特征。工作人员观察财务会计的核心就是对财务会计中的财务报表进行确认。经过确认形成的财务报表会对财务会计系统的性质和整体目标有所影响。其他的财务报告对系统来说是一种补充，可以对财务报告进行有效的预测和估计。

财务会计信息系统将企业中各项经营活动中形成的信息、数据整合到了一起，该系统中所有的信息和数据对于企业经济决策都是非常有利的，然后再将这些经济信息与数据提供给信息决策使用者。财务会计信息系统可以公开的呈现出企业内部产生的经济信息。市场是各企业赖以生存、发展的大环境，在市场运作过程中企业必须要以自身利益为出发点，因此系统为决策者提供的经济信息也必然要从企业利益考虑，外部人员在应用这些企业信息时，则必须按照企业当前已经公开的信息和数据，与其自身的主观行业判断相结合，在此基础上才能做出对于自身而言科学合理的预测，这样做出的决策往往说服力是比较强的。对于企业财务信息系统来说，一定要保证输出信息真实有效，既不能损害企业利益，又不能让投资者经济利益受损，因此就要做好财务会计工作，保证系统输出精准高效，以便真实地反映出企业经济状况。为实现这一目标，首先要确保财务报表真实，其次做好财务信息检查，最后接受会计准则审计，且要注意与国际权威部门的联系，采用合适的财务政策，只有这样才能提高财务报告质量。

（二）企业发展角度

企业一般是指以营利为目的，运用各种生产要素，向市场提供商品或服务，实行自主经营、自负盈亏、独立核算的法人或其他社会经济组织。在商品经济范畴内，企业作为组织单元的多种模式之一，按照一定的组织规律有机构成经济实体，一般以营利为目的，以实现投资人、客户、员工、社会大众的利益最大化为使命，通过提供产品或服务换取收入。它是社会发展的产物，因社会分工的发展而成长壮大。随着我国经济体制的改革发展和世界化经济的融合发展，挑战与机遇并存的新的发展形势是当前企业发展面临的重要环境，企业的市场竞争压力日益激烈。财务会计在企业的管理中处于核心位置，财务会计管理各个部门的账务信息为企业的战略发展提供依据，是企业经营发展的基础。搞好企业财务会计，对于改善经营管理、提高经济效益起着关键的作用。

企业在经营过程中为社会创造了丰富的财富价值，能够制造货物提供劳务，其主要以实现利润的最大化为目的。同时企业可以为大众公开发行证券，并购其他公司，从而在分配的基础上实现有效的再分配，在此过程中可以促使企业再分配，这样可以促使社会资源得到最大化的控制。社会资源的首次分配主要依靠的是市场，但是再次分配需要企业完成。企业主要的任务是在企业内部转化社会资源，在此基础上获取必要的生产要素。财务会计这一工作发生在企业内部，它提供商品货源和劳务，促使经济活动更加科学有效，这样就会形成丰富的社会财富。企业在追求利润的过程中，与企业经济相关的其他工作人员的行为，会直接影响会计工作的落实。企业在发展过程中有助于为市场提供科学的财务报告。通过企业及时提供信息，对推动企业的运行和市场经济的发展有一定的强化作用。除此之外，企业又是寻租者，要通过公开发行证券，实现对其他公司的并购，在再分配的基础上，实现社会资源的扩大。企业内部主把资源变成生产要素，使得他们有机结合起来，成为现实的生产力，促使社会财富扩大。在资源配置中，第一次配置由市场完成，再次配置则由企业完成。企业就是将资源转化为生产要素，再转化为生产力，进而扩大企业财富。

（三）信息数据角度

会计，是把企业的经济数据变成企业经济信息的重要工具，财务会计是在企业发生的交易和事项中变成为企业财务信息的活动。企业的资源和主权以及变动是伴随着交易发生而变化，这种情况客观存在。但是把交易数据变成财务信息的过程中存在的经济变化一般情况下是无法了解的。会计信息是反映企业财务状况、经营成果以及资金变动的财务信息，是记录会计核算过程和结果的重要载体，是反映企业财务状况，评价经营业绩进行再生产或投资决策的重要依据。会计信息是指会计单位通过财务报表、财务报告或附注等形式向投资者、债权人或其他信息使用者揭示单位财务状况和经营成果的信息。会计数据是记录下来的会计业务，是产生会计信息的源泉。在会计工作中，从不同的来源和渠道取得的各种原始会计资料、原始凭证及记账凭证等都称为会计数据。如某日仓库的进货量、金额，某日某产品的产量、费用等。

与其他各种类型的数据相比，财务数据的含量更大，内容更集中，其中包含的信息更加丰富。通过对大数据含义的解读，人们发现"大数据时代"下集团财务数据集中管控对整个集团的发展具有重要的意义。财务数据的集中管控，不但保证了对集团财务状况的准确分析和预测，而且提供了更多的企业运营情况资料，有助于股东、领导者通过数据对集团状况进行了解。财务数据的总结，可以帮助集团财务人员更全面地了解自身的财务状况，对某一阶段的集团收支情况进行检查，做出合理的财务分析，并更加有效地评价集团的财务状况和各个分支机构的财务运营情况。这些数据还能够揭示集团及其下属公司在之前的运营过程中出现的各种问题，从而为财务预算分析提供参考依据。

（四）市场环境角度

市场起源于古时人类对于固定时段或地点进行交易的场所的称呼，指买卖双方进行交易的场所。发展到现在，市场具备了两种意义，一个意义是指交易场所，如传统市场、股票市场、期货市场等；另一意义为交易行为的总称，即市场一词不仅仅指交易场所，还包括了所有的交易行为。故当谈论到市场大小时，并不仅仅指场所的大小，还包括了消费行为是否活跃。广义上，所有产权发生转移和交换的关系都可以成为市场。市场是商品交换顺利进行的条件，是商品流通领域一切商品交换活动的总和。市场体系是由各类专业市场，如商品服务市场、金融市场、劳务市场、技术市场、信息市场、房地产市场、文化市场、旅游市场等组成的完整体系。同时，在市场体系中的各专业市场均有其特殊功能，它们互相依存、相互制约，共同作用于社会经济。

由于市场用途的不同可以分为金融市场、资本市场等多个市场，而财务会计所指市场则是资本市场。不受政府干预的市场基本可以定义为有效市场，这样的市场中所带有的会计信息也具有真实性与公开性，这主要是指具有收益性的财务信息。对于所有上市企业来说，要进入资本市场中，这就需要有可靠的财务报告作为依据，上市公司需要严格按照相关规定开展工作，做好财务报告，编制好财务信息。

第二节　财务会计的职能目标

一、财务会计的主要职能

（一）核算职能

公司财务核算工作需要适应企业生产规模的发展，需要科学有效地管理，需要及时地服务决策，提高企业的竞争能力。公司的财务管理水平应当与公司的发展阶段匹配，无论财务管理水平相对于发展阶段超前还是滞后，都会制约公司的发展。具体而言，财务机构的职能、财务机构和岗位的设置、相应的财务和会计基础管理制度，根据公司的发展都需要进行调整和优化。财务预算体系是企业日常经营运作的重要工具是企业管理支持流程之一，与其他管理支持流程相互作用，共同支持企业的业务流程、营销管理、计划管理、采购与生产管理、库存管理。通过实施全面预算管理可以明确并量化公司的经营目标、规范企业的管理控制、落实各责任中心的责任、明确各级责权、明确考核依据，为企业的成功提供了保证。公司财务核算工作需要适应企业生产规模的发展，提高企业的竞争能力等，通过对管理需求分析可以明确地形成完整的财务核算体系。

企业的高级管理人员直接得到一手信息的机会很少，必须通过报告系统得到经过整理、分析的信息。企业的报表分为对外报送的财务报表，以核算信息为主的财务报表，报送管理层的财务报表，以经营管理信息为主的管理报表。很多情况下，企业将二者等同依靠核算口径的财务报表获取管理信息。虽然有管理口径的报表但是过多的信息以控制为主没有融入非财务的信息，而且管理报表的结构、信息归集的口径、报送的频率等与管理决策的要求相距较远因而不能有效地支持决策。

（二）监督职能

财务监督是运用单一或系统的财务指标对企业的生产经营活动或业务活动进行的观察、判断、建议和督促。它通常具有较明确的目的性，能督促企业各方面的活动合乎程序与要求，促进企业各项活动的合法化与管理行为的科学化。它是公共组织财务管理工作的重要组成部分，也是国家财政监督的基础，它对于规范公共组织的财务活动，严格财务制度及财经纪律，改善公共组织财务管理工作，保证收支预算的实现具有重要意义。

通过对公共组织财务活动的监督审查，实现对该单位的财务收支及经营管理活动进行监督和鉴证的作用，揭发贪污舞弊、弄虚作假等违法乱纪、严重损失浪费及无效率、不经济的行为，依法追究有关责任人的责任，提请给予行政处分或刑事处罚，从而纠错揭弊，保证党和国家法律、法规、方针、政策、计划及预算的贯彻执行，维护财经纪律和各项规章制度，保证公共组织的财务报告及其他核算资料的正确可靠，保护国家财产的安全和完整，维护社会主义经济秩序，巩固社会主义法制。通过财务监督，可以揭示公共组织在财务活动、财务管理工作中存在的问题与不足，以及财务管理制度方面存在的薄弱环节，并有针对性地提出改进建议和补救措施，从而改善财务管理工作，提高财务工作质量。通过对其财务活动进行全面分析，能够及时掌握各公共组织人力、财力、物力等各种资源的使用情况，督促各公共组织加强和改进对人、财、物的管理，深入挖掘内部潜力，增收节支，用有限的资金创造更多的社会效益和经济效益。

（三）预测职能

随着社会经济的发展和经济管理的现代化，会计的职能也会随之发生变化，一些新的职能将不断出现。一般认为，会计除了会计核算、监督两个基本职能之外，还有分析经济情况、预测经济前景、参与经济决策等各种职能控制。随着管理对会计要求的提高，会计核算不仅仅包括对经济活动的事后核算，还应包括事前核算和事中核算。事前核算的主要形式是进行经济预测，参与决策；事中核算的主要形式则是在计划执行过程中，通过核算和监督相结合的方法，对经济活动进行控制，使之按计划和预定的目标进行。国家历来对会计工作都相当重视，要求每一个作为企业家的厂长、经理，除懂得必需的经济理论外，还需要具备一些财务会计方面的知识，即各项财务制度、经济法律，商品的流转、核算，并通晓资金、费用、利润情况及企业计划、预算、统计知识。运用计划、统计的数据，分析内部、外部情况，进行组织指挥工作。因此，一个标准的企业家，既要具备生产知识，更应较多地懂得财务知识，有经济头脑，熟悉本企业的成本，资金利润等各项经济指标，随时掌握产、供、销各个环节的活动，只有这样才能在经营工作中抓住主要矛盾，解决关键问题，开拓新路子，取得新成绩。

计划应以科学预测为基础，通过预测来反映企业经过努力在未来可能达到的收入、成本和利润水平。未来的科学技术发展、管理水平提高以及市场供求关系变动都会影响预测的结果，因此随着市场经济的发展，管理会计人员不能仅注重于企业内部，还应面向市场，注重市场信息的收集、处理与分析，使预测的结果更为科学合理，接近实际。科学预测的结果只能反映经过努力可能达到的水平而并非是应当达到的水平，因此不能根据预测的结果直接确定目标。计划过程一般由两部分构成，一是在量本利分析的基础上根据未来通过努力应当达到的销售水平和成本费用水平所进行的总体计划或定期计划；二是根据所预测的执行不同行动方案所得的经济效益进行最优选择，又叫作个别项目的计划。综合这两部分工作，就可以科学地确定目标以及明确为实现目标应采取的具体措施。一般情况下，会计可以用实际数量与计划数量进行对比，以此评估经济计划的完成情况，并分析本财年和上财年之间或者和同行业先进水平之间的差距，找出不足并研究导致其产生的原因，以扬长避短。对企业经济效益的正确评价必须依靠会计职能中的分析职能，运用足够的会计核算数据、综合各方面的情况来计算企业的经济效益指标，再通过研究来制定出可行性方案标准，正确评估、测算企业已经取得的经济效益并进一步理解其利弊条件，在接下来的经营活动中逐步避免旧问题的出现，防止新问题的产生，以不断提高经济效益水平，摒弃落后管理方式，不断完善相关市场机制，促进企业经济的平稳健康发展。

（四）决策职能

在社会主义市场经济体系不断发展完善的背景下，企业自身也必须做出相应变革以适应现实的社会经济条件，故而必须通过科学的经济预测来做出正确的决策，来推出一系列真正具有市场竞争力的产品。企业会计的工作接触面较广，且信息灵通，因此能够综合各方面的具体情况，反映出经济活动的全过程，与此同时，会计在以实际工作中获得的经济数据结合统计资料以及生产计划等指标的基础上，对企业运营的经济环境进行细致科学的剖析，能够帮助企业制定出适合自身真实发展状况的决策，取得更好的经济效益。总而言之，经济效益的提高与会计的工作是紧密联系、不可分离的，只有充分的发挥会计职能，不断提高会计监管力度，才能促进企业经济效益的不断提高。因此，良好的会计工作可以帮助企业科学的预测经济状况，从而规避风险，做出正确的决策，进而保证企业的长远发展目标。

（五）评价职能

企业绩效评价，是指运用数理统计和运筹学原理，特定指标体系，对照统一的标准，按照一定的程序，通过定量定性对比分析，对企业一定经营期间的经营效益和经营者业绩做出客观、公正和准确的综合评判。企业绩效评价的基本特征是以企业法人作为具体评价对象，评价内容重点在盈利能力、资产质量、债务风险和经营增长等方面，以能准确反映上述内容的各项定量和定性指标作为主要评价依据，并将各项指标与同行业和规模以上的平均水平对比，以期求得某一企业公正、客观的评价结果。

我国当前实施的企业绩效评价，实质上是按照市场经济要求实行的一项企业监管制度。随着社会主义市场经济发展，政府管理经济的方式也正在朝着运用市场经济原则间接管理的方向不断转变。推进国有企业绩效评价和国有资产保值增值的考核，已成为我国经济体制改革的当务之急。目前各级政府部门正逐步把开展企业绩效评价作为国有企业监管的一项基础性工作来抓，并要求国有大型企业集团也要结合集团内部管理的要求开展对子公司的评价工作，以加强企业集团内部的监督管理，提高经营管理水平。企业绩效评价结果由财政部每年定期公布。绩效评价结果与经营者年薪制、股票期权等收入分配方式改革试点工作也正在逐渐结合，成为国企管理人员业绩考评的重要依据。目前有关中介机构逐步参与的企业绩效评价主要是国家对重点国有企业集团经营效益、经营者的业绩的考评以及国有企业集团自身对其所属子公司经营效益、经营者的业绩的考评。

二、财务会计的核心目标

（一）报告委托责任

随着社会经济的发展，为了满足用户了解企业面临的机会和风险以及企业现状和发展前景的需要，财务会计报告的内容不应再仅为企业的财务状况、经营情况和现金流量，而应尽可能广泛地披露如企业背景信息、知识资本信息、社会责任信息、未来信息等的表外信息，进而有助于信息使用者做出合理的经营决策。此外，随着对企业员工的素质要求不断提高，财务会计报告还应提供公司管理者与公司员工相关的组织管理和人力资源价值方面的信息。同时，随着无形资产在企业价值中占的比重越来越大，仅突出有形资产的传统财务会计报告的弊端越来越明显，有必要对财务会计报告内容的编排形式与内容进行科学合理的改革。

财务会计报告的相关性、真实性、可靠性将直接影响受托责任履行情况的评价，因此就产生了所有者对财务会计报告质量的要求。在报告受托责任的会计目标下，会计信息是反映过去一定期间经营者履行资本保全和资本增值责任的情况，这就要求所提供的会计信息是所有者所需要的会计信息，也要求所提供的会计信息必须原原本本地反映经营者履行责任的情况，由此就产生了财务会计报告的相关性、真实性和可靠性的质量要求。这也说明，在报告受托责任的会计目标下，会计信息的客观性和可验证性是其根本特征。

（二）信息需求提升

我国的资本市场尚处于发育时期，财务会计信息需求者群体与资本市场发达的国家有显著差别。在我国目前条件下，财务会计信息需求者群体可按与资本市场的关系最直观地划分为两大部分，即上市公司财务会计信息需求者群体和非上市公司财务会计信息需求者群体。在这两大群体中，还可以按照企业资本规模大小、产权结构、企业组织形式、公司治理结构、经营行业特点等细分为若干层次的财务会计信息需求者群体。这些群体对财务会计信息的要求各有其特点且在企业发展的不同时期有其侧重点。只有这样，才能满足我国目前条件下财务会计信息需求者对多元化、多层次的财务会计信息需求。

投资者一方面需要公司未来业绩和经营风险的信息以助于其决策，并且还需要更多以现行价值为基础的计量和披露，注重信息的相关性；另一方面投资者需要与经理努力程度高度相关的可靠的会计信息，且历史成本更具可靠性，能更好地满足有效契约的要求。因此，在投资者与经营者信息不对称的环境中，能最好的解决逆向选择问题的会计系统往往不能令人满意地解决契约有效问题。但投资者同时面临逆向选择和道德风险问题，因为能同时完全满足相关和可靠的会计信息并不存在，即现实环境是财务会计在一份报告中无法同时满足投资者的上述两种会计信息的需求，从而导致财务会计信息的供给者必须在有助于投资者决策和满足有效契约所产生的两种会计信息需求间进行权衡。

（三）信息处理公布

能否高效率地处理与发布财务会计信息，是投资者和债权人最关注的问题之一，这能使其对企业的风险和报酬做出及时反应，并且国家统计部门也应对其予以高度重视。财务会计信息披露的不及时，使统计部门每年要花大量的人力物力，进行各种统计调查，并对调查结果进行核算、估计。这不仅降低了核算数据的精确度，还可能延误国家宏观经济决策。因此，要提高财务会计信息的及时性，加快发展企业的财务会计电算化工作并形成全国性的财务会计信息收集、分析和检索网络。因此，有关部门有必要建立一套能够提供实时信息的财务报告制度，以确保财务会计信息处理与发布的及时性。

（四）专业人员培养

要实现企业的财务会计目标的创新，培养企业财务会计人员的创新和开拓能力，也是企业会计目标创新的重要方法之一。会计人员的创新意识也是十分重要的。因为企业会计相关的活动归根到底都是由会计人员来进行的，企业的发展需要人才，更需要创新型的人才，如果会计人员缺乏相应的创新能力，那么势必不能对会计目标进行创新。发挥企业会计人员的主观能动性，让会计人员的创新能力提高，力求实现财务会计信息系统职能与会计信息使用者需求的有机结合。只有具有创新精神以及创新意识的企业会计人员才能够在日常的工作过程当中时刻把创新工作放在首位，最终实现财务会计目标的创新。

财务会计人员的综合素质和水平直接决定着企业的财务管理能力进而影响着企业的生存和发展。从现实情况来看，对财务会计人员的培养还存在诸多的问题，如缺乏对现代化信息技术的应用、理论和实践培养难以结合、缺乏必要的培训考核等。这些都是企业在日常经营和发展过程中需要关注的重要问题，因此要提出针对性的措施对其进行有效的解决。随着企业发展环境的不断变化，企业面临的市场竞争不断激化，而财务会计工作在企业发展过程中的作用不断提高。从这一层面上讲，提升对财务会计人员的综合培养有助于促进企业的健康发展，新时期企业要想实现对财务会计人员的有效培养，必须要从强化对现代信息技术的应用、提升理论和实践培养的结合度、强化培训考核提升培训效果等方面出发，切实提升财务会计人员的综合素质和能力。

第三节 财务会计的现存问题

一、财务会计的主要问题

（一）财务会计信息失真

所谓财务会计信息，是指经济活动的主体按照法定会计制度向会计信息的使用者提供的主体经济状况的数据信息。财务会计信息是决策的重要根据，不能真实反映经济活动的客观状况，以虚假的数据信息误导会计信息使用者，甚至导致决策失误的现象即为财务会计信息失真。财务会计信息失真的危害非常严重，虚假的、错误的信息会对经济行为产生误导，导致经济活动主体在制定生产规划、投融资、经济利益分配、微观调节或宏观调控的政策时出现偏差，导致决策错误，甚至引发不同程度的社会矛盾。同时，对于企业来说，失真的财务会计信息一方面可能导致企业经营在短期内出现虚假繁荣，而长期则会导致其经营不力；另一方面可能诱发更为严重的经济犯罪。无论哪种后果，都会导致企业难以正常发展。千千万万的企业是社会经济活动的重要参与者，一旦这种企业财务会计信息失真成为普遍现象，整个社会的经济秩序就会遭受严重破坏，进而引发经济危机和社会动荡。

企业的会计信息是经济信息的基础与组成，也是国家制定经济发展宏观调整政策的依据。如果企业会计信息失真问题严重，就很容易造成宏观方面的经济决策出现偏颇，甚至是扰乱正常的经济秩序，造成区域经济发展的迟滞。企业会计信息失真对于企业的利益主体，尤其是投资人与债权人的合法利益造成的危害十分严重。如果企业提供虚假会计信息，夸大经营业绩，虚增利润提高股价，则会造成企业投资人的利益损失。如果企业粉饰资产负债数据，则有可能造成债权人决策失误导致其利益损失。这些虚假的会计信息由于会直接影响到企业经济活动各个环节，导致投资人投资损失、债权人失去资金利息，因而会对利益主体的合法利益造成侵害。

（二）从业人员素质有待提升

目前，我国企业部门的信息化、数据化与电算化工作仍处于初步阶段，相对于西方发达国家稍显不足。初步阶段主要体现在误导了财务会计人员的专业理论知识的认知，例如在绝大部分财务会计工作流程中，财务会计人员对管理会计与普通会计、注册会计与初级会计之间的区别与联系不能够加以明确，以至于企业财务会计工作频频发生名实不符或大材小用的情况，这就在一定程度上损失了财务管理及核算的根本效益。在财会工作整体体系中，管理会计与注册会计作为其中最高层级的会计，应该在财会部分将其作用进行充分的发挥。但企业财务会计人员对财务会计理论中的高级会计理论认知不能以我国的实际情况出发，也就不能实现在国内企业文化中注入理论因子的过程，这就严重阻碍了企业财务会计人员综合素质的提升与企业效益的强化。

在企业财务会计工作过程中，普遍存在着财会人员工作质量参差不齐的现象，企业财务会计的主体是普通会计，相对于高级会计而言，普通会计的业务精熟度往往会稍逊一筹，在岗位工作上也不能够做到游刃有余；由于受到传统的金融教育与财会教育影响，即使面临着经济新形势，企业的财务会计往往由于认识高度不够，不能够与时俱进，仍沿用滞后的财会管理策略和方式工作。同时企业财务会计人员在繁重的工作压力下，往往疏于专业知识的学习，使得普通财务会计的专业素质不能够得到快速的提升，与高级财务之间仍存在很大差距。

（三）财务基础相对薄弱

企业财务基础工作的重要性，在于提高会计工作水平、提升企业管理水平、促进长远发展。当前财务工作中存在的问题，集中在现金流量、记账凭证、内部控制、人员选用等方面。对此，应该树立正确观念、健全财务制度、提高人员素质、加强内部控制，推动企业的健康发展。随着我国经济的快速发展，很多的企业也进入了高速发展阶段，在快速发展中，很多企业往往更加注重企业规模、销售量等，而对企业的财务管理却并没有给予足够重视，这就导致当前我国很多的企业中没有健全的内部控制制度，也没有完善的财务管理制度，企业核算的工作程序也十分不规范，如有些企业虽然建立了完善的财务会计制度，但却没有严格认真地去执行，使财务会计制度成为只是应付上级领导或部门的检查工具，没有起到应该起到的作用。财务基础薄弱，财务控制力不强是现阶段我国企业财务会计中存在的一个主要问题，严重制约了我国企业财务管理水平的提高。

对于企业来说，其内部所开展的财务基础工作规范化能够给相关体系的建设及专业人员的综合素养水平带来更为严格的制约，同时还能够进一步增强企业相关管理者的规定标准，从而为财务工作的开展带来较为有效的监督与管理工作，帮助标准财务制度以及财经法纪的有效实施。在企业内部开展财务基础工作规范化管理能够帮助相关工作环节得以简化，摒弃旧模式下工作的繁杂，为企业经济活动的开展提供有力的监管与制约，最终达到增强企业会计工作水平的效果。对于企业来说，其内部所开展的财务基础工作对于其发展来说是十分关键的一个环节，而财务基础工作规范化管理工作的开展并非一件十分简单的事项，而是十分系统化的一个过程。作为企业内部的财务人员，必须要对这一问题给予充分重视，对于其重要性有一个清晰明确的认知，并不断地充实自己，实现自身综合素质的全面提升，只有这样才能够确保财务基础工作规范化管理的有效性，并最终推动企业的进步。

二、财务会计的影响因素

（一）经济环境

我国是以生产资料公有制为主，多种经济成分共同发展的社会主义国家，国有企业在整个经济中发挥主导作用。在经济体制上，我国实行的是社会主义市场经济体制，在这种体制下，市场调节和国家宏观调控两者缺一不可，尤其是在社会主义市场经济体制真正形成以前，由于宏观经济中的微调机制尚未建立，政府只能采取强化国家宏观调控的手段，借助宏观调控措施来实现经济总量平衡。在分配制度上以按劳分配为主，其他分配制度为补充。这些特点共同决定了会计的中国特色，我国政府宏观调控的力量较强，决定了我国会计在管理体制上的特色，在社会主义市场经济体制下，企业自主经营，自负盈亏，国家不再直接管理国有企业。而且国家势必通过会计准则的制定来体现其对会计信息的需求，因此政府行为对会计的影响是十分巨大的。

自改革开放以来，科学技术就受到国家重视，它与社会发展的关系也越来越紧密。特别是在经济全球化以后，国家与国家之间既相互竞争又相互依赖。而其中高科技领域间的合作、竞争就是各国间进行经济合作的重要参考因素。知识经济的发展变化，使得财务会计的处境也发生了变化。会计总是会随着大环境的变化而变化。当前的知识经济，已经开始从根本上改变经济结构，对经济的运行状态等也都产生了巨大影响。首先，不可否认会计是现代化发展的重要部分。随着科技的不断进步，已经出现了使用电子计算机进行的会计活动。知识经济的发展对财务会计提出了更高的要求，需要会计提供更加及时、准确和完整的信息，方便发生突发事件时，可以及时地做出决策。在知识经济的推动下，有关部门需要迎接挑战，对财务会计进行相应的改革。新的财务会计，在无形中拓宽了资产核算的范围。在知识经济的前提下，会计从业人员要充分认识知识生产力，对于新概念、新法律、新变革进行深入了解，从而达到在客观上，拓展无形资产的核算范围。对于社会的发展，会计从业人员需要不断转变观念，加强对科学知识的重视，进而达到提高企业经济效益的最终目的。

（二）政治环境

我国是民主集中制的社会主义国家，公有制经济在国民经济中占主导地位，企业的社会效益目标应高于利润最大化目标。由于我国国有企业众多，占社会资源的比重大，是国民经济的支柱，国家必然要求通过会计准则的制定来体现其对会计信息的需求。所以，制定会计准则要首先考虑国家的利益，这是由我们所处的政治环境所决定的。政府作为国家权力的执行机关，其中包括国家各级行政机关，这些机关的职能如何将直接关系到会计制度的建设。在计划经济时期，政府的机构设置及其职能的构造和运行方式必须服务于计划经济的要求，政府既是国家的行政管理者也是国家的经济管理者，使得经济决策权高度集中，直接使用行政手段管理经济，形成了以国有国营为主体的经济管理格局。

（三）科技环境

科学是关于自然界、社会和思维的客观规律的知识体系，是人们在社会实践基础上产生和发展而成的经验总结。技术是进行物资资料生产所凭借的方法或能力。科技的发展是人类社会发展的直接动力和源泉，科学技术作为第一生产力，在人类社会的发展进程中已充分显示出其不可替代的龙头作用，人类二十世纪所创造的生产力，之所以超过以往人类社会所创造生产力的总和，其根本原因在于科技的进步和飞速发展。科技的发展，带来了人们科技理念的更新，带来了技术手段的变革甚至革命。

在全球科学技术飞速发展，社会经济不断进步的同时，会计学科无论是在会计的方法体系、会计信息的传播形式等方面，都与飞速发展的形势有着明显的差距。在全球经济一体化市场环境下，一方面会计信息开始走向国际化并为与其产品一起参与市场竞争提供了物质基础；另一方面会计信息的组织方式、传递机构等也开始逐步国际化和标准化。会计系统在会计目标的制定、会计程序与方法的选择、会计信息质量的要求、会计规范体系的建立和会计报表形式的采用等方面，在全球也将面临趋于统一的问题。在知识经济时代下，决定一个公司生存发展的是人力资本、知识产权、专有技术、信息资产等无形资产。由于无形资产在企业中地位的显著提高，会计核算的重点将从有形资产转移到无形资产上。知识产品中无形资产的计价、金融衍生产品的计量、人力资源会计的构建、新经济运行会计模式的建立等也会对会计发展提出新的挑战。

（四）教育环境

会计是社会经济发展到一定阶段的产物，纵观会计发展史，可以看到会计的发展深受社会环境的影响。而社会环境中的人文环境，又是影响和制约会计管理活动的重要因素。因此，通过人文教育对会计影响的研究，加强人文教育进而创建良好的人文环境，对于当今会计行业的发展有着十分重要的作用。由于我国教育水平相对较低，会计人员整体素质不高，所以会计工作中采用的方法和技术以及财务报告的编制要求也不高。总的来说，我国会计人员的学历层次仍然偏低。会计人员知识结构的老化与过于低浅，使得许多理论上完善的会计方法，要么无法实施，要么在实施时大打折扣。另外，部分会计信息使用者，受教育程度低，会计信息的有效性也因此降低。

随着经济的发展，当前市场条件下对于拥有创新精神的复合型会计人才的需求越来越高，但各类高校对于此类会计人才的供给却远远达不到社会所需。在市场经济环境下，社会各方要注重对会计人才进行社会责任感的教育，加强对学生竞争意识、开拓创新精神的培养，而不仅限于会计技能的熟练掌握。因为仅有会计专业知识的人才已经远远不能适应社会发展需要，这就要求新一代的会计人要有深厚的人文底蕴和扎实的专业功底，而这正是通过人文教育的加强才能够获得的素质。因此，只有加强人文教育，才能够满足市场经济对会计人才的需求。

第四节　财务会计的发展趋势

一、财务会计的未来趋势

（一）专业化趋势

财务会计工作主要是对财务会计信息进行分类、记录、计量、计算和报告。在这个过程中还必须要保证财务会计信息的准确性、及时性，并且财务会计系统的运行过程必须与经济运行主体的全过程相适应。要满足这个要求，财务会计人员就必须是高智能复合型人才，同时具备科技、管理知识以及创新思维。财会人员首先是要同时具备扎实深厚的财务会计、管理会计和审计知识，同时还应掌握相关专业的知识，熟悉企业业务流程、产品生产工艺等。

企业的业务往来都会有相应的会计信息产生，每一笔业务对应着一个会计信息。财会人员必须准确、及时记录这些会计信息，并对其进行全面的数据分析整理，最终为企业领导者和投资者提供简单明了、全面的企业财务报告，让领导者和投资者全面掌握企业的财务状况，为其决策和投资提供可靠的依据。这就要求财务人员必须具备较强的分析能力，能够通过对各种财务会计信息的分析，让领导者找到提高企业利润的方法及投资的正确方向以及最佳的营销策略。当代社会经济发展迅速，诚信在社会中变得越来越重要。作为财务会计人员，保证会计信息的真实有效是其最基本的职责，也是在工作中讲诚信的重要体现。随着当代网络信息的快速发展，财务会计也得到了迅速发展，企业信息的使用者都可以在网上查询到自己所需的信息，会计信息相对透明，这也就意味着所有人对会计信息的真实性都可以监督，因此这要求财务人员必须具有诚信的高贵品格。但是目前，我国会计人员仍有诚信缺失现象，会计职业素质相对较低，职业道德经不起金钱的诱惑，因此有关部门必须建立规范的财务会计职业道德体系，大力开展会计职业道德教育，提高会计职业道德素质。

（二）多元化趋势

从国内实际情况来看，会计师事务所是我国最为主要的会计服务机构。会计师事务所作为专业服务机构，其通常为会计单位提供包括审计、资产评估、管理咨询、造价咨询、税务代理等诸多内容在内的服务。而其中审计业务在会计师事务所业务中占比超过八成，并主要以年度会计报表审计和上市公司审计为工作内容。我国会计师事务所成立时间短，自身的形象和信誉尚未完全建立，资本积累有限，工作方法、人员素质以及事务所的规模等方面与国外同行相比差距较大。当前，市场竞争机制不断成熟，我国会计师事务所数量众多，针对如何适应会计师事务所的多元化和专业化的发展趋势，使其在市场竞争中不断稳固自身地位，国内会计师事务所可以考虑加入国际知名会计师事务所，依靠其品牌影响力来发展自己，并以国内实力雄厚的会计师事务所为支撑，参与国际财会服务机构的竞争，提高自身影响力，增强竞争力。

多元化的会计信息系统构建是一种比较理想的模型，在具体的设计和应用的时候还是有种种问题需要进行解决。考虑到很多的数据库基本元素独立性、共享性、多维性、集约性不足，将会计事项和数据库技术进行完美结合还是会有一定的问题。同一个会计数据要满足不同利益相关者的需求，就需要结合不同的会计政策进行处理，这就必然要求这些会计理论可以和数据库进行结合，但在具体的实践中还是有可能会出现差错。另外，网络技术的使用会带来企业会计信息的安全性。

（三）信息化趋势

信息化时代的到来，无疑会对包括会计在内社会经济的方方面面，产生巨大的冲击，并对传统会计模型提出新的挑战。现代信息技术对传统会计模型的冲击，主要表现在会计的存在和发展方面，除了受社会经济环境的影响外，主要还受信息技术的制约。从理论上讲，会计模型中的所有规则都应当与其所存在的客观社会经济环境相适应，然而所有这些规则的建立，却又都不能超越其在信息技术上实现的可能性。手工会计技术在传统会计模型中的地位，仅仅是记账、算账的工具，如果把现代会计信息技术仅当作自动化，而不对传统的会计模型进行重建，那就如同当企业面临困难时，只要花钱添购一些电子计算机，所有的问题就会迎刃而解一样。现代信息技术的发展引发了全球性的信息化浪潮，社会信息化已成为时代的主旋律。然而企业信息化是社会信息化的基础，会计信息化又是企业信息化的核心，因此加快会计信息化的发展必将成为下一阶段我国信息化建设的重要任务。

大数据时代为财务信息化提供了数据支持和技术环境，在此基础上，现代化的企业要抓住机会，注重信息化建设。首先，企业要投入大量的资金来建设信息化平台，好的平台便于信息的查询与分析。其次，信息化建设需要专业性、综合性的人才，会计从业人员要不断提升自身修养，与时俱进，在掌握财务知识和技能的同时，了解计算机和网络技术，从纷繁的数据中提取出决策有力的信息。最后，要学会借助新工具，要想从海量的数据中获取更多有价值的信息，云计算、数据挖掘技术等是会计从业人员必须要学会利用的工具，只有这样才能确保数据的准确性。

二、财务会计的发展策略

（一）加强财务监督

企业会计监督是企业财务管理的重要内容，良好的企业财务管理有利于保证企业财务平稳运行，也有利于规避企业财务风险，积蓄企业发展潜力，让企业发展永葆活力。因此，企业会计监督对企业内部管理来讲具有十分重要的现实意义，不断提高企业内部管理水平，加强企业会计监督是企业未来发展的必经之路。完善的管理来源于健全的制度，要实现企业内部有序管理首先要健全企业管理制度，照章执行，有法可依对于企业的发展来讲是有实际意义的。

在我国很多的企业只会在年末的时候对企业现金进行盘点，由企业出纳人员盘点出现金的实际存储数额，会计复核后和总账里的数额进行对比，检查两者是否一致，然后填写现金盘点表，但是在我国一些企业特别是中小型企业中，由于企业内部的会计人员责任心不强等原因，往往对企业现金盘点中发现的问题进行隐瞒，通过自己作假，企图蒙混过关，这就需要企业加强对企业财务会计人员的监督检查，提高财务会计人员的责任心，更重要的是可以及时发现问题，把企业的损失降到最低。此外，企业还要注重对银行的日记账和银行对账单的核对，对未达的账目真实性进行检查。在银行存款业务方面，企业应该安排工作人员每个月底和银行方面进行核对，在核对成功后才出会计报表。如果在核对过程中发现差错，就必须及时查明原因，尽快解决。

（二）利用现代先进手段

随着我国社会主义市场经济的不断发展，企业的经营活动日益增多，企业面临的市场环境也在不断变化，因此企业需要处理的财务会计信息量也在不断地增多，财务会计信息量的增多使企业对会计信息的时效性和正确性的要求越来越高会给企业财务会计管理带来极大的挑战。特别是随着信息化时代的到来，企业要想保证会计信息的真实、准确、可靠以及及时性，就必须改变传统的信息处理方式，对企业财务会计管理手段进行现代化改造，更多的利用计算机技术和各种网络技术来处理会计信息，这样不仅可以提高信息处理的质量和速度，更可使得企业财务会计信息迅速及时地转达给企业管理层，为企业管理者进行决策提供科学依据。

企业财务会计顺应信息化时代将有利于企业在高速发展的时代中站稳脚，也将有利于企业改善其经营管理模式，提高经济效益。信息化的财务会计工作将帮助企业相关领导人进行科学决策，同时增加上级领导决策的科学性与合理性。对于财务会计从业人员来说，财务会计顺应大时代数据可以提高财务会计工作者的工作效率与质量，可以更方便其进行各项财务会计的管理工作，能为企业带来更多的经济效益。信息技术在财务会计中的运用还可以加强企业对财政资金管理，提高资金使用效率，确保资金的合理使用，同时将有利于企业财政部门对资金加强统一使用与规划，使得资金的调度更加灵活高效，保证企业财政资金运行的安全性。

（三）培养优质专业人才

随着社会信息时代的迅速发展，各企业对人才质量以及数量的需求都随之提升。为了更好地解决企业财会管理问题，企业一定要从根本原因着手，即人力资源因素，构建出一个综合素质极佳的财会管理团队，这对于企业财会信息真实性的提升起到了一定促进作用。与此同时，企业要加大培训财会人员业务的力度，聘请一些具有专业资质的财会培训机构，并将目前较为先进的财会方法与财会理念传授给财会部门，通过这种方式，来提升财务会计人员的业务水平。企业应建立完善的考核机制，待员工培训结束后，通过考核企业财务人员的学习成果的方式来强化员工对培训知识的记忆。同时，财务会计员工要有意识地不断总结汇报其学习成果，从而将理论知识更好的渗透到实际财会工作中，实现普通会计专业职能质的飞跃过程。

当今社会，提升业务人员的素质首先要培养其职业道德。针对企业的财务会计部门，要从德育教育的角度出发，使财务会计人员能够充分意识到自身职能的重要价值。同时，财会人员在工作时，要具有一种神圣的使命感，杜绝财会部门中尾大不掉的低效与慵懒现象发生。目前，在各事业单位中，德育工作已经得到了全方位的深化，企业单位也正如火如荼地完善和发展自身的管理体系。企业单位要效仿事业单位，对会计人员采取定期的道德教育考核和培养，杜绝形式化考核，从而有效培养财会人员的职责意识。

（四）明确财务会计目标

在新模式下运行的企业在自身的发展中有着各种各样的运行模式，其中目标管理的多元化是财务管理当中的一种现代体制，它的主要目标就是能够实现整个企业利益的最大化。因为在企业的发展过程中会出现各种各样的问题，相关从业人员要学会应对这些问题，并且及时地解决问题，才能够让企业在平稳的发展洪流中慢慢成长。其中有可能会出现一些物质资源上的缺乏与使用物资上的不对等问题。随着新科技新手段的运行和发展，客户的目标流程和期望利益也有了很大程度上的转变，因此企业内财会人员还需要对企业公司内的财务管理的目标加以界定，详细规划其工作任务和工作内容以及应当负责的方向。

财会人员要认清整个社会的发展方向，只有把握住时代发展的脉络，才能抢占先机，赢得自身发展，但也要清醒地认识到，现在的社会已经不是那个只要出卖劳动力就能够换取社会地位和财富的社会了，在当今社会知识就是最大的生产力，知识结构知识能力的掌握已经占据了整个社会的主导地位，并且知识作为现代最大的竞争能力，具有可移动性与创造性，这种出色的创造能力让整个社会与企业人才之间的联系变得更加紧密且深入。判定一个企业的成功或者失败与否，不仅要看这个企业中人才的流动链和资金供应链是否完善，还要看知识在企业管理中的应用成功与否，因此在对知识结构的构建和管理上，企业不能够放松警惕，需要尤为重视。

第二章　财务管理概述

二十一世纪初，我国加入世界贸易组织，对我国经济发展起到了极大的促进作用，我国的各类企业便顺势而生，同国际企业的联系也越来越密切。加入世贸组织对我国传统的经济体制发生了巨大的冲击，使其逐渐转变为与国际接轨的市场经济体制，并且顺应经济发展的规律，为我国的经济发展带来了新的动力。但与此同时，由于我国的企业并没有完全与国际形势接轨，导致企业在发展过程中的经济体制难以适应高速发展的经济需求，造成了各类型企业发展的参差不齐，而企业财务管理作为企业生产发展的重要动力，不能只是单一地将经济效益置于首位，同时也必须对企业的文化和管理方式进行相应的提升，从而增强企业在国际市场上的竞争力。落后的企业财务管理会造成企业在发展过程中出现各种各样的问题，难以平稳地同其他企业进行竞争，在财务管理的各个方面造成漏洞，影响企业前进的步伐。

财务管理作为企业发展过程中的重要环节，对于企业的高速发展有着极为重要的作用，需要企业领导给予充分的重视，从而为企业更好发展注入新的动力。但在我国企业的发展过程中，众多的企业并没有认识到财务管理的重要性，导致企业内部的财务管理制度不完善，从而在与同行业企业竞争的过程中缺乏足够的动力，难以顺应时代发展的需求。当前，我国的企业大都将发展的中心放置在对产品的生产过程中，将企业的经济效益放在企业事项的首位，忽视了企业中财务管理的重要性，造成企业在与其他企业竞争的过程中缺乏自身的特点，并且上级领导所发布的财务决策也难以与企业的发展进行紧密的结合，对企业的前进步伐造成了极大的阻碍。我国企业必须及时正视自身的问题，及时地做出调整，将发展的中心从产品生产向财务管理方面进行偏移，从而更好地适应时代发展的需求，为企业在发展过程中提供更强的竞争力。

第一节　财务管理的制度要求

一、财务管理的相关概念

（一）财务管理

财务管理是在一定的整体目标下，关于资产的购置，资本的融通和经营中现金流量，利润分配的管理。财务管理是企业管理的一个组成部分，它是根据财经法规制度，按照财务管理的原则，组织企业财务活动，处理财务关系的一项经济管理工作。简单地说，财务管理是组织企业财务活动，处理财务关系的一项经济管理工作。财务管理是一种往复交替的体系，它把财务预测、财务计划、财务控制、财务分析、财务检查纳入这个体系中来，与企业的整体运营相联系、相结合，配合并促进企业向前发展。

财务管理从表面上看是与资金打交道，但实际上是在与人或机构打交道。因为资金具有社会属性，它代表着财富，得到资金即得到财富，失去资金即失去财富，因此资金涉及每一个与其有关的人或机构的切身利益。这些人或机构统称为企业的利害关系者。企业与利害关系者之间，不同利害关系者相互之间，有时候会产生利益上的冲突和矛盾。妥善处理好企业与利害关系者之间、不同利害关系者相互之间的关系，摆平各方的利益，为企业的健康发展创造一个和谐的环境，是管理资金过程中无法回避的问题。财务活动和财务关系是相互联系、相互制约、不可偏废的。从事财务活动，必然涉及财务关系；处理财务关系，必然影响财务活动。

（二）企业管理

企业管理是对企业生产经营活动进行计划、组织、指挥、协调和控制等一系列活动的总称，是社会化大生产的客观要求。企业管理是尽可能利用企业的人力、物力、财力、信息等资源，实现多、快、好、省的目标，取得最大的投入产出效率。领导者是企业的灵魂，而组织则是企业的肌体。组织战略不仅是企业内部团队的塑造和经营，更需要外部横向竞争和纵向产业链支持的组织经营，因为战略是通过组织来实现的。卓越的组织战略，首先是设定积极的战略与目标，搭建实施战略所需要的具备实施效力的卓越组织体系，并不断锤炼自身、持续发展，构建高效企业，向积极的目标持续推进。

在市场中，交易者在市场管理者的指挥下进行交易，地位是平等的；而在企业中存在着雇用者和被雇用者、管理者和被管理者，他们之间的关系从形式上来看是不平等的。因此可以说，企业内的交易关系是一种管理活动，而市场内的交易关系则是交易主体之间平等的讨价还价关系。之所以会存在企业，是因为企业管理这种交易方式的交易成本低于市场交易成本。生产力发展到一定阶段，社会化生产就要求人们之间进行协作，企业就是为了满足人们协作生产要求而出现的一种经济组织形式。团队生产之所以被使用，一个重要原因就是团队生产所获得的总产出大于各个成员单独生产的产出之和，且其差额足以补偿组织生产和监督成员的成本。在这里，监督者就是管理层，监督者对团队成员生产贡献的测度就是一种管理行为。

（三）管理制度

管理制度是对一定的管理机制、管理原则、管理方法以及管理机构设置的规范。它是实施一定的管理行为的依据，是社会再生产过程顺利进行的保证。合理的管理制度可以简化管理过程，提高管理效率。其具有如下特点。

第一，权威性。管理制度由具有权威的管理部门制定，在其适用范围内具有强制约束力，一旦形成不得随意修改和违犯。

第二，排他性。某种管理原则或管理方法一旦形成制度，与之相抵触的其他做法均不能实行。

第三，特定范围内的普遍适用性。各种管理制度都有自己特定的适用范围，在这个范围内，所有同类事情，均需按此制度办理。

第四，相对稳定性。管理制度一旦制定，在一般时间内不能轻易变更，否则无法保证其权威性，这种稳定性是相对的，当现行制度不符合变化了的实际情况时，又需要及时修订。

除此以外管理制度还具有社会属性。

现代企业管理制度具有明确的实物边界和价值边界，具有确定的政府机构代表国家行使所有者职能，并切实承担起相应的出资者责任。现代企业管理制度通常实行公司制度，即有限责任公司和股份有限公司制度，按照《公司法》的要求，公司形成由股东代表大会、董事会、监事会和高级经理人员组成的相互依赖又相互制衡的公司治理结构并有效运转。现代企业管理制度以生产经营为主要职能，有明确的盈利目标，各级管理人员和一般职工按经营业绩和劳动贡献获取收益，住房分配、养老、医疗及其他福利事业由市场、社会或政府机构承担。现代企业管理制度具有合理的组织结构，在生产、供销、财务、研究开发、质量控制、劳动人事等方面形成了行之有效的企业内部管理制度和机制。

二、财务管理的制度问题

（一）理念认知偏差

大部分企业在财务制度建设中经常采取抄袭其他企业制度的方法，将同类企业制度直接转变为本企业财务制度。这种方式虽然提高了企业财务制度建设效率，但是由于其制度内容与本企业特征不符，进而难以对企业工作开展针对性的管理工作，造成了较大的管理缺陷。传统的财务管理是具有明显的边界性的，其财务管理的职能被明显界定，这一方面限制了财务管理的权限，但另一方面也减轻了财务管理的工作压力，但是在大数据时代由于信息量的增加以及信息关联性的增强，使得财务信息的边界性逐渐变得模糊，而这种财务信息边界性的模糊也间接地扩大了财务管理的范围，并且人们在实践中逐渐发现采取无边界模式的主动管理意识，从而突破原有的管理框架和模式，能够较为有效地提高信息的传递效率以及扩散和渗透能力，从而做到企业资源的配置最优化。

在大数据时代人们对于不同行业的认知正在不断改变，由于大数据时代信息的高速流通大部分管理工作的工作方式以及工作思维都在潜移默化中出现转变，财务管理工作也因为大数据时代的来临而产生了极大的变化。国家的大力倡导和政策扶持虽然为中小型企业的发展提供了良好的先决条件，使大量的中小型企业迅速成立并发展壮大，然而这并不代表这部分企业的发展没有问题，其中大部分的企业管理者并没有先进的管理理念，其落后的企业管理思想往往成为制约中小型企业发展的一个主要障碍。同样财务管理也需要丰富的知识储备，这也是大部分中小型企业所缺乏的。因此，要不断革新财务管理理念，充分认识到财务管理在企业发展中的重要地位，使企业的财务管理工作满足资金不断增值的需要。

（二）制度不够严谨

企业随着我国经济的发展也不断进步，但是相应的财务机制没有做到与时俱进，多数企业在发展中只重经济，而对制度的建设置之不问，这就只能适应其在某个阶段的发展，一旦要通过制度来管理企业，就会发现，企业财务机制并不健全，已建立的财务制度也只是走个过程，起不到应有作用，这样的不健全会使企业内部执行力出现问题，企业财务制度落实不到实处，财务管理人员被架空，从而导致企业财务管理情况比较混乱。我国很多企业制度制定过于功利，没有形成一套健全的制度体系。企业只制定一些日常需要的制度如费用报销制度、出差管理制度等，或只采取头疼医头脚疼医脚的方式制定制度，控制主要依赖个人的自觉、经验等，而不是通过制定实施内部控制制度、不相容职责分离制度。由于制度缺乏系统性，不完善，甚至于在原始凭证记录管理、成本费用定额管理、存货计量验收方面等都无制度可依，导致制度里存在很多漏洞，容易被钻空子，使制度的效力大大减弱。

细节是决定管理成败的主要因素。大部分企业财务制度都缺乏细节化管理的内容，进而降低了制度的管理效率。例如，大部分企业财务制度中都缺乏成本控制管理的细节化流程，进而造成成本管理中存在管理漏洞，影响了成本管理的整体质量。虽然当前大部分中小型企业都建立了财务责任制度，但是其制度内容仍较为笼统，对于部分岗位和个人的职责与责任划分不清，且部分责任制度执行不力，使管理者难以真正执行责任倒查与责任追查工作。

如在审批签章责任制度执行中，部分基层财务人员出于工作方便考虑，降低了审批公章的管理力度，进而出现了伪造审批单提取现金的情况。

（三）企业管理不当

企业管理不当的原因有以下三方面，首先我国中小型企业管理者的财务管理观念极为陈旧是出现种种问题的直接原因；其次企业综合管理制度缺乏科学性直接使得中小型企业会计和出纳岗位在职责划分上极不清晰；最后当前的中小型企业中大多数都存在着人才培养机制缺失的问题，人才培养机制的缺位也直接导致了很多中小型企业会计从业人员的整体水平难以提升。中小型企业往往无法吸引到优秀的会计人才，其在职业发展和薪资提供上都不具备绝对的人才竞争优势。中小型企业当前的会计从业人员大多是应届毕业生或从业经验极为匮乏的人员，此类人群的财务技能相对薄弱，经验相对欠缺。从实际情况上来看，这部分会计从业人员需要对其进行一定的入职培训和专业技能培训。然而在实际状况下，中小型企业大多没有科学完备的人才培养机制，这也导致大多数中小型企业中的财会人员整体素质在相当长的一段时间里都无法得到提升，中小型企业财务管理水平也长期维持在一个相对低下的状态之中。

第二节　财务管理的现实意义和原则

一、财务管理的现实意义

（一）完善企业内部控制

企业在进行内部建设的过程中，不但要对企业中存在的问题进行处理，也要降低企业运营的风险，因此为了保证内部建设能够顺利进行，就需要财务管理，对企业内部建设进行指导。随着信息化时代的来临，财务管理也由传统的人工记录数据转向为信息工具记录。而对于企业的生产和流动资金的管理关系到企业的生产经营状况。在企业的内部控制中，企业不但需要对自己的资金流向和生产经营链进行调整，为了防止经营过程中保险资金链断裂的状况就需要对资金状况进行记录和监管。而财务管理则在这方面起到了重要作用。由于市场的扩大，企业之间的竞争力也在逐步加强，为了使企业能够适应市场的变化，需要对企业的管理模式进行调整。优化原本的管理模式，降低企业运营成本，通过制订科学有效的方案，对企业的资金进行分配，通过对企业整体的资源配置，使企业的抗风险能力提高。为了保证财务管理能够正确实施，需要将企业内部建设与财务管理相结合。财务管理为企业内部建设提供指导，企业内部建设按照财务管理提供的方案实施，从而保证了企业内外的协调统一，使企业的经营效率得到提升。

由于经济市场的波动性太大，因此企业在运营过程中，如果缺乏对市场的灵敏性，以及适应性，就会导致企业丧失对市场的竞争力。这对于企业自身的资源调用能力有着较高的要求，一方面企业在面对市场危机时，能够迅速调用资源进行风险管理，另一方面也要能够正确分配资源，从而应对危机。如果企业的资金管理出现状况，管理系统会对资金的每一项去处和走向进行调查，从而找出资金流向过程中的故障所在，这对于企业的健康运营有着重要的作用，有助于企业周期性地找出自身的运营问题，从而进行解决，保证了企业在长期发展过程中的稳定性，并通过对自身资源的评估，从而分析发展的需要，对下一步企业的经营规划做出具体要求。

（二）提升企业经营质量

近几年来，国内外企业频频曝出财务丑闻事件，这些事情不仅影响了企业资源的优化配置，而且在很大程度损害了股东、贷款者、供应商、企业管理者、顾客、企业雇员、社会公众、竞争对手等企业利益相关者的利益，从而使企业利益相关者深刻领会到关注企业的经营质量比关注会计的账面利润更为重要。所谓的企业经营质量，是指企业开展经营活动所取得的效果。从财务角度看，它也是企业财务状况满足企业发展战略和经营目标需求的质量，其具体表现在资产质量、资本结构质量、利润质量、现金流量质量等方面。提高企业经营质量是企业经营的根本目标。

财务管理活动是一项综合性的管理活动，以资金运动的方式来反映出来，体现着经营的效果和质量，通过对资金运动方式的整合和组织，为企业各方面的经营活动起到很好的促进作用。财务管理活动中的各项关键指标，是企业开展决策活动的基础和依据，能够将企业的生产和经营情况客观且及时的反映出来，并通过深入的研究，找出管理活动的薄弱之处，有针对性地采取相关措施，降低成本管理和效益管理，以低成本和低投入换取更高的收益。因此，财务管理活动是一项涵盖多个方面的综合性管理活动。在激烈的市场竞争中，企业想要谋求生存和发展，需要通过资金管理来实现。在企业的经营活动中，为实现更好的发展，会通过各方面的管理来实现，如提高质量、采取有效的销售策略等，但是采取这些措施需要通过财务管理活动来实现，而这些活动所获取的成果也要通过财务管理来反映出来。

（三）优化企业资源配置

财务管理要实现各项资源的合理利用，需要以预算管理作为关键纽带，控制资金分配方式。在预算管理方面，要进行严格且全面的控制，是让企业的财务行为更加规范、控制支出成本、降低资源浪费率的重要方式。统一规划，做好预算管理工作，既能够控制成本支出，又能提高企业各项资源的利用率。扩大预算范围，形成一套预算与企业日常经营管理全过程相互渗透的规范化管理体制，这也是企业在经营活动中的基本行为准则，更是企业自我约束的良好方式。

企业进行全面预算管理能够使企业资源利用更为科学合理。企业预算，即是在参考当前行业形势的前提下，做出对不同业务投入相应不同种类、不同数目的资源的财务建议，它在企业经营中意义重大，既是企业发展计划的一个矢量化体现，又是企业经营方向的一个预演。通过财务预算管理，企业能最短时间内判断出哪一个行业在当前最具发展势头，哪一个行业在近期内无法创造较大的盈利，根据这些特点调整企业资源的应用，使得企业能够迅速适应市场变化，实现配置的优化。而进行预算管理，其最根本的任务还是为了调整企业内部的经营策略和手段实现经营价值的创造，因此各个部门都应该明确内部责任并积极配合，在预算管理与监督上决不能放松警惕，否则就失去了预算的意义。

（四）明确企业内部责任

企业是否建立良好的内部控制体系，决定了企业经营是否符合管理规范，其信息是否公开透明，其财务工作报告是否真实有效，是否能为企业提高竞争水平提供积极的作用。企业内部控制的建立能够有效地应对企业经营过程中所面临的各项不安全因素，促进企业价值的创造，使企业得以向战略目标迈进。财务部门是企业中有权利提出资源调配与资金应用建议的单位，其对于企业内部的信息获取程度是相当大的，也就是说财务是企业内部关键角色之一。由于一个企业是由多个部门组成的，不同部门相应地行使不同的职能，但在企业运营中又不需通过多个部门共同合作才能完成全部工作，此时就需要有一个部门进行对全局的引导与控制，而只需执行企业内部活动的财务部门就是最好的选择。

企业实行内部控制需要观察以下指标，即企业环境，监督，控制职能以及企业风险评估等，财务控制包括对会计工作的控制、企业内部资金保护、人员绩效评价控制，财务的控制工作既可以表现为对各个不同部门职能责任的明确，又能涉及对其操作的监督，与此同时对财务部门的监督工作也可以由企业各部门共同完成。总而言之，财务在企业内部控制上的价值虽然难以量化，但依然有不容小觑的作用，而内部控制对企业而言是不可或缺的运营制度，如果没有建立行之有效的内部控制体系，管理上的混乱将直接影响企业的经营价值，使企业造成不必要的损失。

二、财务管理的主要原则

（一）货币时间原则

货币时间价值主要是指将货币投入特定区域环境中，经过一段时间后在投资原额的基础上所增加的价值。通常情况下，学术界也将货币时间价值称之为资金时间价值，即资金经过一定时间后所增长的价值。从本质角度来说，货币时间价值与俗语中的钱生钱相似，就是将一定数额的钱投入到相应的环境中获取更多的钱。从理论上讲，货币时间价值认为，当前所拥有的货币，要比未来收回的同样数额的货币所具有的价值更高。货币经过时间的流逝，其呈现出升值的趋势，并且能够购买以往同样价格买不到的商品。

不论是企业的筹资活动、投资活动还是经营活动，几乎都是以货币的形式来计量的。资产使用权的转让是需要支付租金的，而货币的租金则是利率。由于货币可以用于投资而获得增值，对于不同时间点货币价值的比较，往往还要进行相应的折现，以此评估项目的可行性。在日常管理中，对其的一个重要应用就是早收晚付，对于没有利息的应收账款要尽早收回，同时尽可能利用商业信用将更多资金合理的投入到运营中。企业在践行货币时间原则的过程中，要积极落实切实有效的控制机制，将货币时间价值作为财务管理工作的基本概念，从而有效优化财务决策全过程，在时间推移的基础上，实现货币增值的目标。企业在从事财务活动的同时，为了进一步落实资金流管理机制，要对货币时间价值不同时间点的资金流展开折算处理，落实决策取舍工作。

（二）风险报酬原则

任何决策都是面向未来的，并且会有或多或少的风险，决策人员在做决策时需要权衡风险和报酬，才能获得较好的结果。风险是在一定条件下和一定时期内可能发生的各种结果的变动程度。风险是一种不确定性，但不是一无所知的不确定性，而是事先可以知道的可能出现的几种结果，以及每种结果发生的概率。风险的大小随时间长短而变化，一般来说，持续时间越长，风险越大。风险与报酬的基本关系是风险越大要求的报酬率越高，在投资报酬率相同的情况下，投资者都会选择风险小的投资，但往往竞争会使其风险增加，报酬率下降。最终高风险的项目必然报酬较高，低风险的项目报酬也较低。风险与报酬的这种关系是市场竞争的结果。

企业在投资项目时，不能只考虑可能获得的期望报酬率，还要考虑到报酬与所带来的风险程度是否相匹配。市场中无风险利率可以看成是没有风险的，例如国债投资的未来现金流是可以计算出来的，无须担心本金和利息的收回，然而当报酬率高于无风险利率时，多出来的报酬就需要有相应的风险进行补偿，也就是所谓的风险溢价。因此，管理者在进行财务管理决策时，如果只注重利润最大、收益最大，往往会使企业陷入巨大的风险之中。在风险和报酬之间找到平衡点，也是每一个企业管理者要密切关注的。

（三）信号传递原则

信号的传递就是要对行动信息进行整合和分析，并为集合原则和企业行为建立切实有效的管理机制和控制措施，信息使用人群能借助信息对市场与企业未来发展趋势进行判定和处理，结合信息对市场交易价格的影响因素进行系统化分析，保证行动方案的完整性。只有保证传递信息的完整程度，才能有效升级管理效果，提高财务管理水平。

信号传递理论的核心是信号，要了解信号传递理论，首先需要了解什么是信号。信号是运载消息的工具，是消息的载体。经济管理研究中的信号与电子等研究中的信号含义不同，前者主要包括产品、价格、品牌等与生产经营相关的信息，而后者主要涉及光信号、声信号和电信号等物理学信息。在经济学、社会学领域，学者们主要把信号传递理论用于解决信息不对称性以及信息获取过程中的成本问题。信号传递者主要包括独享个体、产品或者拥有组织信息的内部人员，如企业高管或者管理者。信号传递者拥有的信息既有积极的也有负面的，而信号接收者需要根据自身需求筛选对自己有用的信息。信号的内容包括组织内部的重要信息，比如产品细节、服务内容、销售情况等。这些关于个人、产品或者组织潜在特性的信息，作为内部人士向外部传递的信号，在组织活动中起着重要作用。

（四）目标导向原则

企业财务管理原则是实现企业财务管理目标的行为规范，是连接企业财务管理理论与企业财务管理实践的桥梁。遵循科学、有效的财务管理原则是企业健康发展的重要条件之一。财务管理是一种目的性很强的工作，其目标是财务管理工作的出发点和归宿点。因此，财务管理原则作为财务管理工作的行为规范和行动指南，应该有助于引导财务管理工作实现其财务管理目标。财务管理原则的构建应该紧紧围绕实现财务管理目标而进行。财务管理的目标是使企业在未来一定时期内的动态现金净流量最大化，使企业价值最大化。因此，财务管理原则应该引导企业去实现尽可能大的企业价值，要解决企业如何衡量价值和创造价值的问题。

第三节　财务管理的法律政策

一、财务管理的法律问题

（一）权力制约落实不当

由于企业财务管理长期受现实社会不良风气的冲击，权力始终作为一种貌似法律规范的象征，总在有意和无意之间左右着人们，使权力披上了合法化的外衣，演变为以权压人，以权谋私，权钱交易以及奴役人的工具。这在企业财务管理上最典型的就是不论其业务能力如何财务人员只配备亲信或亲戚。正是由于掌握了财务大权，权力实施者才更加肆无忌惮。这无形之中助长了腐败的滋生蔓延，国有资产的严重流失，再加上财务管理者在学法懂法用法上的一种弱势，阻碍了科学操作方法和管理手段在财务管理中的应用。

企业财务管理权力制衡指的是企业在财务管理方面实行分权制衡的权力配置机制，通过科学合理地设置不同职级不同人员的财务管理权限，达到分权制衡的效果，实现企业财务管理工作互相监督、互相制约、互相促进，最终促进整个财务管理工作的顺利、健康运转。财务管理权可以分为财务决策权、财务执行权和财务监督权。构建企业财务管理权利制衡配置机制，必须对企业的财务管理权限进行合理分配。战略性的财务决策必须由总经理确定，而战术性的财务决策权则可以授权给各分管领导。财务的执行权也应该交由各部门灵活运用，部门内部也可以进行执行权的配置。而财务的监督权也必须交由适合的部门或个人负责。各个部门各个职级的人各司其职、各享其权，做到分工明晰、权责明确，才能使整个财务管理工作井然有序地进行。

（二）民事赔偿领域空白

民事责任是对民事法律责任的简称，是指民事主体在民事活动中，因实施了民事违法行为，根据法律特别规定其应承担的民事法律责任。民事责任属于法律责任的一种，是保障民事权利和民事义务的重要措施，是民事主体因违反民事义务所应承担的民事法律后果，它主要是一种民事救济手段，旨在使受害人被侵犯的权益得以恢复。

《证券法》中简单提及了提供虚假财务信息应承担赔偿民事责任，至于何谓虚假信息，如何认定，如何处理这一民事责任，民事赔偿金额如何量化，谁来监督，在其中几乎没有涉及，没有了救济程序这就给具体的司法判决带来了很大的不确定性。证券民事赔偿责任的性质的确定直接影响投资者权益的保护。虽然修改后的《证券法》规定了内幕交易、操作市场以及欺诈客户的民事责任制度，但是没有具体规定这种民事责任的性质。而证券民事赔偿责任如何认定，在学界的分歧主要在于将其定性为一般侵权还是特殊侵权。因两种责任在归责原则、构成要件和免责事由各方面有很大的区别，所以将其定性为一般侵权责任还是特殊侵权责任会影响到证券民事赔偿责任之权益主体、举证义务、权益保护范围等方面的界定。

（三）虚假信息界定模糊

当今的社会是一个以经济为中心的社会，当今的中国更是一个以经济发展为中心的国家，而论经济自然离不开财务信息，财务信息的真伪不仅会影响到决策者的行为，甚至会影响到国家的经济走向和社会的安定。然而，当前财务信息虚假问题在我国企业普遍存在，已严重损害了财务信息使用者的利益，给广大投资者和国家造成了巨大损失。造成财务信息虚假的主因是人，利与弊博弈的结果就驱使企业管理者编造虚假的财务信息。在我国，税法和会计法一直存在着差异，并且这些差异还在不断加大。国家的财政来源于税务，因此国家重视税务是理所当然的，各级税务机关和各审计部门审计的主要目标是企业是否偷税漏税，而对企业的账务处理是否符合国家有关法律法规和会计准则则不予过问。

尽管在《证券法》《公司法》以及相关的法规中，已经规定了出具虚假财务信息的有关人员要承担民事赔偿责任，但是如何认定虚假财务信息，往往规定得过于原则与抽象，这就给司法实践带来一系列的问题。例如，什么是虚假财务信息，如何确认虚假财务信息，这是一个相当复杂的问题，并且即使法律上已认定一项财务信息是虚假的，但如何界定这项虚假信息的产生是故意还是过失，又是一个法律难题。目前存在的最大问题是虽然确认了某项财务信息是虚假的，并已认定了责任人员，但如何承担民事赔偿责任，相关责任人员应赔偿哪项经济损失，在法律上仍是一个非常模糊的问题。

二、财务管理的法律对策

（一）适当分解财务权力

分权型财务管理体制是将集团的大部分财务决策权下放到子公司或事业部，子公司拥有充分的财务管理权限，母公司对下属公司实行间接管理。对子公司实施间接管理具有以下几方面的好处，可以大大提高子公司的灵活性，并且使子公司能根据市场的变化迅速做出反应，保证财务决策的及时性和合理性；能充分调动各成员单位的积极性和创造性，从而间接提高整个企业集团的财务资源利用效果；总部财务能集中精力于战略规划与重大财务决策，摆脱了日常管控等具体管理事务。

相关部门应制定和出台一些保护财务管理者的法律政策措施，使财务管理者在依法履行财务管理职能的基础上，提高自我保护意识，增强抵御权力违法行为的能力，降低自我不法行为的发生。改变传统的手工操作方式和管理方法，把现代计算机信息技术运用在会计核算、账务处理、检查、分析、监督中，发挥计算机在财务管理方面的作用，以促使会计电算化事业的发展。同时计算信息技术的运用既能减轻财务管理者的劳动强度，又可以提高工作效率加强防范监督违法行为的能力，还能迅速及时、准确、科学地进行会计核算、账务处理、财产清查、会计资料和资金利用率的分析，并能为决策者提供更加翔实的财务信息，使其能进行科学决策，以减少决策的失误。

（二）设立法律监督机构

当前，在设立财会监督部门时，主要是强调技术管理，其次强调的是行政处罚。监管部门的主要精力放在财会技术规范的规定与协调上，并对一些违规、违纪现象进行行政处罚。这些技术标准是判断财会行为是否合法的依据，对财会改革是非常必要的，然而随着市场经济的逐步完善，财会监管要逐步转移到法律问题的协调上。一旦遇到诸如财会信息理解方面的冲突，作为监管部门，要站在客观的角度，予以鉴定信息，并得出结论，以便为司法部门提供依据。有关这方面的任务，将随市场经济的日趋完善更加迫切。在财会监管部门中设立法律监督分支机构，强化对财务管理人员的法律责任监督，是监管部门今后的重要任务之一。加强经济管理和财务管理，必然要加强会计管理，会计的基本职能是依法对经济活动进行记录、核算和监督，为经济管理和财务管理提供会计信息。因此，提高会计信息质量，确保会计数据真实完整，已成为加强财务管理基础环节，但是长期以来观念的落后，由于人们对财务管理重要性认识不足，弱化了财务管理，但市场经济讲求经济效益，讲求经济效益就必须加强财务管理，加强财务管理的基础是加强会计管理，好的财务管理还会决定一个企业的生存能力。

（三）加强相关案例研究

案例需要由很多要素构成，案例是对一个真实情景的描述。真正的案例描述不是记录流水账，而只是对于非常典型的代表性情景进行勾画。案例是对人们特别关注的焦点处的陈述，因此要具体简洁交代其焦点产生的背景条件和原委。一个案例要显出冲突性，高潮性，必须有多处问题或者疑难问题的出现，这是案例本身意义所包含的潜在亮点处。案例既然是一个非常一般的故事，因此很多人都关注故事的结局是什么样子的，即有一个或者多个解决方法的记述。这个结局固然对人们不是很重要，人们完全可以凭借自己的理解去试图猜想解决的方法，但无论如何，故事本身的解决办法是局外人无法实现过的，这样一来，案例是可以起引发或者刺激出新的想法和行为的原型作用的，这也是把这样的故事叫作案例的重要原因。故而要对案例进行抛砖引玉式的点缀，这种点缀应该只是客观的对事情真相进行中性描写，以免引起对故事本身的种种不利偏差。

通过认真研究重大的财会诉讼案例，寻求其产生的根源及对策，这是世界各国财务理论界对财会法律问题进行研究的最好方法。当前，在我国已发生了不少重大财会案例，如深圳原野、东方锅炉等舞弊案，这些案例都是利用虚假财会信息为个人或小集团谋取私利。经过财会案例，加强财务管理法律问题的实证研究，是妥善解决财务管理法律问题的又一个重要途径。

第四节　财务管理的现存问题及其改善策略

一、财务管理的主要问题

（一）财务管理观念滞后

自进入到信息时代以来，企业的财务管理方式发生了历史性的演变，从物本管理过渡到了人本管理，更确切地说是进入了能本管理。可以说现如今人作为知识的载体，作为知识的创造者，技术的运用者，其智力资本的贡献率早已成为了资本共享的主导成分，而目前企业与企业之间的竞争实质上也是高端人才的竞争。因此，企业除了要设定信息至上的财务管理观念以外，还要注重对人的智力与创造能力的开发管理，使其成为企业竞争力的核心资源。为此，企业就需要开放思想，把握市场走向，对企业的财务管理观念进行创新与完善。

目前，我国大部分中小型企业都是家族企业，主要以家族管理模式为主，因而中小型企业的规模也相对较小，也更加愿意接受较为传统的财务管理方法，不愿意接受先进的财务管理方法和技术，甚至不会设置专职权限，缺乏专业管理，存在财务会计信息不完整，不真实等问题，不利于管理工作的顺利实施，影响了财务管理效果。在我国中小型企业中，部分管理者对财务会计管理认识不足，没有认识到财务部门对企业发展的重要作用，这不仅打击财务人员工作的积极性，也极大的影响财务工作的开展和职能的发挥。企业管理者对财务部门重视不足，在日常工作中，财务人员难以很好地参与到企业的经营管理中，或者其他部门难以全力支持财务部门的工作，在相互沟通或配合上难以有效开展，进而影响生产经营的顺利进行。

（二）财务管理模式陈旧

企业财务管理模式，顾名思义就是指在企业整体管理框架内的，为了实现企业的财务目标而制定的财务管理体制，主要处理子公司与母公司之间的财务权限划分。在当前企业经营过程中应用最为广泛的便是集权型管理模式，在这一模式下，母公司负责整个集团的财务管理和决策，子公司需要严格执行母公司的决策。在传统的财务管理模式下，企业的财务管理存在着严重的问题，导致企业的成本增加，无形中损害了企业的经济收益。

在我国中小型企业管理之中，有许多企业仍采用陈旧的管理模式，随着社会经济的不断发展以及社会经济发展水平的不断提高，这种管理方式已经跟不上社会经济的发展速度。除此以外，中小型企业对于资金的管理也存在着缺陷，缺乏严密的资金使用计划，在资金的运转管理方面缺乏科学性。企业管理者在部署企业的战略目标时往往忽略了对管理模式的调整，导致中小型企业对于财务管理规划方面存在着不科学性，也就难以凭借管理模式在市场竞争中立足。企业财务管理中的会计基础工作薄弱，会计制度不健全，最终导致企业的会计账目混乱，报账手续不规范等现象，给不法分子以可乘之机。同时，账目混乱也造成了企业财务管理的困难，增加了企业的人力成本，不利于企业的发展。企业的投资决策和管理行为存在很多漏洞，这导致了企业固定资产的比重过大，企业的运营资金被挤占，最终会造成企业资金周转问题，严重的可危及企业的生存。资金管理不善会导致企业的资金短缺。在企业财务管理过程中，若对外投资比重过大，则会使应收账款累加导致整个公司的资金周转问题。错误的投资决策也会导致资金投资收益过低，影响到公司的经济收益，无形中增加了企业的财务成本。

（三）财务管理制度松散

中小型企业在财务管理制度的制定方面难以达到大企业的标准，企业管理者在制定财务管理制度的时候往往会忽视一些专属于中小型企业财务管理方面的措施，若财务管理制度不完善，就更难以规范企业财务管理工作的运行。不少中小型企业在机构的设立上也不完善，许多企业缺少内部审计机构，对于企业财务方面的信息及数据难以测评和监督，各级管理部门的绩效也难以评价。资金的运营机制软化，将导致资金的运转难以有时效地进行，严重影响了资金的周转速度，使企业获利能力降低。中小型企业对于财务资金的控制能力不高造成了财务管理难以有效进行，更导致了企业难以在激烈的市场竞争中占据有利地位。

此外，对存货的控制不是很严格，就很容易给企业造成存货大量的积压。在企业日常管理工作中，对存货的管理比较松懈，造成存货积压过多，由此造成企业积压的成本过高，资金周转困难，并且应收账款控制松散，容易给企业造成资金回笼困难。企业对于应收账款的管理，缺乏严格的管控制度。目前，企业对应收财款的管理主要存在以下三个问题，一是赊销政策不严格；二是回收期过长，缺乏催账措施；三是应收款项回收不及时，造成坏账损失，导致应收账款回收困难，容易给企业造成资金损失。除此以外，企业对财物的保管比较松懈，也会造成企业资产的浪费。大多数的中小型企业管理者，很重视对资金的管理，而对存货、低值易耗品和固定资产等实物的管理却不是很严格，虽然也设立了相应的条款，但在实际工作中执行的不严格，从而给企业造成大量的损失。

（四）财务管理人才缺乏

中小型企业在财务管理方面虽然管理人员不少，但是具备高素质的财务管理人员却不多，这导致了中小型企业财务管理职能很难发挥作用。大多数中小型企业一般只注重对研究技术的培养，而对财务管理人员的专业技能不够重视，并且日常工作中财务人员工作繁忙，大部分财务人员都没有时间参加财务专业知识的培训，造成财务人员相关管理知识的缺乏，整体素质水平低下。会计人员每天重复着繁杂的财务工作，几乎没有时间和精力去钻研财务管理方面的问题，对财务管理心有余而力不足，不能充分将财务管理工作运用到企业管理中去。部分中小型企业在职位授予方面会依据私人因素决定，使得财务管理人员的综合素质难以保证，财务管理是一门需要专业性知识非常牢固的学科，若无专业基础，就很难在企业的财务管理中做好自己的本职工作。

二、财务管理的改善策略

（一）转变财务管理观念

作为企业管理人员，首先要从自我做起，抛弃传统的老旧观念束缚，勇于接受新事物和新方法，并加强自身学习，以提高自身综合素质。不要只看到眼前经济利益而忽视了企业长足发展。企业管理人员对企业财务管理和资金风险防控要高度重视，创建一套完善的财务管理机制并严格执行，以充分发挥财务管理的经济作用，确保企业能够可持续发展。此外，还要想方设法营造好的企业氛围以吸引高素质的财务人才进入公司，为企业财务管理贡献力量。要完善单位财务管理，严格学习，不断更新观念，各级领导要严格建立依法理财的理念，不断提升完善财务管理体制，加强自觉性与紧迫感，将完善财务管理提升至反腐倡廉和强化作风建设的层面，将财务管理归入法制路线，将财务活动归入制度当中。

企业经营者要对财务管理工作有所重视，要以财务管理作为企业管理的中心。企业要把财务管理合理运用到生产经营中去，这样才能在激烈的市场竞争中站稳脚跟。在企业经营过程中应该加强财务管理理念，制定适合企业本身的财务管理制度，实现财务管理的价值。在实际工作中要做到财务管理精细化，就要在财务管理过程中不放过每一个细节，并将财务管理运用到企业各个方面中去，通过行使财务管理职能使企业获得长久的发展，充分利用财务管理的优势，使企业在经营活动中不断发展，实现企业经济效益不断攀升和企业价值最大化。

（二）提升企业融资能力

中小型企业融资是指金融机构针对中小型企业推出的定制化融资解决方案。其对中小型企业偿债能力不强、融资规模较小、财务规范性较差、缺少健全的企业治理机制等问题进行分析论证，从而得出中小型企业抵御风险的能力较弱的结论。因此，大型金融机构普遍缺乏中小型企业金融服务计划，银行为了更好地控制风险，设置了复杂的风控手续，最后达到降低风险的目的。这是许多国内中小型企业融资都需要面对的老问题。很多发展前景良好的创业企业都有强大的融资需求，但是由于以上原因其可以选择的渠道并不是很多。

当前中小型企业解决资金问题相对困难，这会影响企业的财务管理工作，也不利于企业未来发展。因此，企业为增强自身经济实力，应合理安排资金，优化资产组合，对外界树立良好的企业形象，以使自身的筹资方式更为多样化。在进行企业资金投资时，应选择那些低风险、时间短的项目，而尽量不要投资那些风险高、回收时间长的项目，以确保资金安全，实现资金的增值。要顺利实现企业融资，就要从打造自身品牌和信誉入手，尽快树立企业良好形象，注重培养自主创新能力，提高企业核心竞争力和盈利能力。不同的企业有不同的发展情况，融资的情况各有不同。因此，一定要找到适合本企业解决企业融资问题的方法，以此来提升企业的融资能力，使企业在信息化发达的今天快速发展。企业主要的融资渠道有内源融资和外源融资，实现融资市场的创新，必须建立符合企业融资的小额资本交易市场和简单快捷的网络交易市场并且充分发挥二板市场。想要拓宽企业的渠道，应全面打开互联网金融运作模式，由互联网的相关机构进行融资前调查，由融资担保机构提供相应的证明和服务，一切准备完善后，双方签订合同，网络作为第三方借贷资金，同时负责融资后的跟踪服务，这一举措既能完善金融市场又能减少资源的浪费，减少了融资的环节，降低了成本，保障了融资资金的安全。

（三）重视专业人才培养

企业财务管理离不开专业的财务人员，因此中小型企业想要提高内部财务管理水平就必须对企业财务人员给予足够重视，在招聘财务人员时要尽量多方面、多层次考察测试，以招聘到素质高、专业能力强的员工。企业要有一套严格的考核制度以便对财务人员工作进行考核监督，并将考核结果与企业奖惩结合起来，以提高财务人员工作积极性和主动性。应加大对财务人员的培训力度，定期组织员工培训或集中学习，以提高财务人员的专业水平，树立起现代财管理念。营造好的工作氛围以提高员工的归属感、安全感，促使员工能够自觉遵守职业准则，认真按照相关法律法规办事，有效安排企业资金和资产，使企业获得更多经济收益。

财务转型的作用就是要把更能创造价值的活动从原来的财务部门分离出来，在增强企业管控能力的同时，明确财务在企业价值创造中的定位，为创造企业价值服务。价值创造要求企业财务人才推进以价值最大化为指导原则的资源配置与决策，对经营活动进行准确的衡量和及时的监控。为培养以价值创造为核心的企业财务管理能力，企业财务管理团队要深入参与企业的重大经济活动。同时，财务人才要在夯实原来财务会计基础工作的同时，把重点转移到决策支持、预算预测、资金统筹、财务筹划、税务筹划、控制评价等方面来，努力实现价值创造目标。转型后的财务人才是企业核心管理层的有机组成部分，其作用在于为战略、经营决策提供重要的信息和分析，从而支持公司的价值创造活动。企业的目标是实现价值最大化，而目标的实现需要落实到具体的业务层面。为此，财务转型后，需要财务人员精通业务，把财务体系与整个业务流程紧密地结合起来。通过制度和流程，把产品的定价和成本核算都落实给财务，就可以确保每一份订单都能清楚地计算出成本和利润。转型后财务工作的重点应从过去主要为企业外部利益相关者服务，转变为主要为企业内部管理者提供决策支持服务，也就是把管理会计在业务层面的运用植入到公司的议事日程，使企业集团的管控工作落实到业务层面，使企业的财经体系真正参与到经营过程中。

（四）建立现代企业制度

现代企业制度定义为以市场经济为基础，以企业法人制度为主体，以公司制度为核心，以产权清晰、权责明确、政企分开、管理科学为条件的新型企业制度。企业制度是企业产权制度、企业组织形式和经营管理制度的总和。企业制度的核心是产权制度，企业组织形式和经营管理制度是以产权制度为基础的，三者分别构成企业制度的不同层次。企业制度是一个动态的范畴，它是随着商品经济的发展而不断创新和演变的。建立现代企业制度，实行公司制，是国有企业特别是国有大中型企业改革的方向。有限公司在现代企业中最具有典型性和代表性，是现代企业制度的主要组织形式。

建立现代企业制度可以解决企业财务管理存在的问题，提高财务管理质量，确保管理工作的顺利实施，以便达到理想的财务管理效果。在我国很长一段时间内，会计人员其实一直都有多重身份，其不仅被认为是行政或是企事业单位的核算管理人员，同时还身负着国家对这些单位内经济实行监督的责任，这直接使得会计人员自身对其工作角色定位不清，不知道自身到底有着何种身份，不明白自己应当是执法者还是被执法者，没有准确的工作目标，在这样的情况下何谈发挥出应有的作用。想要会计人员充分发挥作用，就需要先取消会计人员的双重身份，保证会计人员的工作不能受到单位管理层的干预，保证会计工作人员能够维护投资者、债权人等方面的利益，真正对政府及有关部门和社会公众等负责，当然还需要保证国家和社会公众的利益不会受到任何侵犯。

第三章 财务管理的主要理论

财务管理是一个综合学科，涉及经济学、管理学以及会计学内容，财务管理学的任务在于剖析财务管理工作中的规定性，研究财务管理工作实践活动的一般规律，简单来讲就是财务管理是什么以及如何进行财务管理。财务管理体系的构建充分遵循由简单到复杂、由抽象到具体的规律，但是财务管理理论的研究方法并不遵循这一规律，而是遵循由复杂到简单、由具体到抽象的过程。换句话说，财务管理理论研究的起点与终点就是财务管理工作体系架构的终点和起点，这两者从研究的切入点和过程看，在逻辑上正好互为相反过程。财务管理应用理论的主要职能是指导人们财务管理的方法，因此财务管理应用理论必须具备充分的可操作性和实践性。

大数据时代下，数据的价值得到了更为充分的挖掘，以数据技术为代表的信息也对各行各业发展产生了明显影响。创新成为当代社会发展的主旋律，企业在经营发展中也需要积极进行各种形式的创新尝试，财务管理本身作为企业管理的重要组成，其更加要与时俱进进行管理形式与管理内容的创新。特别是在很多企业财务管理模式陈旧、方法单一的情况下，进行财务管理创新的紧迫感也十分明显。尽管很多企业在内部控制建设进程中都在对财务管理进行不断加强，但其财务管理创新程度较为低下，很多企业的财务管理创新状况更是差强人意。越来越多的企业虽然认识到了进行财务管理变革和创新的重要意义，但缺乏具体的财务创新策略与方法，其财务管理创新也迟迟无法取得突破。市场经济下，企业等组织的生存发展压力逐渐增加，借助管理创新带动整体创新更加成为一种发展上的新选择。大数据时代已经为企业财务管理创新提供了新的方向和选择，探寻出这一时期下企业财务管理创新的一般策略也十分必要。

第一节　产权的主要类型与理论

一、产权的主要类型

（一）企业产权

企业产权是以财产所有权为基础，反映投资主体对其财产权益、义务的法律形式。产权往往与经营性资产相联系，投资主体向企业注入资本金，就在法律上拥有该企业相应的产权，成为该企业的产权主体。企业产权的形态，即通常所讲的产权的实物形态、产权的股权形态、产权的债权形态。

产权的实物形态表现为对资产直接的实物占有。以实物占有形态存在的产权关系一旦发生变化极易导致公司财产的断裂，从而可能使公司的生产经营活动难以正常进行。产权的股权形态表现为对资产通过持有股权的形式来占有。以股权形态存在的产权具有相对独立性，股东作为公司的所有者虽然可以依法处置他拥有的作为公司产权凭证的股份，但却无权自作主张地处置公司的财产。因此，股权关系的变动往往并不影响公司财产的完整。产权的债权形态表现为经济主体将资产放贷出去之后对这部分资产形成的债权占有。

（二）土地产权

土地产权是指有关土地财产的一切权利的总和。一般用"权利束"加以描述，土地产权包括一系列各具特色的权利，它们可以分散拥有，当聚合在一起时代表一个"权利束"，包括土地所有权及与其相联系的或相对独立的各种权利，如土地所有权、土地使用权、土地租赁权、土地抵押权、土地继承权、地役权等。若土地实施集体所有制，则会出现以下两方面的弊端，一方面土地所有权高度集中而缺乏明确的人格化代表，土地集体所有制赋予每个集体组织成员平等拥有土地的权利，名义上归集体所有，实际上人人都无份，从而严重背离了产权的排他性原则，即所有权缺位，因此农民很少愿意对土地进行长期投资，并进行掠夺式经营，导致农业资源无序配置；另一方面土地使用权分属于不同的利益主体而其对土地的合理使用对所有者又不承担任何经济的和法律的责任关系，这就使土地资源得不到充分利用和合理使用，由此造成土地资源的浪费和使用上的不经济。

产权关系明晰是现代企业制度的基本特点，明晰产权的关键是明晰产权的主体。企业改制中明晰土地产权，就是要按市场规律和现代企业经营要求，使作为市场主体的企业对市场客体土地合理选择，最终实现土地资源的优化配置。这一改革不仅在形式上与传统的无偿无限期使用地相异而且能同时有效使国家的土地所有权权能与国家的生产资料所有权权能和国家行政权权能相分离，实现土地使用权从无价向有价转变，明晰土地所有者和使用者的权利、义务关系。产权关系明晰一方面保证了国家土地所有权的实现；另一方面也确立了企业对土地的独立财产权，为建立现代企业制度创造应有的环境条件。因此，在目前企业改制中，土地资产处置的核心和关键是按现代企业制度的要求对企业原用地的产权进行重新界定并完善土地资产转移手续，建立起与市场经济和现代企业制度相适应的企业用地制度。

（三）知识产权

知识产权是关于人类在社会实践中创造的智力劳动成果的专有权利。随着科技的发展，为了更好保护产权人的利益，知识产权制度应运而生并不断完善。如今侵犯专利权、著作权、商标权等侵犯知识产权的行为越来越多。在二十一世纪，知识产权与人类的生活息息相关，社会中到处充满了知识产权的影子，在商业竞争上人们可以看出它的重要作用。发明专利、商标以及工业品外观设计等方面组成工业产权。工业产权包括专利、商标、服务标志、厂商名称、原产地名称、植物新品种权以及集成电路布图设计专有权等。

一直以来我国并没有形成明确的知识产权保护意识，使一些无论是国内还是国际上都处于领先水平的专利技术，因为没有申请专利而蒙受巨大损失。知识产权管理不能与财务进行有机结合，这就导致知识产权无法为企业有效创收。受国家大环境影响，我国企业对知识产权保护的意识比较薄弱。但随着近年来我国经济的不断发展，人们逐渐提高了对知识产权的认知。我国企业对专利的申请也呈逐年增加的态势，涌现了许多具有创新能力、重视知识产权的企业。但目前我国仍存在知识产权保护、发展、竞争意识不足的问题。因此，企业应建立完善的知识产权管理体系，对企业的知识产权进行有效保护，使创新型企业的市场竞争力得以提高，使知识产权可以为企业服务，当前企业知识产权管理的重要问题就是使其能够为企业创造经济效益。

二、产权的主要理论

（一）劳动产权理论

劳动产权是在产权的基础上提出来的，因此要研究劳动产权，就必须首先了解产权的概念。产权是现代经济学中最重要的概念，这不仅是因为产权像稀缺性、理性等概念一样已成为现代经济学的分析基础，而且因为排他性产权已成为市场交换的必要条件。没有排他性产权，就不会有现代意义上的市场经济。市场社会主义者在劳动产权理论中，关注较多的是劳动者对于企业的经济管理权利，这是因为市场社会主义者相信，劳动者的经济管理权利是劳动者的民主政治权利深入基层的表现。如果在企业的范围内能够使劳动者通过转让其劳动产权获得经济管理权利，那么在更广泛的全社会范围内，劳动者作为公民才能更好地获得民主政治权利。在市场社会主义者设计的各种模式中，企业都拥有一定的自治权，包括生产什么，怎样生产等事项的决策权以及企业利润的分配等权利，而劳动者对于企业的经济管理权利就是劳动者参与决策企业的自治权。

劳动产权理论不是脱离以往社会思潮，离开世界文明发展大道而产生的。它批判地继承了人类文化的全部优秀成果，对各种社会进步思潮所包含的合理因素都进行了创造性的改造。劳动价值论指出了劳动是创造价值的唯一源泉，为劳动产权的产生打下了坚实的理论基础。马克思的剩余价值理论是马克思主义经济理论的核心，也是劳动产权理论的主要内容。在剩余价值论中，马克思第一次提出劳动力是一种特殊的商品，明确区分了劳动和劳动力，并且论证了只有在一定的条件下劳动力才成为商品。这样就从根本上揭示了剩余价值的来源，劳动力的使用所产生的价值与劳动力本身价值的差额构成了剩余价值。市场社会主义劳动产权理论认为，资本主义社会存在着严重的分配不公，突出地表现在对企业利润的分配上，即资本家独占了企业利润，劳动者仅仅获得工资收入。因此，市场社会主义要实现收入的公平分配，最根本的是要实现劳动者凭借其劳动产权参与对企业利润的分配。劳动产权分配的平等并不是平均分配，劳动者的工资仍以劳动者的能力大小为转移，其工资仍然存在着差别，劳动者仍然要承担市场的风险，从而保证市场社会主义应有的效率。

（二）新古典产权理论

新古典产权学派关于企业所有权结构的认识，在阿尔钦和德姆塞茨、曼内、詹森、麦克林、哈特和张维迎等人的论著中得到了较充分的体现。他们一致的观点是利润最大化是企业最重要的目标，因而企业的最终控制权应该由最具有追逐利润动机的人拥有；在具体的企业所有权安排中，出资者不仅是唯一的剩余索取者，而且应该掌握企业重大决策的审批权和关键性的人事安排；在剩余索取权与剩余控制权的关系中，他们认为二者对应的是有效率的企业所有权结构的基本要求。该理论认为，只要将企业的剩余索取权与剩余控制权赋予企业的出资人或股份公司的股东，那么企业追求利润最大化或股东权益最大化的目标便可以轻而易举地实现。然而，越来越多的事实表明，出资者单方面享有企业所有权的观点，并不符合所有权结构发展变化的现实。

从新古典产权学派衍生出的财务管理目标的观点有企业利润最大化、股东财富最大化、企业价值大化等。企业利润最大化目标论侧重于新古典产权派别中追逐利润动机的论述，并以之作为财务活动的终极目标。此观点要求财务管理目标与企业的财务活动具有高度的相关性，企业通过自身的财务活动能够影响和控制财务管理目标的实现程度。股东财富最大化和企业价值最大化较全面地体现了新古典产权学派的理论特征，对二者内涵的界定，国内外学者虽有诸多表述，但一致的看法是，这两种最大化的实质就是股东财富最大化。股东财富最大化目标突出了出资人的地位，强调了出资人对企业剩余产品的索取权，并且认为剩余索取权与剩余控制权的统一是实现企业财务目标的必要保证。

（三）利益产权理论

利益相关者学派反对出资者是企业的最终所有者，强调企业的所有权应由出资者、债权人、职工、供应商、消费者等利益相关者共同分享。反对从剩余权利分配的角度研究公司治理，认为将公司的剩余控制权和剩余索取权赋予股东是一种错误的做法，他们认为股东缺乏足够的力量去控制经理人员和防止公司资源的滥用，来自接管市场的压力也会导致经理人员的短视行为。与新古典产权学派强调以股东收益最大化为企业目标不同，主张利益相关者理论的学者强调公司的目标是为社会创造财富。这一新的观点认为，公司的存在是为社会创造财富。利益相关者学派认为股东以外的利益相关者，特别是公司的职工可能是比股东更有效的公司监管者，因而让他们监管公司的运行可能是一种更好的选择。

在财务领域，由利益相关者学派衍生的财务管理目标称为利益相关者权益最大化或利益相关者财富最大化等。二者仅为提法不同，内涵并无差别。利益相关者财富最大化的观点认为，企业的所有权主体并不仅仅是股东，而应拓展为出资者、债权人、员工、供应商与用户等利益相关者共同享有。企业的财务行为与财务关系应围绕着相关利益集团的不同要求而均衡展开，并最终达到利益相关者权益增加的目的。此观点考虑的不仅仅是经济效率，还有社会效益目标的实现。这样，企业的理财活动可以均衡各利益相关者的财务利益要求，既适应知识经济的要求，又兼顾了其他利益相关者的要求和企业的社会责任；既适应知识经济时代发展的要求，又体现可持续发展财务的特征。

（四）人资产权理论

传统财务理论中的资本仅指财务资本，按其属性资本被划分为权益资本和债务资本两大类。权益资本是投资人以货币或实物形式投入企业形成的资本，其构成了企业资产负债表上的所有者权益。所有者权益是投资人对企业净资产所享有的产权，凭借产权，投资人享有企业的剩余索取权和控制权；债务资本则是企业依法从债权人处取得并依约运用、按期偿还的资本，形成企业资产负债表上的负债。传统财务管理的对象即是财务资本的运动过程，包括资本筹集、资本投放、收益分配等，人力资本被排除在外。人力资本的产权化，使得向企业投入知识、智力和技能的劳动者与投入物质资本的出资人一样成为企业平等的产权主体，享有同样的权益，即以企业所有者身份享有企业的剩余索取权和控制权。知识经济时代，企业的生存和发展往往更多依靠人力资本，很多高新技术和知识密集型企业的财富能在短期内急剧增加，正是人力资本作用的结果。

按照重新界定的资本含义所编制的资产负债表，能反映企业人力资产和人力资本价值的整体信息，有助于会计信息使用者对企业整体状况的判断和未来发展潜能的评价。资本范围的重新界定也导致资本结构的内涵发生变化，企业不仅要合理安排债务资本与权益资本之间的比例，更要妥善确定人力资本与财务资本的比例、人力资本权益与财务资本权益的比例，使优化资本结构有了更丰富的含义。随着资本范围的扩大，财务管理内容也更为丰富，除了传统的财务资本运动外，人力资本的运动过程也将纳入其管理领域。

第二节　企业治理的主要模式与理论

一、企业治理的主要模式

（一）股东单边治理

以美英为代表的股东至上的单边治理结构一直是主流的公司治理模式。团队生产比个人生产更有效率，但团队中每一个成员对产出所做的贡献是难以衡量的，于是团队成员就有了偷懒的动机，这就需要监督者来监督队员的投入程度，而监督者只有承担剩余风险并掌握剩余收益才能有足够的激励去实施有效的监督。在现代企业中，作为企业的所有者，只有股东在承担剩余风险，因此他们必然要求完全享有剩余收益，并实施监督者的功能。美英模式的另一个理论基础是企业收益的狭义分配理论，即资本要素享受利润。因为美英等发达资本主义国家的经济活动的运转都是以资本为核心的，资本市场发达，机构投资者活跃，资本雇佣劳动的关系体现得极为充分，因此强调股东利益最大化有其合理性。

在以股东利益最大化为目标的分配制度下，企业理财分配的概念更多的是强调股东和企业之间的分配，即怎样把实现的税后利润在分配给股东和留给企业之间做出安排，这就形成了股东至上主义的公司治理模式。股东至上主义模式所关心的是收益分配会不会影响股东的财富。在早期的股东治理模式下，股东数量众多，每一股东持股量很小，在同股同权的原则下，单个股东的作用有限。但股权过度分散会导致严重的股东搭便车现象，股东的权力更多表现在用脚投票上，很难有效地监督经营者，因而更多依赖资本市场的外部监督。股权过度分散还会导致股东权力淡化，使经营者的权力膨胀，进而影响公司的效益和发展，当投资者逐渐察觉到股权分散的弊端时，所有权结构从分散走向集中就成为必然，这样就派生出了大股东利益至上的治理结构。此外，还存在一种特殊的股东至上的单边治理模式，即所谓的家族治理模式。这一模式仅仅是在股权结构上产生了变异，家族成员成为股东的唯一组成，股权高度集中，但始终没有超出股东至上的单边治理结构范畴。

（二）员工单边治理

有观点认为在高度统一的计划经济体制下，社会主义国家的公司治理结构有些类似于劳动雇佣资本的员工至上主义模式，最具典型意义的是南斯拉夫。这种模式是以企业的集体成员，劳动者为核心，不论是选举董事会还是任命高级经理，实际上都是由劳动者作为核心进行运作，劳动雇佣资本是该模式的分配原则。事实上，我国早期的国有企业治理模式也在很大程度上具备该模式的许多特征。但我国与南斯拉夫的差异在于我国国有企业所讲的员工至上是一个宏观上的概念，企业属于全体公民，即企业属于国家，而不仅仅是企业内部的员工，所以在治理过程中，只能由政府出面代理国家行使出资人的权利和义务，进而享有企业的剩余索取权。因此，从广义的角度讲，我国国有企业属于员工治理模式；但从狭义角度而言，我国和其他一些处于转轨经济的社会主义国家更属于国家治理模式。

从思路上分析，员工治理模式在本质上是与股东单边治理模式有着对立的逻辑。该模式依据劳动雇佣资本的思维逻辑，主张员工根据其劳动投入参与公司治理，同时享有企业剩余索取权与剩余控制权。诚然，员工治理模式将股东单边治理模式中的治理客体转换为治理主体，提高了员工这一利益主体在企业中的地位，这对利益相关者治理观的形成具有里程碑式的借鉴意义。然而，劳动雇佣资本的思维逻辑并不是完美无缺的。企业所有权是财产权的逻辑延伸，企业所有权包括剩余索取权与剩余控制权，其中剩余控制权更为关键，格罗斯曼和哈特用剩余控制权来定义企业所有权，并把剩余控制权理解为契约中未特别指定的活动的决策权。

（三）利益相关治理

随着现代工商企业的发展，公司规模的不断扩大，股权结构的日趋分散以及知识经济的兴起和人力资本重要性的提高，现代大企业的控制权实际上已经逐渐转移到职业经理人手中。特别是在新兴产业中，以高层管理者和关键技术人员为代表的人力资本已经不再单纯依附于物质资本，而是与物质资本之间形成了日益互补共生的关系，而且要求共同分享生产要素协同创造的附加价值。这一趋势对传统的股东主权观提出了挑战。

诚然，利益相关者共同治理模式由于其责权利相平衡的优点而在部分国家广受重视与运用。但是，共同治理框架比较近乎理想化，使得学术界与实务界对其争议不断，主要概括为以下几点，一是对利益相关者的界定还未得到广泛的认同与共识；二是利益相关者共同治理模式下的企业经营目标过于模糊，可能会给经营者决策带来困扰；三是利益相关者共同治理模式中参与治理的主体过多，可能会产生理性的冷漠和治理效率低下等问题。然而任何一种理论都不是无懈可击的，缺陷并不能成为其发展的羁绊。就以最为广泛接受和运用的股东至上观为例，根据上文的分析可知，它的存在也同样有许多思维逻辑上的缺陷，这只能说明理论根基在新的经济形势下遇到了新的问题、受到了新的质疑，而不能怀疑其存在的意义。现代产权理论把企业产权分为特定产权与剩余产权，其中特定产权就是通常意义上的企业财产权，它是契约主体参与企业剩余产权配置的前提，是企业得以上市的初始产权契约安排；剩余产权是通常意义上的企业所有权，契约主体可以通过配置剩余产权来实现产权价值分配的目的。从经济学角度探析利益相关者相机治理路径，其本质就是对企业所有权配置的分析。

二、企业治理的主要理论

（一）增加价值理论

增加价值是企业在生产过程中所新创造的价值，或者是从企业的销售额中扣除供生产使用或从其他企业购入的中间材料的成本。由于经济体制的目标是产出高水平的经济产品和服务用来满足人们的需要，所以增加价值是比国民生产总值更好的衡量该目标的可用工具。增加价值能为企业的利益相关方提供比利润和收入更多的信息，利润的计算特点是仅着眼于股东利益，只把股东看作是企业全产经营的唯一受益者是不全面的也是不正确的，增加价值从比利润更广泛的视角，考察了企业的利益相关者对企业的生产经营活动所做的贡献大小以及这些利益相关者相应的受益情况，相对于利润指标而言，增加价值指标能够更全面地反映企业的资源配置状况。因此，创造增加价值比创造利润更适合作为企业经营的目标。

增加价值理论主张，当劳动产生了增加的价值时，劳动者对物的增加的价值享有某种利益与权利。增加价值理论与值得理论中的避免理论不同，其不考虑劳动是否为愉快或者不愉快的性质，关注的是为何劳动为社会层次上的财产提供了正当性。关于增加价值理论，可以联系到洛克学说的一个论点。该论点涉及个人施加的劳动不足以解释商品整个增加的价值，而只是解释增加的价值。反对者对洛克理论批评的一点也就是其不能解释完全所有权的正当性。如果借助于经济学理论，在解释授予个人的权利方面，也不能确信一个特定的权利在所有的情况下会产生有价值的结果。为此有的学者提出了一种以制度结构为基础的兼顾劳动理论与经济学理论的模式，并将其运用到为知识产权与工业产权提供正当性上。增加价值理论在知识产权法上的适用表明，对智力劳动果实的自然权利，没有同时确立智力创造者对该产品获得整个价值的所有权。知识产权在一定意义上是社会创造的现象，在市场和与他人的相互作用中获得的市场价值与智力劳动者个人性地使用和占有其劳动产品是相当不同的两个方面。

（二）财务治理理论

财务治理强调以财权为治理对象，以财务契约为工具，通过各相关利益主体间的制度安排及激励与约束机制来达到维护利益相关者根本利益的一种管理方式和管理活动，是公司治理结构的一个子系统的研究假设。其中，核心要素是财权、利益相关者间的制度安排以及通过财务契约的静态管理方式和动态管理过程。而财务管理是指客观存在的资金运动及其所体现的经济利益关系，是一种价值管理，是公司管理的中心，是一种以实现公司价值最大化为目标的运行机制，是关于资金的筹集、投放和分配的管理实践活动。财务管理理论的核心是资金，是通过资金配置来实现财务管理目标的。

由于财务活动是一种价值运动，具有全面反映的特点，能够综合反映生产经营活动过程和结果，控制和监督各种经济活动，并对企业各项决策具有导向性，因此处于主导地位。作为其主要组成部分的财务治理，也理应处于公司治理的主导地位，能够对公司治理进行本质反映，促进公司治理目标实现。特别是财权配置始终是公司治理的中心问题，体现的是公司利益相关者对自身权益的有效保护，这也客观决定了财务治理在公司治理中的主导地位。财务治理作为全面综合研究公司财务与治理的理论，可以使研究者明确在公司治理中，财务方面的重要作用；在公司财务中，公司治理的重要体现。并可进一步明晰股东、经营者以及外部利益相关者在财务方面有权做什么、应该做什么和如何做什么，这无疑将有助于改善我国国有企业、上市公司治理状况以及提高公司财务工作效率。

（三）公共治理理论

在一切社会制度下，经济基础对上层建筑起决定作用，上层建筑依赖于经济基础，治理理论在研究顶层设计的同时，必须考虑治理的核心是什么。对实行经济体制改革三十多年的中国来说，市场的有效治理已成为确保经济快速发展、社会和谐稳定的重中之重，在很大程度上体现的是国家治理意志。因此，公共治理与市场治理本身是一体的。多年来，中国政治体制改革落后于经济体制发展是基本共识，但事实上市场治理也缺乏理论指导，公共治理如何改善市场主体竞争不足、垄断行业改革滞后、国民收入分配不合理等问题，是公共管理视角下公共治理理论研究的基本载体。市场经济的四项制度，包括基础经济自由、产权保护、政治和平和法治，依然是公共治理理论研究的重点与难点。

任何主体都不可能长期拥有某种核心优势资源。在推进公共治理理论有效适用的当下，为了保障党的合法性，必须担当执政责任，当务之急是完善问责制。这里无意也无力基于问责制内部来探讨完善的路径，这是现有研究的基本思路。笔者认为，完全立足于制度内部是无法有效使其完善的，可能的路径在于，成熟的公民与社会组织形成对问责制贯彻与实施的有力监督，对执政党担当责任的有力监督。而对于问责制内部的细节性完善则属于大方向之后的具体修复。总之，笔者这里意欲强调指出的是，党在公共治理理论有效适用中的核心主体地位，实质上是对公共治理理论缘起之资本主义意识形态性的拒斥，是当代中国公共管理之社会主义的坚守。

第三节　行为理论及其特征与发展方向

一、企业行为的主要理论

（一）行为改造理论

行为改造理论根据强化的性质和目的可分为正强化、负强化、终止、惩罚等四种类型。正强化是指为产生令人愉悦、与组织行为相符的结果所需强化的行为。负强化是指为了消除某一令人不快、与组织行为不相符的行为而采取一种明示的行为。负强化在现代企业管理中可谓比比皆是，并被大量应用。例如，几乎没有一个企业没有规章制度，明示员工该做什么，或要怎样做。员工必须遵守这一切规章制度，否则就会遭到责备和相关的处分，这样员工就要小心翼翼地注意。终止是指弱化没有积极意义的行为。譬如当一个员工在与他的同伴的谈话中走散了，他的同伴没有理会他，这样他想说别的也无法再讲下去。这一现象如应用到企业管理中，就是当管理者发现下属的某一行为是对公司业绩没有好的影响时，采取终止方法就可终止该行为，让其不再发生。惩罚是指当某一行为产生不良结果时，也就是与组织行为不相符时，该行为就需被弱化。

行为改造理论最为先进之处是提出员工的行为是可测量的，并通过可量化的激励，提高员工的积极性，创造更佳的业绩。对此，行为改造理论的支持者认为这一理论比其他激励理论更为有效；而反对者则认为这一理论忽略了个人的自由选择，过分强调机械的组织行为影响，将人的主观能动性过于简单化。这里需要明确的是行为改造理论最根本的一点是认为组织行为不易被操纵、改变，组织行为的改变与否，关键是员工是否积极参与。组织行为改造系统可用于帮助员工获得更好业绩而提高工作积极性。并能让员工对自身整个行为过程将会产生的后果有充分的能动性。

（二）计划行为理论

行为主体通常是颇为理性的，可以通过系统地整理、分析、利用所搜集的信息，充分考虑是否执行一个特定的行为以及行为发生后的影响。计划行为理论认为行为通过行为态度、主观规范和知觉行为控制三个变量影响行为意愿从而决定行为的产生。计划行为理论综合了影响行为的各种因素，态度展现了个体内在反映及关联，主观规范体现外部环境的作用，知觉行为控制表达个体对行为特征的感知程度。因此，该理论能更好了解和预测个体的行为意图及其自我效能和控制感，并显著提高人们的具体态度对行为的解释力，研究将应用并拓展计划行为理论框架对中小型企业合作创新行为的产生机理进行研究。行为态度指行为主体对既定情境实施某一特定行为的喜爱程度的评估，及其对行为整体的预期综合评价。当行为主体对其行为评价是正面的，则将产生积极的行为态度，而消极的行为评价会产生消极的行为态度。中小型企业的行为态度主要受到组织结构、组织文化和组织信任等企业内部因素的影响，从而产生对合作创新行为喜好程度的评价，行为态度是中小型企业合作创新行为内部动机的主要表现。

行为态度是计划行为理论最为核心的概念，同时也是争论最少的一个概念。有学者曾批评计划行为理论只注重强调态度的工具性成分，比如有用抑或有害、有价值抑或无价值等较为理性的因素，但却忽视了态度的情感性成分，比如喜欢抑或讨厌，愉快抑或痛苦等非理性的因素。对此，学界有的学者表示认可，但也有学者持质疑态度，因为非理性情感的成分固然也影响人的行为态度，但人毕竟首先还是理性的动物。人们只能期待于进一步的研究成果来解释非理性的情感成分对人态度的影响。当然，不管怎么说，行为态度是评估和预测个体行为的一个十分重要的变量。

（三）效率工资理论

效率工资理论研究的是工资水平跟企业生产效率之间的关系。定性来讲，效率工资指的是企业支付给员工比市场平均工资高得多的工资，促使员工努力工作的薪酬制度。效率工资理论与传统经济理论不同，它研究的不是劳动力市场供求与竞争，也不强调降低人力成本使企业获取更大利润，它强调用高工资有效激励员工，从而提高生产率和利润率的作用。效率工资理论认为，高工资提高工人的努力程度，进而奉献出更高的生产生产率，高效率给企业带来高利润。高工资有利于吸引高素质人才，提高劳动生产率，而使净利润提高。高工资减少了工人的流动性，从而降低企业招募、培训成本而获得高收益。从以上效率工资理论与现实实践的分析可以看出，企业支付高于劳动力市场供求平均水平的工资以获取较高劳动生产率对企业发展是有利的。

二、财务行为的主要特征

（一）目标驱动性

财务目标是财务行为的驱动力，是财务行为的出发点和归宿点。财务目标对财务行为所产生的驱动作用的大小，取决于人们制定财务目标的科学性和合理性。科学合理的目标必须能够满足企业管理的需要，具有激励性，能通过财务人员的努力而实现。财务目标的驱动作用主要表现在以下两个方面。一是导向作用，它能够把不同财务人员的思想和行为导向同一方向，使其为完成预定任务而共同努力工作；二是激励作用，目标在未实现之前对人的行为来说是一种期望值，这种期望值会成为一种激励因素，激励财务人员同心协力，为实现财务目标而努力奋斗。

（二）管理本源性

财务行为本质上是人的一种管理活动。财务管理的职能是通过财务人员从事的多种形式的管理活动实现的，如果离开了作为管理者之一的财务人员，离开了其对企业资金运动的规划与控制，企业经济效益的提高将成为一句空话。任何管理活动都必须以人的管理为出发点和归宿点，只有这样才能实施有效的管理。研究财务行为就是要通过加强对人的管理，促进企业行为的优化，保证企业向良好的方向发展。

（三）行为有效性

财务行为主体参与管理，实际上是从价值的角度对企业经济行为进行规划和控制。财务行为对经济行为的作用主要表现在对经济行为动机的激发和引导上，通过对人们行为动机的激励，引导经济行为向好的方向发展。合理的财务行为能强化经济行为，对经济行为产生积极的激励作用，从而提高经济行为的效率和效益。

三、财务行为的发展方向

（一）行为观念新型化

优化的财务行为是建立在优化的理财观念基础上的。近年来，我国一些企业财务行为扭曲，其主要根源不在方法而在观念上。因为观念是思维的起点，起点错了一切努力都是徒劳的，优化财务行为也就只能成为句空话。因此，树立新型的符合时代要求的理财观念是财务行为优化的一项重要内容。理财观念受到理财环境的制约，并受财务管理对象、要索和手段的影响。在市场经济这个大环境下，企业必须摒弃传统的与计划经济体制相适应的理财观念，树立以市场经济为主体的新型理财观念，以适应市场经济发展的要求。

（二）行为目标科学化

财务行为目标是产生财务行为的诱因，并且在财务行为的整个过程中起着引导和促进作用。人们在进行理财活动时，选择或摒弃某些程序和方法总是基于某种动机和理由，由此追溯下去，最终的理由就是财务行为目标即财务目标。财务目标既是财务行为系统运行的驱动和定向机制，又是分析和评价财务行为介理与否的基本标准。因此，财务目标科学化也是财务行为优化的一项重要内容。

（三）行为方法现代化

财务行为方法即财务管理方法，它是财务人员为了实现财务管理目标，完成财务管理任务，在进行理财活动时所采用的各种技术和手段。财务管理方法是确定财务行为流程的基本依据，是提高财务行为质量和效率的重要手段。财务管理方法现代化是指在财务行为中广泛地应用现代科学方法，以适应现代财务管理预测、决策、预算、控制和分析的需要。财务管理方法按其性质不同，可以分为定性方法和定量方法两类。这两种方法各有优缺点，在实际工作中应结合使用，但由于定量方法较之定性方法更具有客观性、精确性和实用性，因此财务管理方法现代化主要是指财务管理定量方法现代化。

（四）行为组织系统化

财务行为不是单个的孤立行为，也不是各个方面单个行为的简单相加，而是一个具有内在联系的有组织的系统。财务组织系统化是指采取有效的组织方式，将财务行为系统内的各个要素以及各个方面的单个行为有机地组织起来，使之成为一个具有内在联系的能够协调运行的系统。财务组织系统化要求根据企业的实际情况和管理的需要，建立相应的财务组织，配备适量和高素质的财务人员，建立健全财务制度，把财务人员个体行为科学地组织起来，保证财务人员优化组合和财务活动有序地进行。财务组织系统优化是财务行为优化的组织保证。

第四节 财务风险理论及其类型

一、财务风险的主要理论

（一）财务杠杆理论

经济学中的杠杆又分为宏观经济杠杆和微观经济杠杆。宏观经济杠杆是指国家用于调整经济发展的手段，如税收、贷款等，通过宏观经济杠杆，可以使得税收等较小的变化而导致整个国民经济的较大变动。微观经济杠杆是指企业可以把握和使用的杠杆，包括总杠杆、经营杠杆和财务杠杆。总杠杆系数是指普通股每股税后收益变动率对销售额变动率的倍数，反应每股盈余对业务量变动的灵敏程度。总杠杆的存在是由于企业存在固定生产经营成本和固定财务费用等财务支出，固定成本的存在会产生经营杠杆作用，因举债带来的利息费用等的存在会产生财务杠杆作用，因此，总杠杆表现为两种杠杆的连锁作用，可分解为经营杠杆和财务杠杆。

经营杠杆是指在某一固定成本比重下，产销量的变动对息税前收益产生的作用。经营杠杆原理是研究固定资产的利用效益问题，可以为企业带来额外的利益，即可以获得一定的经营杠杆利益。所谓经营杠杆杆利益是指在扩大业务量或销售额的条件下，由于经营成本中固定成本不变，单位产品负担的固定成本降低，给企业带来的增长程度更高的额外收益，它可以用经营杠杆系数来表示。财务杠杆作用程度的大小，即企业筹资风险的大小，取决于利息的大小，即负债率的高低。企业筹资结构中，举债筹资比重越大，利息越高，财务杠杆系数越大，企业的筹资风险也就越大。财务杠杆既有有利的作用，又有不利的作用。有利的财务杠杆作用表现为，由于利息的存在，使得息税前收益少量增加就会引起每股收益大幅度增加，因此高负债率、高财务杠杆的企业，其报酬较高，提高息税前收益增加每股收益的潜力较大。

（二）财务目标理论

公司是营利性组织，其目标是生存、获利和发展。公司目标决定着公司生产经营活动的内容、程序、方式和方法。在公司目标的实现过程中，风险总是伴随其中的，这必然要求公司在生产经营过程中权衡风险与收益，不能只顾追求收益，不考虑风险的存在。在公司的经营管理中，资金的运动贯穿公司生产经营的各个领域和环节，财务管理就是通过对公司资金运动的计划、监督和控制来处理公司与各利益相关者之间财务关系的一项综合性经济管理工作，公司经营的好坏很大程度上取决于公司财务管理的水平。公司财务管理的目标来源于公司目标并为公司目标服务，财务目标是公司目标在财务管理活动中的体现。财务目标的实现必然要求风险的适当性，风险的过大或者过小，都不利于公司自身经营水平的提高。因此，控制公司所面临的风险，是财务目标的内在要求。

（三）风险管理理论

风险管理已经成为全球性的工作，备受企业和各国政府重视，因为企业风险管理是以一定的成本，通过科学优化组合管理使企业的现实财务损失和损失的影响度最小化，很多国家都成立了各种形式的学会或协会，以推动风险管理教育的普及和风险管理工作的发展。作为风险管理核心组成部分的财务风险管理已经伴随着风险管理工作逐渐全球化而备受世界各国理论界和实务界的重视。随着我国融入世界经济的步伐越来越快，我国的企业不仅要重视财务风险管理方法和程序的研究，而且应转变观念，充分认识财务风险管理理论研究的重要性，借鉴国际研究经验和成果，结合我国经济发展的阶段性，积极拓展财务风险理论研究的领域，不仅是我国财务风险理论研究的当务之急，亦是拉动我国财务风险管理水平提高的迫切要求。

财务风险管理各方法的有效性依赖于风险管理责任的落实。财务风险管理责任主体如何确立，各责任主体风险管理责任指标如何确定与分解落实，责任指标的考核与评价激励机制如何建立等问题无疑是实施财务风险管理必须研究的重大课题。若研究财务风险管理没有具体研究财务风险管理的责任制，财务风险管理只能是纸上谈兵，无从落实。总之，越来越复杂的社会经济环境决定了财务风险管理研究的日益重要，而财务风险管理的研究是巨大的科学工程，需要整合优化财务学、会计学、管理学、社会学、政治学、哲学、人文学、心理学等多门学科的知识与方法于一体，全方位、多领域进行深入研究，以不落后于风险管理学科整体发展和满足实践中的迫切需要。

二、财务风险的主要类型

（一）筹资风险

所谓筹资风险，就是指中小型企业在筹资过程中所产生的一系列财务风险。中小型企业在发展初期和扩张发展阶段，筹资活动是必然的，而市场和中小型企业发展又存在诸多不确定性，因而会产生一定的财务风险。中小型企业在筹资过程中要把握好市场发展的大方向，减小财务风险发生的概率。筹资对于一个企业是至关重要的，是企业投资经营的起点。同时，筹资风险是企业面临的主要风险之一，筹资风险不可能被消灭或避免，企业只有从自身出发才能对风险加以控制及规避。

企业筹资风险的形成既有内因，也有外因。筹资风险的内因和外因，相互联系、相互作用，共同诱发筹资风险。筹资活动是一个企业生产经营活动的起点。一般企业筹集资金的主要目的是扩大生产经营规模，提高企业的经济效益。企业为了取得更多的经济效益而进行筹资，必然会增加按期还本付息的筹资负担，由于企业资金利润率和借款利息率都具有不确定性，从而使得企业资金利润率可能高于或低于借款利息率。如果企业决策正确，管理有效，就可以实现其经营目标。但在市场经济条件下，由于市场行情的瞬息万变，企业之间的竞争日益激烈，筹资风险无处不在，因此企业的负债规模、负债限结构、经营风险、预期现金流入量和资产的流动性及金融市场等因素的影响都会导致筹资风险的发生。由于直接融资难度大，因此大多数中小型企业只有寄希望于银行贷款，然而中小型企业规模较小，经营活动和财务信息的透明度差，可用于担保的财产不足，信用度也相对较差，这导致银行普遍要求中小型企业提供抵押担保。而目前商业银行信贷逐步向中小城市和大型企业集团集中，使得中小型企业间接融资难上加难。因此，目前我国中小型企业主要依靠自有资金、银行贷款以及其他非银行金融机构资金来进行运营。

（二）投资风险

投资是企业扩张的需要，是企业进行价值创造的必经途径，也是企业转型、升级、培育新的利润增长点的重要途径。目前我国许多企业在传统制造业领域只能获取微薄收益，为博取更高利润，这些企业将部分资金转移投入回报较高、风险也更大的新兴科技领域、房地产和证券市场。然而，面对全新的市场，投资风险更需要把控。投资的正确与否决定着企业的生存与发展。而未来投资收益的不确定性，使企业在投资中可能会遭受收益损失甚至本金损失的风险。风险要与预期收益相匹配，因此企业一般是要确立恰当的收益目标，承担适度的风险。只要对风险善加利用，对投资风险的形成原因及其防范进行研究，从而找到降低风险的途径与方法，企业投资就会更加趋于理性。

目前我国许多企业投资决策机制不健全，企业领导人非理性决策，造成了投资决策的随意性、主观性、盲目性和独断性。在固定资产投资决策过程中，由于企业对投资项目的可行性缺乏周密系统的分析和研究，加之决策所依据的经济信息不全面、不真实以及决策者决策能力低下等原因，导致投资决策失误频繁发生。企业投资冲动的原因之一是对新兴产业的发展前景过于乐观，盲目投资热门产业。一些企业在投资运作中没有认真挑选可靠的交易对象，在没有了解相关公司的信用记录、资金实力、经营状况等详细信息的情况下盲目合作，导致投资过程中供应商、建筑承包商、产品订货商等不能正常履行合约而使企业蒙受损失。

（三）回收风险

企业资金回收风险的生产受内因和外因的影响。外因表现为企业所处的大环境，即国家宏观经济政策和财政金融政策的影响。在现代市场经济条件下，出于更多地占有市场和扩大销售的竞争需要，商业信用被广泛采用。商业信用一方面为企业的发展提供了机遇；另一方面加大了企业的资金回收风险，加大了坏账的可能。另外在财政金融双紧缩时期整个市场疲软，产品销售困难，企业间三角债严重，资金回收困难。企业资金回收风险产生的内因取决于企业决策和管理水平的高低，这种风险是企业可调整控制的因素，只要企业制定相应的控制管理对策，就能在扩大销售的同时，降低资金回收的风险。

部分企业对于采购比较随意，并未制定科学的采购方案。采购部门的相关工作人员缺乏采购计划意识，致使采购数量和企业所需要的使用量存在较大出入，包括采购数量不足急需临时采购，以及采购数量超标致使企业库存大量积压，不论哪种情形都必定会使企业的存货成本提高。而且若存货所占用的企业资金数额比较大，就会致使其资金周转非常慢，继而导致资金流动不足。企业存货出现较长时间的积压还可能会造成商品贬值损毁等各种不确定因素，继而给企业带来巨额经济损失。

（四）分配风险

收益分配风险，就是指中小型企业在实现成果后对投资者的再分配而存在的风险。具体分析其风险来源主要有两个方面，首先是对收益情况确认的风险；其次是对投资者对收益贡献的时间、形式和金额确认的风险。中小型企业收益分配要保证公正公开，从而避免因内部矛盾引发的财务风险。收益分配的风险是指由于收益分配可能给企业的后续经营和管理带来的不利影响。收益分配风险是客观存在的，其既源于人们认识的局限性，又源于客观事实未来变化的不确定性，因此该风险是不可避免的，但人们又能够根据收益分配风险的一些客观规律，采取特定的措施，对其实施有效控制。

当企业未能预计投资的时间、所需资金时，可能出现企业因过度发放股利造成企业投资内部资金不足的问题，使得企业需要放弃投资机会或加大外部筹资额度。一般说来，外部筹资的风险高于内部筹资风险，企业内部收益的风险会传递和加大外部筹资风险，并进一步影响整个企业筹资风险。企业由于会计政策选择的不当或处于通货膨胀时期，虽然账面盈利，但由于会计政策的选择不当或通货膨胀的影响，企业的现金流实际上是不能够维持企业进行简单再生产的，企业的现金流被永久地侵蚀掉了。此时以账面利润对企业进行分配甚至不能维持企业的简单再生产。企业过度发放盈余或选择以现金形式发放盈余，会影响企业的流动资金，增大不能到期偿还债务的风险，降低企业的偿债能力。

第四章　财务报表

　　科技的飞速发展、世界经济的日益全球化、企业间竞争的越来越激烈、经营环境越来越复杂及企业经营过程中遇到的层出不穷的问题，这些都给企业的发展带来严重的影响。财务相关系列事件的爆发，都揭示了一个普遍的问题，各国很多公司内部控制存在着较严重的缺陷，人们也因此开始普遍怀疑仅实施公司财务报表审计能否为公众、投资者提供影响其决策行为的高质量的财务信息。为此，各国企业投资者、外部信息使用者要求企业选聘的事务所在审计被审计单位传统财务报表的基础上，进而还要对其的内部控制进行审计。事实上将财务报表与内部控制进行整合审计是当前各国内部控制审计的主要形式，其对审计质量的提高、审计风险的掌控及审计成本的降低等起着很大的意义。

　　社会经济的高速发展导致市场竞争愈演愈烈，各中小型企业要想在激烈的竞争中立于不败之地，其管理者必须要对企业的财务状况、经营成果等方面进行周密分析，在其基础上合理慎重地制定和实施各项决策。财务报表是所有中小型企业必需的信息资料，通过财务报表能够直接反映企业的财务状况、经营成果、现金流量等基本财务情况。财务报表是由会计人员根据企业发生的经济业务加工整理后形成的会计资料，如果要把这些财务数据加工整理成为企业管理者所需要的财务信息，则需要借助于财务分析来完成。企业经营情况的好坏，通常由财务报表所提供的财务信息来反映。对于中小型企业管理者或经营者来说，通过财务报表分析系统所提出的财务分析报告，可以及时发现管理中或经营中存在的问题，总结经验，为其进一步改善经营管理，进行经营管理决策提供依据，从而提高企业管理水平。

第一节　财务报表的组成要素与价值体现

一、财务报表的主要项目

（一）资产

资产是指由企业过去经营交易或各项事项形成的，由企业拥有或控制的，预期会给企业带来经济利益的资源。资产指任何公司、机构和个人拥有的任何具有商业或交换价值的物品。资产的分类很多，如流动资产、固定资产、有形资产、无形资产、不动产等。资产结构是指企业资本总额在不同资产形态上的分布状况及分配比例。无论企业处于何种行业、规模大小、管理机制和经营水平有何不同，客观上都应具有各自的资产结构。这种结构从一个特定时点上看，是静态结构；从特定时期看，则是动态结构。

企业各种类型的资产是企业资产总额中的有机组成部分，它们的存在是以企业经营活动正常进行为前提的，是服务于企业经营和理财的基本目标的。各类资产作为资产总额的构成要素，既具有独自的特定功能，又相互依存、相互制约。资产结构是一种封闭结构，这种结构表明在资产总额确定的前提下，各类资产所占比重之和恒等于一。这一特征不会因资产总额的增加或减少而变化。资产结构是一种动态结构，即不同资产的结构比例不是固定的，而是不断变化的。同一类资产在不同时点、不同时期占总资产的比例总是变化的。资产结构的层次性表现在资产总额可划分为若干大类，每一大类下又可分为若干小类或项目。如资产总额划分为流动资产和非流动资产两大类，而流动资产又可划分为货币性流动资产与非货币性流动资产等。

（二）负债

负债是指企业由过去的交易或者事项形成的，预期会导致经济利益流出企业的现时义务。负债是企业承担的现时义务。负债必须是企业承担的现时义务，这里的现时义务是指企业在现行条件下已承担的义务。未来发生的交易或者事项形成的义务，不属于现时义务，不应当确认为负债。负债预期会导致经济利益流出企业。预期会导致经济利益流出企业是负债的一个本质特征，只有在履行义务时会导致经济利益流出企业的，才符合负债的定义。在履行现时义务清偿负债时，导致经济利益流出企业的形式多种多样。负债是由企业过去的交易或者事项形成的。换句话说，只有过去的交易或者事项才形成负债，企业将在未来发生的承诺、签订的合同等交易或者事项，不形成负债。

负债必须是企业承担的现时义务，它是负债的一个基本特征。这里所指的义务可以是法定义务，也可以是推定义务。其中法定义务是指具有约束力的合同或者法律法规规定的义务，通常在法律意义上需要强制执行。例如，企业购买原材料形成应付账款，企业向银行贷入款项形成借款，企业按照税法规定应当交纳的税款等，均属于企业承担的法定义务，需要依法予以偿还。推定义务是指根据企业多年来的习惯做法、公开的承诺或者公开宣布的政策而导致企业将承担的责任，这些责任也使有关各方形成了企业将履行义务解脱责任的合理预期。

（三）所有者权益

对于所有者权益的来源分析，就要注重从多种角度进行考虑，从产权角度来说，这就是对投资的收益权。民法当中收益权是所有权的权能之一，在不断的发展过程中，所有权以及经营权就开始分离，有着多种的财产组织以及经营方式，方式的变化就使得经营者以及所有者关系发生了变化，有的是直接生产关系以及所有者的调整。产权就是法学概念存在的，经济学产权概念也是法学概念的一种延续法学角度所有者权益的构成和本质。从经济学上来说产权关系是在市场竞争上所形成的人们对资产认可的行为关系。这是用来确定每人对资源使用地位的经济社会关系。另外，从法学角度进行分析，产权就是财权，物权法当中就提到了所有者权益来自会计学所有者权益。而从权益的视角进行分析来看就有着不同的角度，如国际会计准则委员会对国际会计准则权益的观点，此观点就把权益作为企业资产当中扣除全部负债的剩余利益，并在资产的负债表当中分成了诸多的类别。因此，不同的角度对所有者权益的观察是不同的。

所有者权益在企业经营期内可供企业长期、持续地使用，企业不必向投资人返还资本金。而负债则须按期返还给债权人，成为企业的负担。企业所有人凭其对企业投入的资本，享受税后分配利润的权利。所有者权益是企业分配税后净利润的主要依据，而债权人除按规定取得利息外，无权分配企业的盈利。企业所有人有权行使企业的经营管理权，或者授权管理人员行使经营管理权，但债权人并没有经营管理权。

（四）收入

针对传统的销售型企业来讲，企业的原材料进货、生产资料的投入以及产品的销售等环节都可能存在着一定的赊销，正是这些赊销带来了应收账款或者应付账款。对于销售型的企业来讲，企业的收入结构较为单一，主要是由现货销售收入和赊销销售收入两种，这二者的结构比例是企业资金风险的重要基础。而应收账款就是针对其赊销销售的收入进行管理的方法和手段。企业的收入机构和应收账款管理具有较为密切的联系。从经济学和财务的角度来看，企业的收入结构分析主要是从企业收入的不同分类进行的。从收入来源的类型上看，企业的收入主要分为主营业务收入和其他业务收入；从收入来源的性质看，企业的收入主要分为现销收入和赊销收入。其中，主营业务和其他业务收入主要区别了企业的收入的来源类型构成，是企业的业务性质和业务模式决定的。而现销收入和赊销收入反映的是企业收入资金流的真实情况，只有真实把握企业的收入结构，才能为企业的运营管理提供良好的管理基础。

（五）费用

费用是企业在日常活动中发生的会导致所有者权益减少的、与所有者分配利润无关的经济利益的总流出。一定会计期间会计主体经济利益的减少，是损益表要素之一。企业发生费用的形式是，由于资产流出企业、资产损耗或负债增加而引起所有者权益减少。但也存在例外，如企业所有者抽回投资或企业向所有者分配利润，虽然会引起资产减少或负债增加，并使所有者权益减少，但不属于企业发生费用的经济业务。费用作为损益类要素的费用，指营业费用。美国财务会计准则委员会便是采用这种狭义的费用概念，将损失作为一项与费用平行的收益表要素。国际会计准则委员会则采用上述广义的费用概念，会计费用包括直接费用、间接费用和期间费用，期间费用又包括销售费用、管理费用和财务费用。

成本是直接生产材料、直接人工、制造成本等生产产品和提供劳务的成本。支出是公司为日常活动创造的经济利益外流，包括费用管理、运营支出和财务支出。成本主要反映资源的使用。根据预设的成本和成本目标，企业生产运营，随着时间的推移，可以通过影响活动成本和费用的各种因素来持续降低成本并提高财务管理的经济效率，从而对成本和支出进行内部控制。成本和费用的内部控制是生产过程中会计内部控制的重要组成部分。

二、财务报表的价值体现

（一）实现科学管理

财务管理工作是企业保证开展日常经济活动的基础性管理工作，也是企业整个管理系统中非常重要的组成部分。在财务管理中主要通过财务报表来记录企业的资金流向及营运状况，因此编制客观真实的财务报表是推动财务管理工作不断进步的重点。企业要想获得真实客观的经济数据就要加强对财务管理工作的科学化管理及确保财务报表的准确性，以此为基础才能制定出理性的发展策略。科学的企业财务报表分析能够有效提高企业财务管理的质量。企业要借助有效的财务分析软件，确保财务报表遵循标准的财务制度，从而保障财务数据的可靠性，以及提高财务数据录入的准确性。在做好企业财务分析初始化工作的前提下，才能做好财务数据的编码工作，有效保障企业会计电算化工作的质量。

在科学财务管理内部进行会计控制工作的开展能够有效地监督并促进科学财务管理对国家财政方面的相关法律法规予以准确执行，并在此基础上实现科学财务管理内部整体管理的规范和科学化，避免在岗职工徇私舞弊、侵吞财产的现象发生，对于保障我国国有财产的高效利用及资金安全、规范科学财务管理内部会计工作都具有重要意义。再结合现状，当前我国部分科学财务管理在内部会计控制制度方面依然有所空缺，并由此导致了会计信息不完善甚至失真等问题的存在，给国家财产的安全带来了威胁。由此可见，进一步加强科学财务管理内部的会计控制工作，进一步建立并完善相关的规章制度也是十分必要的。

（二）助力企业决策

现代企业大多是自负盈亏、自主经营和自我发展的独立的经济实体，要适应优胜劣汰的市场竞争，就必须完善自身的经营管理，尤其是要处理好财务管理问题。企业各部门的经济活动最终要以财务成果来体现，高效的财务管理可以提高企业的含金量。从本质上来说，获得利润是企业参与市场竞争的最终目标，即实现企业股东财富的最大化，提高企业的经济效益。因此，企业要重视提高财务部门人员的素质，让财务人员具备专业的会计基础知识的同时，还有具备财务工作者的基本职业道德。企业要制定完善的财务管理制度，使财务各个岗位的人员明确自身的职责，充分发挥会计核算职能，编制科学的财务报告为企业提供准确的财务信息，为企业的经营决策提供有力的财务支撑，发挥财务管理在现代企业实施科学管理中的重要作用。通过有效的企业财务报表分析得出高质量的会计信息能够帮助企业管理人员做出正确的决策。企业财务报表分析的基本功能分为描述、解释、推论三个方面。企业财务报表的描述功能主要指用于衡量企业相关指标的水平；解释功能主要表现在衡量企业相关财务指标处于当前某种水平的原因；推论功能是指根据企业既定的战略、所处环境等进行分析，来评判这些指标未来的发展趋势和可能会达到的水平，并且用来说明衡量指标的约束条件和程度。

（三）反映经营状况

财务报表分析在企业财务管理中扮演着重要的角色。通过分析企业财务报表，可全面、深入的了解企业的经营成果及财务状况，为企业管理者及其他相关人员准确掌握企业的经营情况，客观的评价企业过去一段时间的经营成果和预测企业未来一段时间的发展趋势提供重要的信息支撑。财务报表具有以下两方面的主要作用。一是财务报表分析为企业外部投资者和债权人做出科学、合理的投资决策提供了重要的依据，外部投资者可通过财务分析，在充分掌握企业偿债能力和盈利能力的基础上，合理的评估投资风险，科学的预测投资收益。二是财务报表分析为企业管理者改善经营管理水平、提升经营质效提供了信息基础，通过财务分析，企业管理者可通盘掌握企业的经营情况并发现经营管理的短板，及时采取改进措施，不断改进经营管理模式，深入挖掘企业发展的潜力。

透过企业财务报表深入分析企业的经营成果及财务状况是一项具有综合性、细致性的系统工作，评价企业的偿债能力、盈利能力、营运能力、成长能力需要综合分析各类财务指标，同时还需要通过横向比较与纵向比较，深入分析影响各项指标的内在因素。在深入分析企业财务报表过程中，要将一系列的财务指标进行综合的分析，将企业的偿债、盈利、营运及成长能力结合起来，对企业的经济活动及总体规律做出本质性的判断与评价。

第二节　财务报表与财务分析

一、对企业财务报表进行财务分析的重要作用

（一）提升企业经济效益

经济效益是通过商品和劳动的对外交换所取得的社会劳动节约，即以尽量少的劳动耗费取得尽量多的经营成果，或者以同等的劳动耗费取得更多的经营成果。经济效益是资金占用、成本支出与有用生产成果之间的比较。所谓经济效益好，就是资金占用少，成本支出少，有用成果多，提高经济效益对于社会具有十分重要的意义。

企业财务报表分析，很重要的一个环节就是对企业进行成本、费用支出

的分析。在现如今竞争激烈的市场环境中，低成本是企业高盈利的基础。通过对企业销售产品或者提供劳务而付出的成本费用的数据分析，能够帮助企业发现其采购、生产过程的薄弱点，通过各种经营管理手段进行弥补，有效控制企业的运营成本。比如，通过财务报表的成本分析，可以帮助企业采购人员合理确定采购价格，在保证采购材料质量的基础上确定最低的采购成本。再比如，在对生产环节费用耗费的分析基础上，企业可以对比竞争优势企业的标准，从而发现企业生产过程中的不足之处，最终对这些不足之处进行改善，提高企业的经济效益。

（二）降低企业财务风险

企业在其生存与发展过程中，面临着各种风险，这些风险具有客观性、不确定性和损害性。企业财务风险研究的重点是对可能出现的财务风险和财务危机进行有效的分析和防范，最终使企业成为一个可持续经营、可持续发展的组织。当企业成为市场竞争的主体时，其所面临的风险，尤其是面临的财务风险，就成为企业能否健康发展的关键。因此，怎么进行正确的分析以及准确的防范财务风险成为所有企业重点关心以及需要认真对待解决的问题。所有的企业财务风险的预测和防范都离不开公司的合理规章制度，公司内员工的聪明才智和企业之中的团队凝聚力。因此，想要做到有效的企业防范就要增加企业员工的向心力以及加强领导人员与财务人员处理划分问题的行动力和解决能力。在企业之中应当实行科学合理化的规章制度，员工之间互相协调，提高企业的综合素质以及竞争力才能够有效的从根本上控制住企业有可能出现的财务风险。

企业经营发展中必然伴随着风险的存在，在企业购买产品以及对生产过程进行管理时都会发生相关风险，财务风险也会随着企业财务的管理发生变化，如果不能对风险程度进行准确预估，就有可能使企业遭受严重影响。因此，一定要做好财务风险管理工作。企业内部控制管理最主要的组成就是综合管理，想要在竞争激烈的经济市场中有较高的发展，就要做好企业内部控制管理工作。企业在制定好将来的发展方向后，就需要对相关工作人员进行内部管理，从而实施内部控制工作，这样对企业财产才有所保证，也能够为企业的经济发展奠定较好基础。在企业财务报表分析中，通过分析企业的现金流状况、资产情况可以判断出企业的长短期偿债能力，从而规避企业的财务风险，保障企业资产的安全，促进企业的可持续发展。财务报表分析的过程，也是发现企业财务风险的过程。通过财务报表分析企业管理层对企业运营情况可以有更详尽的了解，能增强企业管理层管控风险的意识，进而促进其积极地调整投融资战略，最终实现企业稳定而有效的发展。有效的财务分析还可以使企业认识自身定位，在投资者面前树立良好的信誉形象，增强企业的竞争优势。

（三）完善人员内部管理

会计人员管理是企业内部控制管理的重要组成部分。会计人员是会计工作中最直接、最活跃的因素。会计法律、法规、规章、制度主要依靠会计人员得以执行。从会计本身具有的反映和监督两大基本职能看，是否如实、准确、及时地反映经济活动，是否客观、公正、有效地对经济活动进行监督，是会计工作和会计人员始终遵循的原则。因此，建立适应现代企业制度的会计人员内部控制管理制度，就显得十分重要和迫切。尽管国家一再强调会计监督的重要性，但会计工作中仍存在许多不容忽视的问题。

企业财务报表的分析工作，还可以协助企业内部的绩效管理，提高企业内部人员的工作积极性。对财务报表的分析，可以细化每个部门的工作情况，甚至可以对每个工作人员工作情况进行评价。例如，企业财务人员通过对现金流和利润表的分析，可以了解企业销售人员的销售情况，在其他因素不变的情况下，如果企业营业收入和营业现金流入量都有所增加，则表明企业今年的销售状况良好；如果发现企业各方面的销售指标都有所下降，在市场行情有利的情况下则可以推断企业销售部门的工作很有可能出现问题，企业在此时急需做出调整。通过对企业财务报表的分析工作，可以帮助企业管理人员充分了解企业相关人员的工作情况。同时企业对企业工作人员的绩效考核也需要借助财务报表分析更好地完成。财务人员的管理仅是企业内部控制管理的一部分，把内部控制制度运用于财务人员的管理上，减少财务人员双重身份感的压力，减少程序混乱造成财务人员无所适从的风险，降低企业财务管理的风险，提高财务人员胜任能力，增强企业财务风险的预警。对于企业提高应对风险能力和增强经营效率与效益有着重要的意义。

（四）提供企业信息支持

企业进行财务管理工作最终目标是实现企业经济效益的提升，财务分析从企业经营工作日常信息中入手，在日常生产工作中帮助企业通过在生产成本上的控制，提高企业净利润。同时在财务工作中能够帮助企业及时发现解决企业经济活动中的威胁，以及对于市场未来的预期，降低企业的经营风险。对企业有效的资源进行最大化利用，实现企业最大化经济效益目标，通过对各项信息数据的分析，帮助企业实现科学的管理工作，为财务管理工作提供最直观的信息支持，使企业在科学的信息依据下实现精细化生产工作，适应现在全国经济结构转型发展，经济领域竞争激烈的实际环境。

二、财务报表分析的现存问题

（一）重视程度不足

财务分析是企业管理者对财务管理工作进行决策的重要依据。但大多数企业管理者尤其是中小型企业管理者还受传统观念的影响，认为销售管理、生产管理更为重要，把财务管理和会计核算等同起来，认为财务人员只需要把账算好、表做好、税报好就可以了，完全忽视了财务管理和财务分析在企业管理中能发挥的潜在作用。这些管理者将关注度从财务分析上移开，完全不理解财务分析工作的重要作用。因而忽视财务管理工作的进展，或不支持财务分析的进行。部分企业财务人员数量较少，正常的会计核算、报表编制等日常工作都显得紧张，更别说委派专人做财务分析。另外，有的企业管理者甚至部分财务管理者，对财务分析这项工作的认识也不够全面，简单地认为财务分析是对会计报表中数据进行加减乘除后，直接将运算结果提供给领导者作为管理决策参考的工具，但这是远远不够的。财务分析应该不是仅存于财务管理的一个工作环节，而应当将各个部门的运行情况或数据提炼出来，为企业管理的全程去服务。

我国企业随着市场经济的发展而获得了进步，这也导致许多企业管理者在工作过程中只关注企业的生产及经营管理，忽视了企业的财务管理和分析。许多大型企业、集团化企业的财务分析会随着企业规模的增长而愈发宏观，如果只对集团企业的整体财务做出分析，而不分析专项和个体，这就会给企业财务分析工作造成严重阻碍。另外，许多企业的管理者并没有形成高度的风险意识，在制定战略决策的过程中，并未考虑到决策可能面对的风险，致使企业的财务能力和决策结果并不匹配，当出现财务风险时，给企业带来严重的经济损失。

（二）人员素质尚需提高

当前，我国的企业管理正在逐渐转向战略管理，而财务分析工作的涵盖面非常广泛，涉及了方方面面的生产经营，并且还和企业的经营知识有关，如技术知识、财务法律知识、产品知识等，因此这也意味着财务分析人员一定要具备良好的综合素养，不但要对企业财务分析方法有全面的了解，还要学习多方面的知识。但就目前财务工作人员的现状来看，其总体素质远未达到新时期财务分析工作的具体要求，首先很多的财务分析人员在工作过程中都认为只要得出分析结果就可以了，因而忽视了分析过程，没有追究造成结果的原因，最终让企业的财务分析演变成某种意义上的财务报告；其次财务分析人员在工作过程中经常只关注财会核算，在财会准则及制度上耗费了过多的精力与时间，影响了财务分析工作的有效性；最后许多财务分析人员并不具备较高的专业素养，自身的专业能力依旧存在缺陷，无法得出专业、科学、全面、准确的分析结果，也就无法将可靠的财务信息数据提供给企业决策者，财务分析的实质意义并未得到真正的体现。

财务分析的最终目的并不是发现财务指标异常，而是要透过指标数据提炼出更合理的结论。部分财务人员误将财务分析作为解决问题的方法，实际上财务分析仅仅是发现问题的途径，若未能在计算出来的财务指标基础上进行进一步思考和分析，将导致财务分析作用受限。随着内外部竞争加剧、业务模式不断创新、信息技术提高运营管理效率等一系列的变革，财务核算与管理工作的定位发生了变化，逐步向完善内控、优化经营、服务战略等方向转变，迫使财务人员既要具备专业知识，懂得业务流程，熟悉行业特点，又要具备快速学习能力、数据处理能力、沟通协调能力，财务分析工作已从单一的指标分析演变为应用并协调公司各种资源，基于财务数据和业务数据挖掘经营信息的研究论证体系。

（三）分析方法不当

就目前而言，财务分析方法有比率分析法及比较分析法两种，而这两种方法都只能对企业的历史财务数据进行分析，无法预测企业现在和之后的经营状况。财务分析方法不当具有以下几方面影响。首先，因为在处理企业财务数据时，没有统一的参照标准，最后得出的结果就必然存在差异，不可能完全一致，因此企业的决策会受到这些差异的影响；其次，大部分企业对财务分析结果都不够重视，在判断自身财务状况时只会简单参照历史数据，这导致企业判断存在严重滞后性；最后，因为目前的财务分析方法有自身的局限，很难对财务历史数据做出客观分析，因而无法为企业决策者提供实时依据，不利于企业进行动态管理。

财务分析可以评价企业过去的经营情况，全面反映目前的财务状况，对企业未来的发展趋势进行预测。随着我国深化经济体制改革，市场经济地位突出，企业财务分析工作的重要性越来越显著。并且随着经济深化改革和企业经营管理水平的不断提高，加强企业财务分析工作是市场经济发展的必然趋势，广大财务工作者应客观对待普遍存在的财务分析问题，但大部分企业的财务分析过于追求面面俱到，未能突出重点。部分财务人员为突出财务分析的重要性和专业性，往往会采用多种形式分析众多业务领域，未能站在其他部门的角度看待问题，未能以管理层思维分析问题，未能优先针对经营期内主要问题进行重点分析，最终使主要矛盾淹没在众多琐碎和零乱的信息中，导致管理层失去了对财务分析工作的信任。

第三节　做好财务报表分析

一、财务分析的主要原则

（一）稳健性原则

稳健性主要体现在对经济中一些不确定因素进行控制，使人们在核算处理财务问题时能够保持谨慎的态度。在进行一些经济性的计算时尽量选择一种可以增加利润，却不浮夸的方式进行，对核算中花费的费用要进行合理计算，减少不必要的问题发生。稳健性原则又称谨慎性原则，是针对经济活动中的不确定性因素要求人们在会计核算处理上持谨慎小心的态度，要充分估计到风险和损失，尽量少计或不计可能发生的收益，使会计信息使用者、决策者保持警惕，以应付纷繁复杂的外部经济环境的变化，把风险损失缩小或限制在较小的范围内。

作为国际惯例的稳健性原则在我国财务会计改革过程中曾引起理论界和实务界广泛的争议。企业应用稳健性原则可以防止资产过高估价，收益确定时过分乐观估计而造成决策失误，因此有利于企业的投资者和债权人。我国的财务会计改革，从一定意义上赋予了企业一定的选择权和决策权，使企业会计核算有一定的弹性以减少市场经济条件下事实上存在的风险和不确定性。只有对基于稳健原则指导下编制的财务报表有充分的理解，广大投资者才能进行更为准确客观的财务分析并最终做出正确的投资决策。

（二）决策相关性原则

决策相关是指财务分析信息应满足信息使用者特定决策的需要，与决策行为相关。企业财务分析的目的在于为各利益关系者提供企业财务状况和经营成果的信息，但不同的信息使用者对企业财务分析信息的需求有着不同的侧重。债权人侧重于了解企业财务结构和偿债能力方面的信息，以估量贷款的风险程度，从而做出是否贷款或收回贷款的决策；股东侧重于了解企业获利能力的信息，以预测投资收益和投资风险，从而做出购买或售出该企业股票的决策；企业管理当局则需了解企业的全部财务信息，从而做出财务筹资和财务投资的决策。因此，这就要求企业财务分析信息能满足信息使用者进行特定决策的需要，与决策者的决策行为相关。

决策相关要求在进行企业财务分析时，应在财务分析资料的搜集、分析指标的设置、分析方法的选择以及分析结论的报告等方面充分考虑各信息使用者的不同需要，在确保必要的全面性和系统性的前提下，讲求针对的侧重性。一般而言，对于向企业内部管理当局和外部非特定信息使用者提供的财务分析报告，其应充分揭示企业财务情况的各个方面，包括经营能力、获利能力、偿债能力等；对于向企业外部特定信息使用者提供的财务分析报告，则应就与信息使用者特定决策需要相关的方面予以重点披露。例如，以借款筹资为目的而向债权人提供的财务分析报告，应重点披露企业财务结构、偿债能力等方面的信息；以股票筹资或股票交易为目的而向股东及潜在股权投资者提供的财务分析报告，则应重点披露企业获利能力、经营成果及经营前景方面的信息。

（三）指标相关性原则

指标相关是指各财务分析指标之间所具有的内在关联。财务分析指标的作用在于分类及分项反映企业财务情况的数量方面。由于企业财务情况在构成上主要包括经营能力、获利能力和偿债能力三个方面。与此相应，财务分析指标可划分为以下三大类。一是反映经营能力的指标，如存货周转率、应收账款周转率、总资产周转率等；二是反映获利能力的指标，如资产利润率、成本利润率、每股收益等；三是反映偿债能力的指标，如资产负债率、流动比率、速动比率等。这三类指标相辅相成，共同构成一套较为完整的财务分析指标体系。

二、做好财务报表及其分析工作

（一）遵守国家法律法规

随着社会经济的不断发展，各种新的经济事物不断出现，但由于很多客观原因，我国的会计法律政策往往滞后于会计实践。并且由于各类法律法规立法初衷不一致，不能完全相同地界定法律责任，使相关各方的权利义务不平等，存在制定与执行不对称，导致会计监管法律法规之间不相匹配。加上我国有关部门对上市公司的报表舞弊行为缺乏监管的权威性和强制性，相关惩处力度不够，罚款金额也往往小于舞弊行为所获得的利益，致使上市公司会计信息舞弊造假现象频发。政府要建立健全监管法律体系，适时完善和修正会计相关法律法规，减少制度、政策上的漏洞与可操作空间，避免和防止上市公司利用可供选择的会计政策进行舞弊，从法律层面加强对上市公司财务报表舞弊现象的制约。同时，加大对上市公司财务报表舞弊行为的处罚力度，做到违法必究，严肃惩处。对严重舞弊犯罪者，要结合民事赔偿和行政处罚，辅以刑事责任追究，提高对会计舞弊者的法律震慑力。

只有真实可靠的财务信息，才能据以正确决策以利于企业发展。财会人员编制财务报表时，应本着客观、真实和公允的态度，具备《会计法》和《企业会计准则》的法制精神，使企业各项财务数据得到真实的反映。我国要积极吸取国外先进的会计法经验，加快会计准则完善进程，从根源上避免利用会计准则漏洞而进行财务报表粉饰现象的发生。另外，我国应该通过法律手段针对不同的情况，明确上市公司管理层以及公司财务人员在财务报表粉饰事件中应承担的主要或次要责任，利用法律手段约束高级管理人员以及基层财务人员的行为。会计准则应该进一步明确财务报表粉饰过程中高级管理人员恶意操作财务报表生成过程与财务会计人员恶意制造虚假财务信息所面临的法律处罚，一旦财务报表粉饰问题查实，要加大惩罚力度，从而利用法律法规的约束作用加强会计行业规范性。

（二）丰富财务指标数据

多数企业的财务报表是由专业的会计人员进行编制的，但呈现给决策者时，只是企业财务信息的简单堆砌，企业的决策者也许难以理解专业的财务知识，无法为决策者企业发展目标的制定和战略的决策提供有力支撑。当前我国企业的财务报表分析指标缺乏系统性，财务指标展现的内容相对较少，在激烈的市场竞争环境中，需要更多的信息提供决策支撑。因此，在进行财务报表的编制分析时，财会人员需要进行系统化分析，添加一些非财务类指标，关注与财务信息相关的企业信息，如市场政策信息、人力资源成本、技术信息和企业业务状况等，帮助企业领导者更准确更快地做出判断。

财务报表提供的财务指标不需要一成不变，企业可以根据自身的特色提供产品的创新力指标、市场份额指标、成本管理指标、企业风险控制指标等，通过提供较为详细和有效的指标让企业决策者直观地感受企业经营中做得好和不好的环节，从而进行改进和完善。尤其是风险控制指标，通过该指标分析为企业带来风险的内外部因素，企业的投资业务或者市场政策发生的改变，会对企业产生极大的影响，由此财会人员可以将收益质量比等指标融入财务报表，进而完善指标信息。

（三）优化财务分析方法

不同的财务报表使用者对财务报表的分析要求不同。投资人往往更关注企业的盈利能力，而债权人则会更倾向于企业偿债能力的分析。明确分析的目的之后，需要根据不同的分析目标来收集信息，除了财务报表的相关数据外，还应关注财务报表以外的相关资料，包括一些宏观的经济形势以及行业情况等。对于中小型企业的财务报表分析还应关注所收集信息的准确性以及真实性的问题。再者，还要选取财务报表的分析方法。中小型企业财务分析可以根据其目的的不同选择合适的财务指标，采用比率分析法对其进行计算和分析。也可以结合使用水平分析法、垂直分析法以及趋势分析法来观察企业的财务状况、经营情况以及现金流量的发展变动情况。最后，编写财务报告，进行综合评价。根据前期的分析，将得出的结论编写成分析报告。中小型企业的财务报表分析多使用比率分析法，但此方法容易忽略报表之间的联系，因此中小型企业应综合考虑多重分析方法，比如比较分析法，通过企业不同年度以及行业间的对比帮助企业发现差距并且找出问题。此外，报表附注作为财务报表的组成部分同样具有非常重要的作用，能为财务报表分析者提供更详细更充分的信息。对中小型企业的财务报表附注分析应多关注其存货和应收账款的分析。

利用现代化技术手段构建统一的会计环境，构建完善的会计体系，不仅能在财务分析工作中对外部环境进行优化，也能加大力度对违法行为进行惩罚。基于制度的创新性，可以为其建设法律体系，还要对财务分析方法充分应用，展现其综合性。基于各个分析指标，不但能在企业之间对其比较分析，也能促进财务分析作用的充分发挥。当前，计算机技术应用到会计工作中，使会计工作中能对数据进行自动化处理，提升了工作效率。同时，基于趋势分析，促使环境指标和财务指标结合应用，使企业在行业发展中展现优势，也能实现各个方法结合应用的价值。

（四）开展报表监督工作

单纯依靠财会人员的自觉有时候并不可靠，对于财务报表监督的实施和加强是很有必要的。因此，为了财务资料的翔实，建议上市公司努力完善内部控制，充分发挥监事会等内部监督部门的作用。尤其是督促财会部门加大对无法用数据体现的，如管理层的变更、公司的停复产、对外公司进行担保、当年度涉及诉讼案件等在会计报表附注中披露的范围，提高披露要求。充分运用报表附注发挥对于三大财务报表的补充说明作用。应适当增加对企业经营业务、市场份额、主要竞争对手、用户评价反映、企业发展目标等非财务信息的披露，以及对企业内部股东信息、人力资源信息等的披露。这些披露信息便于财务信息使用者多方面了解企业的财务信息，从而掌握企业经营状况，做出正确决策。

由于企业内部的环境比较差，企业的领导层对财务的重视度太低，相关专业的工作人员不够，相应的规章制度没有长期坚持履行下去，导致了企业的财务流程上混乱不堪。当前开展报表监督工作面对的问题有，企业各部门都没有完备的财务表格合理保管制度，各部门间的工作和业务分隔较远，导致彼此之间独立性大不能制衡对方；企业内部的财务工作人员不足，导致企业的制度有名无实，没有起到对财务工作的监督作用。作为高级管理者要树立舞弊可耻、求真务实的信念，多留意企业的财务信息，做到亲自监督；要与企业员工多互动尤其是财会人员，告知其舞弊账目将面对严重的法律制裁和对企业造成的重大损害。

第四节 财务报表的现存问题与改进策略

一、财务报表的主要问题

（一）数据粉饰现象明显

上市公司的财务报表粉饰这个问题，一直以来是一个令业界深恶痛绝的世界性难题。防范上市公司对财务报表进行作假，提高上市公司财务信息透明度，是一项非常重要的长期任务，一些上市公司为了吸引股东投资更多的资金，通过财务报表进行作假，粉饰财务报表，把公司利润调高，对负债进行掩饰，选择性做进报表里，使财务报表的真实性受到不良的影响，误导了广大投资者。上市公司对财务报表进行粉饰的行为，可以说是一个全球性的不良现象。之所以粉饰财务报表，说明上市公司的管理制度不完善，且经济落后的内地上市公司粉饰报表的比例明显高于东南沿河地区的上市公司。上市公司所发布的财务会计报表，一般都可以为投资者投资该公司提供参考依据，但是上市公司对财务报表的粉饰行为，极大地误导了投资者，导致投资者不能够正确判断和分析上市公司的利润前景，一旦购买该上市公司的股票，很可能会导致投资者遭受极大的经济损失。

上市公司粉饰财务报表无非是虚报利润，一般都是利用与股票交易相关联的属性以及资产重组等措施调高利润，这也是常见的粉饰财务报表的手段。上市公司的财务报表虚假，虽然掩盖了上市公司的不良经济状况，但是却增加了政府部门对我国经济状况真实情况的了解难度，不仅误导了投资者，还不利于国家做出科学合理的经济决策。粉饰财务报表的行为很少被会计师会发现，这些经常粉饰财务报表的上市公司也会定期更换会计师事务所。一旦上市公司的财务报表被发现作假粉饰，被媒体报道后，上市公司被处罚或者暂停上市的比例也很高。

（二）财务指标存在局限

财务报表分析的基础是企业公开披露的财务报表中的相关指标数据，而从指标披露的角度来看，相关指标数据就给财务报表分析带来了一些固有的局限性。财务报表反映的信息未必是真实的，企业由于各种各样的原因很可能产生舞弊倾向，一旦企业发生财务报表方面的舞弊，财务报表分析的基础就会受到动摇，分析结果的有效性也会大打折扣。财务报表反映的主要是能用货币计量的信息，对于对企业财务状况和经营成果产生重大影响的非货币信息披露不够完全，如企业的人力资源信息、环境资源信息等未在财务报告内容中。财务报表分析指标体系也是有待完善的，财务数据之间的关系还有待进一步的挖掘，更加完善全面的财务指标分析体系也能够帮助企业管理者和投资人获得更科学化、系统化的财务报表分析结果。

企业财务报表数据，多以已经发生的经济活动数据为主，数据都是对企业历史信息的反映，时效性相对较差，会对财务报表分析造成直接局限，导致其无法准确对企业将来发展实力进行评估。同时，部分企业报表还存在着信息量方面的问题，主要是因为这些企业多延续着纸质报表模式，每张纸质报表所含信息相对有限，企业员工变动以及环境等内容信息，也无法在第一时间出现在报表之中，进而导致了分析局限性局面的形成。分析指标是对财务报表进行分析与应用的基础，财务人员会以此为切入点，对企业经营状况进行评估，以为经营决策制定提供相应数据参考。但部分企业在财务报表信息披露方面，有着较为明显的局限性问题，会对分析全面性以及系统性造成影响，并不能对企业经营状况进行直观反馈，而且非财务性指标相对较少，像产品市场销售情况以及人力资源等，分析结果并不全面。

（三）信息计量分类不明

现代公司制兴起后，两权分离形成天然的受托责任制，采用历史成本计量模式可以有效反应受托责任履行情况，因此其在百年的会计史中一直占据绝对主导地位，但是随着经济的发展，交易方式，融资方式以及新的产品不断涌现。信息使用者对会计信息质量有了新的要求，受托责任观逐渐转向决策有用观，历史成本计量模式已不适应现代经济背景，公允价值计量应运而生。随着我国企业新会计准则的颁布，公允价值计量在我国会计行业中又重新得到应用，很多学者就公允价值运用的现实条件是否成熟，运用中会碰到什么问题都展开了激烈的讨论。会计计量属于会计核算环节，会计计量是指在会计信息系统中运用特定的规则和尺度对计量对象进行衡量、计算，最终转化为能用货币表现的财务会计信息，借以反映特定主体的财务状况、经营成果和现金流动状况。简单地说会计计量就是在资产负债表、利润表与现金流量表等相关报表中确认和计量有关财务报表要素，而确定其货币金额的过程。

会计要素的计量属性在财务包边编制中均有涉及，并且还涉及一些独一无二的会计概念。对于资产类项目来说，在应收账款的计量初始确认采用的是历史成本计量，而在后续计量时需要对坏账进行估计，可采用近似于可变现净值的计量属性；在长期股权投资权益法进行后续计量时采用一种经过调整后的历史成本，而这一账面价值是由会计准则规定的，该计量属性是一种独特的会计概念，在现实世界中根本无法获取；在存货的计量时采用成本与可变现净值孰低的方法，而可变现净值又类似于一种公允价值的调整价值，这就使存货在历史成本与公允价值之间变动。会计要素的计量属性对于负债类项目则相对较为统一，因为负债为法定义务，所以其计量常以预计流出金额进行确认，但一些负债，如递延类项目在进行确认后并不会带来未来现金的流出，或有负债的确认其确定性也会低于其他负债。由于存在这些差异对资产与负债的总体理解就会显得十分困难，在运用其进行财务分析时也会造成差异。

二、财务报表的改进策略

（一）完善公允价值计量

公允价值计量属性的运用前提是建立一个高度发达的交易市场，公允价值计量模式下，活跃的市场价格是最可靠、最简单的来源，当然并不是公允价值的唯一来源。而我国活跃市场相对缺乏，且推进市场经济的发展，建立完善的活跃市场，还有很长的路要走，市场发育的好坏对于公允价值的推行有着巨大的影响。因为市场价格是公允价值最为直接和简单的来源，也是最为客观和可靠的。建设完善的市场条件，是公允价值在我国良好运用的基础。加快推进经济改革，尤其是在国有超大垄断集团的改革，推进市场化，因为在垄断领域，资源配置效率的极端低下，市场机制完全失灵，买卖双方地位完全处于不对等地位，价格根本无法反映其实际价值，所以讨论公允价值的使用根本是毫无意义的。

随着金融市场的不断波动以及会计计量对象的复杂性等因素不断增加，在很大程度上加大了会计风险因素的产生。在这种情况下，有关部门就必须要构建一套完善的、规范的法律规章制度，以此来规范市场行为。有关部门还应建立健全监督管理机制，积极拓展信息监管渠道。在监管的同时，应结合实际状况，及时转换公允价值信息，最大限度地降低其对监管所带来的干扰，以此来实现会计和监管两者之间的真正分离。随着社会经济的快速增长，人们也越来越意识到公允价值的重要性。基于此，有关学者就应全面加强对公允价值的研究分析，切实提高公允价值的可操作性以及会计数据的真实性、准确性，建立科学、完善的公允价值估值体系，进而为接下来公允价值在我国的应用打下良好的基础，有效解决当前公允价值在我国的应用瓶颈。

（二）提升人员综合素质

通过对于财务报表分析人员工作能力局限性的具体分析可以展开因地制宜的培训指引，来不断提升分析人员的知识体系和思维能力，从而从财务报表分析主体角度来逐渐提升财务报表分析效率。培训可以采用的方式方法是多种多样的，如定期展开讲座培训，定期进行财务经济知识分享大会，通过激励手段鼓励工作人员自主学习提升，增强与其他企业院校间财务人才沟通交流等。良好培训体系下的财务人员不仅财务分析能力有所提升，其眼界和格局也能够随之有所改变，在日常的财务处理工作当中，更能够以一种全局性和战略性的眼光去处理问题，而不是仅看得到眼前的蝇头小利，而且即便是基层的财务工作者也应当具有一定的主人翁意识和大局理念，这样才能够给企业发展提供更加源源不断的动力和活力。

同时，还要关注对于财务人员道德素质方面的培训，防止财务人员由于短期的利益诱惑而产生逆向选择，影响企业的财务信息安全，给企业造成隐形且难以预计的财务管理风险。除了培训这种正向手段之外，还要加强规章制度的建设完善，通过建立较为完善系统的财务管理制度和内控制度，明确财务人员应当承担的责任和义务，并提高对于财务违规和舞弊行为的惩罚力度，以更高的违规成本遏制财务人员逆向选择倾向。

（三）完善监督监管体系

我国审计部门应该更加注重对上市公司的日常审计和过程审计，逐步制定符合监管要求的抽查制度，给上市公司管理层和财务会计人员施加适当的压力，从源头上遏制上市公司管理层恶意操纵财务报表生成过程；我国应该进一步加强会计注册师的法律道德教育，培养一支道德素质较高的财务会计从业团队。另外，应该依据法律法规加大违法行为的惩处力度，如永久性吊销行业资格等，加大财务会计人员的违法成本，这样才能有效避免会计违法行为的产生。外部监管体系应该加强对上市公司财务信息披露过程的监管，通过内外监管体系的共同作用确保财务报表能够反映真实情况，从而为财务报表参考者提供真实有效的财务信息。

对于企业集团来说，实施审计监督和财务监管，其目的都是为了促进企业改善经营管理，从而提高经济效益。审计监督与财务监管都为了服务企业集团存在，有着较多共同点，要完善企业集团审计监督与财务监管体系，就必须强化二者的联系，并且在联系的基础上按照二者功能进行合理分工。在进行专项检查以及企业集团调查时，财务监督的人员组织需要审计部门配合实施；在实施审计监督时，财务部门也必须通过数据支持、人员配合等方式配合监督。企业集团的发展必须要有相关的制度加以规范和辅导，企业集团应该要不断完善相关制度，树立审计部门在单位经济活动中的权威地位。首先要以预算为主，抓好事前监督，进行效益分析；其次要以经费支出为重点，审查经费支出过程中遵守财经纪律的情况；最后要以检验为目的，抓好事后监督达到不断完善内部控制制度的目的，为财务监管的规范工作提供可靠依据。

（四）优化数据分析建设

企业财务报表数据的可靠性会影响财务尽职调查结果的准确性。财务尽职调查中，有些企业为了达到符合信托融资要求的目的，采用粉饰报表的方式，导致数据的真实性存在问题。此外，财务报表收集存在滞后性，如最近一期季度报表或者年度报表的收集一般较为滞后。当市场环境出现改变，或者融资环境正处在快速变化中时，若对滞后较为严重的历史财务数据进行分析，难以为信托产品风险审查人员决策提供准确支持。

财务报表数据的可靠性通常指财务信息的真实性和准确性。信托业务人员在尽职调查过程中，应遵循尽职调查的独立性、谨慎性、全面性和重要性原则，采取多样化的调查方法以得出具有尽可能全面、深刻的调查结论，从企业处全面收集最近多期经过审计的财务报告，多口径整理分析相关数据，对疑点问题多方面与企业财务人员、会计师事务所等进行验证，确保数据真实可靠，从而提高决策效率，降低项目整体风险。信托业务人员应提高财务尽职调查所收集报表的时效性，项目风险审查人员应在确保工作质量的基础上，借助现代化信息技术手段来对项目进行风险审查。

（五）综合使用分析方法

将比率分析法和趋势分析法相结合，即将企业的各项财务指标计算成财务比率，对比企业近几年的财务比率，观察变动幅度的大小。在上述方法的基础上，将比较分析法融入其中，即根据企业近几年的财务比率，做出一条折线图，再根据企业所属行业近几年的平均指标做出另一条折线图，两者相互对比，评估企业近几年的发展情况及在同行业处于什么样的水平。再有将比率分析法、趋势分析法和因素分析法相结合，通过比率分析法和趋势分析法管理者可以得知企业各项财务比率的变动情况。根据变动情况的大小，有关学者可以研究究竟是哪些因素对企业造成了影响，还可以利用连环替代法逐个替换财务比率，找出对企业影响较大的财务比率，然后通过财务比率的计算公式，找到有关财务项目并且对其加以改正。会计从业人员还可以将比率分析法、趋势分析法、比较分析法和因素分析法相结合，即在了解了影响本企业的关键因素之后，还可以与同行业的企业进行对比。利用因素分析法找出企业与企业之间差距的原因，才能在市场竞争中获得进步。此外上述四种方法还能和杜邦分析法相结合，通过对比不同年份每个项目的财务比率，可以看出其变动趋势并找出影响最大的因素，再根据财务比率找到其源头，加以改正。哈佛理论框架法是在上述分析方法的基础之上加入了非数据信息，能够让投资者更好地了解企业。

第五章 营运资金管理

在全球经济复苏乏力，国际金融市场波动剧烈的背景下，中国的经济要想平稳发展，一方面离不开政府出台相关的经济政策；另一方面更离不开中国企业自良好的营运决策与管理。为了能够让企业在激烈的竞争环境中生存并壮大，除了扩大企业的营销能力，不断的占领市场份额外，财务的重要性也日益凸现出来，尤其是针对财务报表中的各项指标的分析与综合诊断，往往更加能给企业的管理决策层提供全面的、系统的、真实的、有用的财务信息，以便于为其发现自身不足，从而做出合理有效的经营决策提供理论依据。财务管理对企业日常经营起着非常重要的作用，而营运资金管理是财务管理中最核心的组成部分。目前，伴随着全球化进程的加快，我国企业承受着越来越大的竞争压力，企业为了保持日常的正常运营，提升自己的核心竞争力，越来越多的管理层开始注重自身公司营运资金的管理，营运资金管理的重要性日益凸显。

营运资金是企业资产的重要组成部分，也是中小型企业资金总体中最具有活力的部分。中小型企业一定时期资金盈利水平的高低，直接取决于其资金管理水平的高低。因此，企业管理者必须将营运资金管理放在企业资金管理的重要位置上。营运资金管理是企业财务管理重要的任务，更是企业发展的核心，因此企业在加强营运资金管理中，要保证资金循环管理的顺畅、迅速以及安全等，从而有效提高营运资金使用效率，有效缓解营运资金紧张状况以及有效控制营运资金的规模。

第一节 营运资金概述

一、营运资金的相关概念

（一）营运资金

所谓营运资金也就是营运资本。从狭义方面理解就是流动资产减去流动负债之后的余额，也就是净营运资金，如果净营运资金大于零，说明企业的流动资金不仅能够维持日常运营所需资金，还可以用来偿还部分短期债务；广义的理解就是指企业全部的流动资产，也称总营运资金，其包含了企业持有的现金及有价证券、应收款、预付款项及存货等资产，这一理念是把营运资金管理和企业生产经营贯穿在一起，通过财务、采购、生产、销售各个环节的配合管理，达到有效管理目标。从财务角度看，企业维持日常运营必须保持有一定量的资金，保证企业短期资产的流动性和偿债能力，这是营运资金管理的基本要求，而其核心内容是经营活动的现金流管理，对应收账款的周转速度和存货的变现能力进行管理。

与固定资产相比，长期资产和长期投资等必须经过多次转移补偿或撤资后方可收回，企业的流动性资产，往往在一年内或一个经营周期内就能收回。流动资产包含的自有资金与可用于支付或用于企业的债务，其包含存货、应收账款等，也可通过对银行给予折扣的手段，以快速获得资金。当企业的流动资产规模较大时，由于其周转速度快、流动性强，可以适当地降低企业的财务风险。企业营运资本一般不是越多越好，当流动资金数额太大时，相应会产生增加财务负担的负效应，并导致企业投资不足，最终影响利润。当企业资金规模相对较小时，就反映出企业资金的困境，影响企业的正常运作。从这个角度看，企业应该合理地保持营运资金的数量，不仅要满足自身的需要，还要注意避免过多的积压资金。

（二）资金管理

资金管理是社会主义国家对国有企业资金来源和资金使用进行计划、控制、监督、考核等项工作的总称，是财务管理的重要组成部分。资金管理包括固定资金管理、流动资金管理和专项资金管理。在中国，大多数企业并不重视营运资本的管理，在企业的经营过程中，企业在资本运营方面没有做到位，还有一些企业没有充分认识到营运资本管理的重要性。这些情况导致国内投资市场不理想，产能过剩，产品需求急剧下降，出口增长速度逐渐放缓。在这种严峻的挑战下，面对市场，企业需要增加市场的核心竞争力，根据营运资本管理的情况，确定企业长远发展的方向。企业发展的根本目的是盈利，通过对营运资金的合理规划和控制，提高企业资产的获利能力，也是营运资金管理内容之一。

虽然我国政府已经一定程度上减少了企业的应徼税费，使得很多企业的缴税减少，让企业获得更多的利益，并且也积极鼓励"大众创业，万众创新"的新气象，但是要让企业在竞争激烈的市场中生存，不能仅仅依靠政府的支持，企业资金的管理状况情况不好，会减少企业所能得到的经济利益，甚至会导致企业的发展停滞。在早期企业的发展中并没有相应的资金管理，一个企业的资金是由国家全部提供的，企业内部并不需要计算其盈亏和成本，仅仅只核算企业机械设备与材料物资等的实存数、收发情况和发生费用的金额等。现如今随着我国经济的稳定发展，企业的资金管理工作持续改进，不断完善，其包含的内容也越来越全面、综合和系统。企业的资金管理不只要计算其收支情况，更对其资金管理进行了分类，企业一般分为非流动资金管理和流动资金管理。企业需要通过其财务状况、经营成果、现金流量等情况，来计算企业所实现的利润。

二、营运资金的重要价值

（一）保障资金流动畅通

企业要管理好营运资金，首先要将营运资金按业务划分，分为采购渠道、生产渠道、销售渠道营运资金，采购渠道对应着企业的上游供应商，企业要充分利用商业信用多增加应付来节约采购营运资金；生产渠道对应企业内部，生产部门利用已销定产减少存货的库存量，防止生产渠道营运资金被过度占用；销售渠道对应着客户，尽量减少应收，增大现收比例，减少销售渠道营运资金占用。这三个渠道都极其重要，可以加强各渠道营运资金管理，保持营运资金的顺畅与安全。通过这个细分化管理，再配合整个宏观形势和该行业趋势，企业才能有更大发展。

企业在市场竞争日益激烈，环境复杂多变的同时，应提高企业现金流的管理水平，合理控制营运风险，提高企业整体资金使用效率，从而加快企业自身的发展。如果出现资金周转和资金短缺等问题，将影响企业的正常运营和生产管理，严重威胁企业的生存和发展。提高资金使用效率对企业来说是非常重要的。在企业生产经营中存在的许多问题都与资金管理密切相关。资金的有效使用是企业竞争力的基础，是企业可持续发展的重要保证。企业运营中不可缺少资金，譬如招聘员工、采购原材料、采购设备、开发市场等，都需要足够的资金进行有效推广。营运资金的管理直接影响着企业的生产能力。若资金管理不善，企业无法周转资金，将使企业濒临倒闭。因此，减少资金占用时间、降低资金使用成本、有效利用资金，对企业经营盈余资金扩大生产或再投资、实现更高利润率有着至关重要的作用。

（二）优化企业经营模式

目前，我国社会主义市场经济随着经济全球化的快速发展，得到了进一步的完善。但同时，我国的企业将面临愈发复杂的生存压力，只有发展新思想、新理念才能给我国企业注入新活力。在经济新常态背景下，企业如果仍以产品竞争、服务竞争、价格竞争等为优势，已无法保障企业的生存。为了获得更好的竞争优势，只能改变商业模式。营运资金管理在商业模式中占据重要地位，营运资金作为重要的财务指标之一，对于企业的可持续发展有着非常重要的意义。企业财务管理的重要组成部分，同时也是企业生存发展的重要保证。在新时代背景下，企业的生存和发展要以良好的营运资金管理为重要依托，因此对于营运资金管理的研究再次遇到了重大的考验。

企业的财务管理在资金营运方面起着至关重要的作用，其对企业营运起着重要的保护作用。一些企业没有建立合理有效的财务管理体系，导致其在资金营运方面出现了缺口，造成一系列问题，这样的例子十分常见。其实只要建立科学的财务管理体系就可以避免此类问题，资金会被安全合理地使用，企业的发展会更安全高效。资金消耗是企业经营发展过程中必然会产生的，且影响重大。在科学的财务管理体系下，企业的财务部门必须合理把控企业的现金储存量，按照规定对企业的收支进行细致的分析，从而从源头上控制开支在合理范围内，提高企业的利润。企业的利润来源于商品销售收入减去商品制造销售的成本开支，成本开支降低了，利润自然提高了。虽然目前的市场环境导致企业出台了各式各样的促销方式来提高自身的市场占有率，比如打折促销，从而提高企业的利润，但控制开支成本依然是企业的一大重点，必须运用财务管理制度使产品的成本控制在合理范围内。

（三）助力企业决策制定

通过财务核算、财务分析等活动，财务管理可以帮助企业的管理层做出更合适的决策。通过对报表、数据、指标等会计信息进行核算与分析，企业将对自身的经营状况、偿还债务的能力、利润状况有更好的了解和认识，也将有助于管理者对企业有更好的发展规划和做出正确的决定。因为对企业管理者的决策会有重大影响，财务数据务必要做到精准、真实、可靠，以此作为帮助决策的有力工具。在一个企业的管理中，财务管理的地位和作用至关重要，从员工工作中收集各项会计数据，并反馈给企业管理者，直观地展现企业的经营状况，不仅能展现和总结过去的会计数据，还能对未来的规划发展做出预估和计划。企业应当鼓励更多的员工学习一些基本的财务相关知识，员工们可以利用这些知识为企业的发展提出自己的想法和建议，这将有助于问题的解决、企业的发展。市场形势和政策制度都在不断地更新与变化，财务管理也需要与时俱进，才能更好地适应环境。

第二节　营运资金管理现存问题与决策策略分析

一、营运资金管理的现存问题

（一）资金管理效率低

营运资金的管理在企业营运管理的过程中是十分重要的，营运资金的合理运用以及流动资金的周转速度都会对其产生影响。营运资金管理的效率低主要存在企业的产品结构不合理、应收账款管理不到位、商业信用低等几方面的原因。产品结构不合理主要是由于企业对市场需求的动态没有及时把握，在生产环节缺乏组织协调能力，材料产生积压，导致账面的价值过高，过高的价值不能变现，使得资金周转产生困难；应收账款管理不到位也是导致营运资金管理效率低的一项重要因素，为了企业的发展，一些企业大量赊销，使企业应收账款增加，导致还款期延长，坏账的可能性逐渐增加，大量坏账就会导致不良资产的形成，企业的流动资金持续减少，企业账面存在大额的应收账款，长期拖延就会产生死账、呆账的情况，这样就会在降低企业营运资金使用效率的同时长期占用营运资金，不利于企业的长期发展，这种情况的产生有很大一部分是企业只注重开拓市场与销售业绩，对应收的管理不到位导致的。

在企业经营中，应付账款是一种无息贷款，有效合理使用应付账款有利于企业的发展，但是目前来讲，大型企业的商业信用利用率一般都比较高，中小型企业的商业信用利用率是比较低的，这就导致应付账款的使用受限。有的企业盲目投资，并没有做好市场调查，对市场情况没有充分的了解，就导致资金的运用效率低下，资金运用不当；一些企业没有注重现金管理，在现金管理方面，有一定的随意性，没有建立科学的资金使用制度，也没有明确规定最佳的存货持有量，没有控制好应收账款，使得资金的回收比较困难。因此，在企业运行过程中，要建立资金管理制度，确定最佳现金持有量。

（二）整体预算出现偏差

在当前市场经济体制下，企业经营运行中资金预算管理控制发挥着重要作用。因此，企业财务管理工作者以提高预算掌控质量，促进企业运营资金运行稳定为目标开展了运营资金预算管控实践措施研究。营运资金的预算体系是企业要统筹协调内部各部门的资金需求，做好资金在采购、生产、销售等各环节的综合平衡，全面提升资金运营效率，严格按照预算要求组织协调资金的统一调度。缺乏预算盲目地调配，造成资金支付的随意性，该收回的款项不能及时到账，造成营运不畅，可能导致企业陷入财务困境，营运资金占用的不合理，或者资金过剩，或者资金链断裂。

使企业的资金流向得到明确，这是对企业资金进行预算的根本目的，从而确保企业能够正常运行。但是现在很多的企业在对资金进行预算时都是流于表面，趋向于形式化和表象化，只是很重视预算这个形式，却没有对其根本的作用进行重视，对资金合理运用没有足够重视，这就导致企业在发展中资金上出现问题。虽然说对企业资金进行预算的目的就是减少不必要的开销，从而达到节约费用的目的，但有的企业在对资金进行预算时，往往会把所有的费用都按照最低的标准来预算，以节约费用，但是这就使企业在运营过程中出现一些损失和失误，也导致企业的资金预算不准确，无法使企业正常运行。其实，对企业进行预算是为了更好地对企业资金进行合理利用，减少不必要的浪费。

（三）管理人员资金管理意识淡薄

目前部分中小型企业的管理者盲目地通过扩大经营规模来提高公司的利润，而没有想到通过提高营运资金管理水平来提高公司的盈利能力，并且其资产的管理方式落后，如没有设立财务管理监控机构，因此无法对应收账款、存货、应付账款等资产进行合理的安排。中小型企业发展过程中需要管理者不断提高资金管理意识，企业管理者如果具备了资金管理意识就会加强内控治理结构的管理，使资金管理有效实行。

企业资金的监督管理涉及资金的使用率、资金周转率、资金监督以及资金风险防范等问题，但是一般中小型企业管理层没有系统学习相关财务管理知识，缺乏公司资金管理体系打造的意识，完全凭借着对于经营管理的经验理解资金管理，在企业流程设计中缺乏科学性和统一协调性，财务管理工作中不会考虑时间价值和应用等问题。另外，管理层会出现经营理念陈旧，大量资金闲置，或者管理层缺乏资金管理方面的分析，投资也缺乏前瞻性，片面性追求产量和产值，导致资金流断裂企业走向破产，不能够在保证风险较小的前提下获取企业最大价值。

（四）监督体系有效性差

随着我国中小型企业的不断迅速发展，连锁发展企业越来越多，中小型企业经营管理者会在企业发展较好的时候急于扩张，这就出现运营资金控制管理的问题。有的企业因经营管理缺乏有效监督出现了资金监督的漏洞，为经营过程中监督不到位付出了沉重的经济代价；有的企业缺少资金管理信息系统或系统不健全，公司各业务端口没有形成相对完整的信息数据链条，造成监督失控，企业经营风险凸显；有的企业不重视资金统一管理和规划，只要出现资金短缺就向银行贷款，导致了财务使用资金成本上升，严重制约了中小型企业的迅速扩张和发展，还有可能威胁到企业的生存；有的企业财务制度不健全，资金账户管理职责不清，资金调拨随意性较大，造成企业资金的损失；有的企业没有考虑风险因素就对外担保，给企业带来经济责任和法律诉讼等导致企业深陷诉讼泥潭；在一些企业由弱变强的过程中，资金管理缺失表现得更加明显，中小型企业资金储备较少，如果资金管理的监督不到位，很容易受困于资金短缺威胁到企业的生存，如果没有监管措施，更无法将企业做强。

二、营运资金决策的策略分析

（一）合理制订采购计划

企业的采购成本与企业生产经营管理水平，直接关系到企业的经济利益。因此，能够对采购成本做出科学的控制管理，对企业而言至关重要。众所周知，原料采购是企业正式生产的第一步，直接影响到后续步骤，是企业生产经营的重要环节。同样，科学的对采购成本进行控制管理还是企业良好经营的首要前提。企业想要做好采购成本的控制管理，首先要了解采购成本的方方面面。所有与原材料有关的花费，包括物流的费用、采购订单的费用、采购管理的费用以及采购工作人员的费用等都属于采购成本。采购成本是企业管理的重要环节，同样也是企业资金花费的主要部分。因此，企业只有合理地控制管理采购成本，才能够保证企业的经济效益。

管理层要严抓虚夸风，要求市场部提供的数据是经过市场调研的，真实可靠，要用市场分析说话。采购计划严格坚持以销定产的原则，使采购计划有序进行，避免采购过剩。为避免占用资金的状况，企业需加强资金管理，除了提高企业资金流转利用率，也要增加销售收入，但增加收入不是凭空想象，需要以实际存在或潜在的数据为依据。增加销售收入的主要途径是提高销售数量。但现实情况是，影响企业销售收入增长的因素是产品销售不佳，而无法找准市场、无法生产出市场所需的产品、无法提供具有品质保障的产品是产品销售不佳的主要原因。企业应该本着增加销售收入的目的，首先确定正确的市场定位，然后进行市场调查，掌握销售淡季和旺季，从而打开市场销路，增加企业的销售收入。此外，企业在生产产品时，应针对产品的发展和市场的需求，并积极推广产品，增强企业知名度，让更多顾客满意企业的产品，并记住产品生产企业，不断拉升企业的销售额。这些措施仅提升了企业销售收入，同时也加速了企业的资金周转，最终让企业资金流转利用率得以提高。

（二）提升资金管理意识

现代很多的管理人员都非常看重产品质量和员工的管理，在提高产品质量和培训优秀员工上下足了功夫，确实这两方面能够强有力地促进企业的发展。但这些管理者极为看重人和产品的同时，却往往忽略了资金管理的重要性，甚至在有些管理者心中都没有对资金进行管理的意识。从根本上来讲，这些管理者对资金管理的概念还不清楚，不了解资金管理在企业发展中扮演着什么样的角色。要改善企业中资金管理不当的局面，首先要做的就是提高管理者的管理意识，使管理者充分意识到资金管理对一个企业的重要性。企业管理者可以多读一些关于资金管理方面的书籍，掌握一些相关信息，还可以通过其他企业控制资金成本不断发展的例子，从根本上转变想法。管理者能否重视起资金的科学利用，对企业的发展将起着决定性的作用。

企业领导者要更加重视培养资金管理意识，对企业财务管理人员进行前期培训，在培训中提高人员的素质、工作水平和职业操守，全面提高资金管理意识。中小型企业在发展过程中必须做好事先预防、事中检查和事后监督三个方面的工作，要做到未雨绸缪和防患于未然，这不仅仅体现了制度的健全和完善，更为重要的是企业资金管理要按章办事坚持原则。在企业经营过程中，对于一些闲置资金，企业领导者也要通过一定的分析加强管理，保证资金能够有效利用。企业应该加强资金集中管理，可以按照自身需求对各个子账户的资金进行相应地归集，加强内部资金的整合和统筹管理，实现内部资金的相互平衡，提高资金的经济效益。

（三）建立健全管理制度

资金管理制度是规范企业经济行为的重要手段，也是中小型企业经营科学规范的关键因素，良好的资金管理制度对于企业迅速扩张和发展有着至关重要的作用。内部控制制度的完善影响到整个企业运营的安全，其内容主要包含了不兼容职务或者职责不清晰，重要的对象、证章介质保管不当，银行对账管理不完善，配套制度不完善等带来的风险。由于资金流动性比较大，中小型企业十分有必要建立完善的管理机制，明确各级领导的管理责任，使得各项不良问题能够提前得到预防和解决，保证企业经营顺畅进行。随着信息技术的进步，企业应做好资金安全管理，加强预防技术水平，强化预算管理体制，让经营风险能够及时地得以预防，提高资金管理安全性及效率。

（四）提升资产管理能力

企业资产管理是一个重要的部分，因为资产是一个企业能够长久稳定生存和发展的基石。优秀的资产管理模式可以优化资产的利用率，使其在企业经营中发挥最佳效益。企业资产管理包括各种方面，例如最大化将企业的各项资源都能有效利用起来，减少资源的浪费和闲置，降低人为对资源的损耗，增加资产的使用年限和周转率等。这些资产管理活动可以更好凸显资产的价值，让经营者了解企业的运转。一个企业拥有优秀的资产结构，必将有助于企业的经营和可持续发展。

企业的领导要认清现有社会发展形势，并结合企业自身发展形势，来思索财务管理事宜，并将这种重视程度切实提高。只有这样，财务管理在企业中的地位才能提升，基础工作才能得到合理切实的强化。现今社会中，部分企业的管理者依然保持十分老旧过时的管理理念，对财务管理活动是否科学有效没有给予足够的重视，这无益于企业的发展。企业管理者应当接受科学管理的新理念，提高对科学有效的财务管理制度的认知，并实施到日常管理活动中。管理者要注意对财务风险的把控，尽可能降低风险使企业运转更安全。同时，企业需要建立科学的财务构架，当面临一些高风险的投资时，利用组织结构的优势，使企业经济利益最大化。企业在进行决策时要避免过于武断，尤其是在进行投资活动时，可以征求各部门的意见进行参考和总结，得到最佳决策意见。企业管理者必须好好把控财务管理活动使之科学有效，这样企业才能更好地发展壮大。

第三节　现金证券管理

一、现金管理的主要措施

（一）革新现金管理观念

我国的大多数企业，尤其是一些中小型企业的管理模式是所有权与经营权的高度统一，企业的投资者同时就是经营者，在这些企业中，往往是董事长兼任总经理，企业领导者集权现象严重，所有者凭借经验和感觉对企业进行管理，由于其做出的决策大都没有经过科学而严格的论证，因而往往出现决策性的错误。企业管理者的管理能力和管理素质差，管理思想落后，并且对于财务管理的理论方法缺乏应有的认识和研究，致使其职责不分，越权行事，造成财务管理混乱，财务监控不严，会计信息失真等，从而使财务管理失去了其在企业管理中应有的地位和作用。

企业应该编制全面预算，各预算执行单位负责本单位预算的编制。企业行政部门应该合理确定办公费用的耗费水平以及工资、水电等日常开支费用，便于财务部门按月按计划安排资金。采购部门应该根据市场情况合理确定采购价格，降低企业的采购成本。生产部门应该按照计划安排生产，提高生产效率降低生产成本。销售部门应该合理确定产品价格，分析客户的资信状况，根据客户情况选择适当的结算方式，争取早日收回货款，防止坏账的发生。另外，还要加强赊销管理，防止出现企业销售收入明显提高但现金流却没有增加的情况。研发部门要依据销售数据和产品市场需求的变化，利用信息化手段分析企业的产品是处于研发、成长、成熟还是衰退期，不断发掘企业新的利润增长点。

（二）严格现金管理制度

现金是企业流动性最强的资产，在其流运过程中容易发生舞弊行为。要加强现金管理制度，对于资金收付业务实行预算控制，对于超预算或预算外的资金支付，实行严格的审批制度。为了防范风险的发生，达到转账起点的收支一律不得采用现金，应该按照企业财务制度的要求合理确定库存现金的限额，不得坐支现金、白条抵库和私设小金库。出纳人员要妥善保管现金，不得公款私用，对于库存现金及未到期的银行汇票、空白的转账支票和现金支票要配备保险箱，由专人负责管理。对于零星现金的收取，应配备验钞机，防止收到假币。用网银支付款项时要核对收款方的信息，确认无误后方可汇款。随着信息化时代的到来，财务数据流在企业内网上传递的情况会经常发生，对于生产和销售数据的采集越来越方便，在便利的同时要注意数据安全并及时备份。财务部门应该不定期由出纳以外的会计人员盘点现金和银行存款，防范被挪用的风险。

（三）加强现金盈亏分析

为保证企业生产经营活动的正常进行，在某一特定期间之内到底需要多少现金，并不是每个财务人员都非常清楚的。因此，财务管理人员应正确开展现金盈缺平衡分析工作。现金盈缺两平点是指为了保证企业生产经营活动得以正常进行所必须具备的最低限额的现金所应达到的业务活动水平。该活动水平可以是某种产品应实现的产销数量，也可以是其应实现的销售收入。现金盈缺两平点不同于一般意义上的经营盈亏两平点，即通常所说的保本点。经营盈亏两平点是指某个企业在生产经营过程中，其所获得的收入总额刚好可与其成本总额保持平衡，此时既不盈利，也不亏损，整个生产经营恰好处于保本。而现金盈缺两平点是指某个企业在生产经营过程中，其所能获得的现金收入刚好可与其所必须发生的现金支出保持平衡，既无富余也无短缺。在此现金盈缺两平点上，企业从经营活动中获取的现金数额恰好可补偿因其开展相关生产经营活动所需要的最低现金需要量。

一旦企业的预期或实际业务量低于现金盈缺两平点时，问题就发生了质的变化。企业从其自身正常生产经营活动中所能够获得的现金收入将无法补偿其必须发生的现金支出，现金将出现短缺。此时，企业将基本上丧失原材料采购、工资发放和其他日常开销所必需的现金支付能力，若无别的现金供应来源，整个企业的生产经营必将难以为继。由此可见，当某个企业实为经营亏损时，其生产经营活动却有可能因存在若干富余现金而继续进行下去；而当没有实现现金盈缺两平时，则必然因缺乏起码的现金支撑而无力维持最低限度的生产周转。

（四）建立现金预警系统

随着大数据时代的到来，企业财务管理与决策对信息的时效性提出了更加严苛的要求。目前现金流的风险识别依据主要是来自实时的风险信息。现金流的风险信息获取机制需要获得现金流的相关动态信息，并在此基础上进行数据的整合处理，当作是现金流风险的基础识别条件。风险信息的获取过程中必须保持科学性、时效性的原则。与此同时，收集的风险信息应该包括内部和外部、财务和非财务等方面的信息。企业内部有关现金流的所有财务和非财务信息都是不能缺少的信息元素，行业的发展趋势、国家的政策导向、有关法规的出台和更新也是不能忽视的风险信息。企业财务人员可以使用资产负债率、总资产周转率、应收账款周转率、银行贷款总额等指标构建预警体系模型，建立符合企业特点的现金流风险分析和预警系统。通过现金流风险预警系统，动态识别企业在生产经营过程中未及时发现或忽视的现金流量风险并及时做出预警。

二、证券管理的主要措施

（一）完善研究法规政策

证券市场在为市场提供投资资本的方面发挥着巨大作用，而操纵市场行为却由个别投资者利用自身优势，操纵证券交易价格，诱导中小投资者买卖证券，从中获取差额利益提供了便利。这不仅损害了证券市场的交易秩序，也侵害了中小投资者的合法权益，打击了其对市场投资的积极性，对整个市场产生了极其恶劣的影响。就现阶段而言，由于证券市场的操纵行为涉及的面十分广泛，如要对操纵行为进行有效的规制，当务之急主要在于从保护投资者利益的角度构建民事赔偿责任制度，对因从事证券违法犯罪行为而造成投资者利益受损的企业或个人，都应承担相应的民事赔偿责任，并对各类证券违法犯罪行为的民事责任加以具体规定。

在企业资产证券化的发展中需要国家对政策法规不断规范，即便不能做到完全杜绝问题与制度完全适应发展，但是要尽可能依据时代发展步伐，在问题恶化之前做到有效完善。有关部门要依据企业资产证券化所需的环境编写一个权威、专业且统一的法规内容，同时配合强有力的监管工作，避免违规行为介入时长中搅乱环境。为规范操作者，严格落实制度内容，提升法律法规的权威性，让所有人员有更为深入的法规意识。政府部门针对该工作要颁布具有针对性的法律法规，让所有操作有对应的标准与流程。对于企业与专业人员而言，也需要对政策、法律法规有深度的了解，有效地保证政策、法律法规推进的顺利性。从制度层面的学习可以让有关人员更为专业，有效地避免操作上的失误，同时也通过制度、政策来反观企业是否适合进行资产证券化，让政策法规发挥指导的价值。

（二）培养证券专业人才

从中外证券投资的发展史中，人们通常可以总结出一条基本规律，即证券投资的发展与创新动力源自证券投资市场环境的变迁。因此，在科学定位本专业人才培养目标时就必须首先分析证券投资专业发展所面临的环境状况。一是从宏观环境看，经济全球化浪潮势不可挡，知识经济方兴未艾，信息技术、通信技术与电子商务的蓬勃发展；从微观环境来看，公司内部的机构重组，公司之间的并购与重组，虚拟公司的兴起，以上每一方面环境的变化都将对证券投资专业的学习和实践带来新的挑战。二是跨国公司已突破反垄断法约束，全球并购将涉及更多领域，规模将不断扩大；跨国公司规模和市场份额的不断扩大又将使生产、营销、消费日益具有全球性。

专业培养目标是专业教育思想及教育观念的综合体现，它决定着人才的培养质量。同时，培养模式的建立与运行、课程体系的构建与优化、教学内容的选择与重组，无不依据培养目标而确定。证券投资专业人才培养目标的层次定位应为证券投资专门人才，而非传统定位的证券投资高级专门人才。目前我国多数高等教育确定的证券投资专业人才职业定位是能在企事业、政府部门等相关单位从事实际工作、教学和研究的专门人才。大学本科期间学生所学习的专业知识有限，实践经验也比较匮乏，难以满足高级专门人才的能力要求。因此，作为大学阶段培养的证券投资专门人才，主要应从事较为复杂的证券投资实务工作，而不是直接从事高级专门人才所从事的教学科研工作。

（三）强化尽职调查责任

尽职调查就是为了避免或减小消极影响，在项目或组织的整个生命周期内，针对组织的决策和活动给社会环境带来实际或潜在的消极影响而进行的全面积极识别的过程。目前，从《资产证券化业务风险控制指引》来看，风险控制对风控人员的主观经验和专业判断依赖性较高，风控指标和监管机制缺少量化约束。当前证券公司风险控制更偏向于合规审查，中台风险控制部门人员的专业化程度普遍不及业务部门，这就造成产品设计复杂化程度越高，风险因素越隐蔽、评估越困难的现状。整体来看，未来监管制度、业务指引等方面的监管举措还需要更加量化和细化，业务部门应根据调查责任、风险控制要求与风险管理部门之间建立充分的沟通协调和责任划分机制，进一步强化产品发行前以及投入市场后的风险管理意识。

尽职调查是指在收购过程中收购者对目标公司的资产情况、负债情况、经营情况、财务情况、法律关系以及目标企业所面临的机会与潜在的风险进行的一系列调查。是企业收购兼并程序中最重要的环节之一，也是收购运作过程中重要的风险防范工具。调查过程中企业财务人员通常利用管理、财务、税务方面的专业经验与专家资源，形成独立观点，用以评价购并优劣，作为管理层决策支持。调查不仅限于审查历史的财务状况，更着重于协助并购方合理地预期未来，因此也发生于风险投资和企业公开上市前期工作中。尽职调查的目的是使买方尽可能地发现有关其要购买的股份或资产的全部情况。从买方的角度来说，尽职调查也就是风险管理。对买方和其融资者来说，并购本身存在着各种各样的风险，如目标公司过去财务账册的准确性；并购以后目标公司的主要员工、供应商和顾客是否能够保留；是否存在任何可能导致目标公司运营或财务运作分崩离析的义务。因而，买方有必要通过实施尽职调查来补救买卖双方在信息获知上的不平衡。一旦通过尽职调查明确了存在哪些风险和法律问题，买卖双方便可以就相关风险和义务应由哪方承担进行谈判，同时买方可以决定在何种条件下继续进行收购活动。

第四节　应收账款管理

一、应收账款管理的现存问题

（一）风险管理态度不端

随着公司的不断发展，如今的企业管理层已然对应收账款的风险管理给予了足够重视。但鉴于当前公司在主要客户的应收账款明细方面仍旧存在披露不详的问题，也反映出当前管理层，其对应收账款的管理态度依旧有待加强。就企业当前的发展现状而言，其大部分员工，尤其是销售人员，在思考工作问题时，通常是站在自身利益的角度去考虑，以致其很容易对公司所采取防范应收账款风险的策略产生误解，继而因反感情绪的掺杂而产生错误的管理理念。许多中小型企业没有充分考虑自身的发展实力，盲目的进行扩张，就导致了在追求销量的时候，忽视了对现金流的管理，没有树立正确的应收账款的管理目标。企业的坏账损失就常常依附在各项应收账款中，给企业造成了重大经济损失，这都是没有制定完善的应收账款管理目标导致的。主要表现在财务部门与销售部门的权责问题，财务部门不能及时与销售部门进行对接，造成管理漏洞，致使应收账款越来越多，加上后续管理不到位，坏账、死账的现象严重。

商业竞争带给企业的是以各种手段扩大销售，如果竞争对手采取赊销方式销售产品，而本企业采取现金销售，对于同等的价格，类似的质量，同等的售后服务，必然会导致产品待售时间的延长甚至中断，这是因为顾客将从赊欠中得到额外的好处。这对于债务人来讲，无疑是天然的一种短期无息贷款，不用花力气就能够轻松获得。此外，大多数生产企业面对新产品、新市场的心态是急于推广产品和占领市场，快速地积聚人气，提高产品的知名度，此时赊销方式就会成为一种有力武器。许多企业的信用政策执行非常随意，管理意识淡薄，为了扩大销售，提高利润，可以不计风险盲目赊销产品。有些企业的经营管理者学历不高，缺少目标，有些甚至弄不清楚什么是信用标准、信用条件及收账政策。企业信息来源单一，对于债务人的还款历史、是否有未了债务诉讼、财务信息、银行信用记录等信息不能有效收集，对企业发展前景、国家的经济方针政策、国际金融形势、行业发展趋势、市场需求变化不能全面了解，没有能力对债务人进行信用的定性分析和定量分析。

（二）账款催收力度不足

虽然我国很多中小型企业都采用了信用政策，但是仍然会出现坏账的现象。中小型企业对于内部控制的能力较弱，从而影响到应收账款的有效管理，再加上会计人员的精力都放在内部管理和核算上，不能够及时对应收账款进行核算和催收，没有安排工作人员定期与欠款企业进行对账，并且没有安排专门的人员关注应收账款问题，导致在欠款企业的财务状况恶化，应收账款不能归还时，企业也不能够及时察觉，从而造成了坏账的发生。企业的业务员未及时统计赊销发货情况并上报财务部门，财务部门未及时统计日常赊销及收款情况，使相关赊销欠款信息滞后，企业就难以做到有效监管。

在市场经济环境下，企业人员的流动较为频繁，经常出现移交人员未将正在处理或未了事项以书面形式移交给接交人，对客户赊销欠款未逐笔与财务部门及赊销客户核对清楚就已经离职，给后续结算、催收工作带来极大的困难。部分企业未建立对账管理机制。每月终了，财务部门未将已经逾期和即将逾期的应收账款明细进行归纳催收或业务部门未主动发送催款通知单向客户催款，导致收账期限延长或形成呆账。部分企业应收账款产生后没有建立账龄分析、周转率分析等管理监控指标，不能及时了解应收账款的变动情况，由于没有对应收账款建立起一套有力、迅速的催收方案，导致频繁出现长期挂账、应收账款无法回收的问题。企业无法控制应收账款的质量，无法对管理者警示应收账款恶化的情况，不能采取合理、有力的收款措施进行应收账款催收，从而使企业资金状况进一步恶化。

（三）客户资信缺乏评估

资信调查是指在订立经济合同之前，企业对交易客户的公司，经济组织或者个人的签约资格、资本状况、商业信用，通过一定手段和途径进行的考察、了解。客户的资本状况包括注册资本、实有资本、公积金以及所拥有的其他形式财产，资本状况是客户经济实力和履约能力的标志。客户必须在其经营范围以内从事经济活动。因此，在签订合同前，必须审查合同项目是否超出了其营业执照上规定的经营范围。对于一些重要生产资料和特殊商品，还应要求其出示生产许可证或经营许可证。

经济市场归根结底就是信用经济与法制经济，我国的市场经济起步较晚，对于市场的信用经济建设尚不完善，再加之社会信用体系的不健全，就出现了众多失信问题。企业在对客户的信资进行调查时没有专业的中介或者大企业为其提供信息、市场调查等服务，或者因为调查费用昂贵，有的中小型企业为了节约这一部分费用，就减少调查环节，导致对客户的信用问题评估能力较低，加上销售人员为了自身的业绩，采用赊销手段扩大自身的业务收入，造成应收账款规模不断扩大。多数企业对客户资信情况了解时，应用相同政策以及同样手段予以管控，其中客户信用度、资金水平等方面的评估缺失，这在一定程度上会导致漏查坏账，应收款项数额缺乏准确性，最终导致企业遭受不必要的经济损失。

（四）事后管理方式盛行

中小型企业在应收账款管理中经常采用事后管理的方式，就是对客户进行跟踪调查等方式，但由于对客户财务状况和经营情况等信息掌握不足，甚至相关信息较为分散，分别掌握在不同的业务员手中，很难及时对客户财务状况及时进行准确判断，从而导致财务部门不能对应收账款进行实时监控。现阶段赊销作为一种销售手段在企业中广泛应用，然而由于产能过剩、产品竞争力弱、企业管理混乱等原因，很多企业为了扩大销售、争夺市场，在没有对客户的信用状态、资产状况、还款能力进行详细调查的基础上，就给予客户过高的信用额度和信用期间，盲目地进行赊销，导致应收账款过高、账期过长。

应收账款拖欠的时间越长，回收的可能性就越小，形成坏账的可能性就越大。因此，企业应对客户进行严密的监管，随时掌握货款回收情况，特别是对逾期的应收账款更应采取切实可行的措施追收货款。然而很多企业由于治理能力不足，导致坏账风险增加。对于发生的每一笔业务要认真记录发生的时间、业务内容、付款时间、尚欠金额，企业只有掌握这些信息，才能及时采取相应的对策。应收账款的合同、合约、承诺、审批手续等资料的散落和遗失有可能造成企业资产的损失。财务部门会同销售部门要定期与经销商核对账目，掌握用户已过信用期限的债务，以便及时采取措施与用户联系，提醒其尽快还款。

二、应收账款管理问题的解决措施

（一）提升人员风险防范意识

企业法务部门应定期或不定期对新、老业务人员进行风险意识培训、财务部门应将企业的应收账款管理办法宣传到位，提高业务人员的业务谈判综合水平，使其能够灵活采取营销策略，合理把控风险，在扩大业务规模的同时评估赊销款项回笼的风险性。企业对赊销业务必须签订合同，不管赊销规模大小、新老客户均要签订书面合同，以促使客户履行合约，确保应收款项的安全，有效降低收账风险。合同是企业与客户建立交易关系的重要书面文件，为保障企业的合法权益，减少应收款项的风险，企业必须建立合同管理制度，并不断加强和完善合同管理。

部分企业是通过家族企业逐渐建立起来的，其管理观念较为老旧，无论是管理者抑或是员工均存在只重视销售业绩而不注重对信用风险的管理。为了能够增快企业在资金方面的周转速度，进一步提升管理水平，企业管理者需要建立起强烈的风险管理意识。因此，企业需要在企业外部聘请一些相关方面的专业人员，来结合自身企业实际情况制定风险管理培训方案，此过程中和应收账款相关的部门需全员参加，并将出勤率纳入业绩考核指标当中，以此来让员工能够给予应收账款风险管理工作足够的重视。除此之外，企业还需要吸纳一些高素质的专业管理人才，利用这些人才所拥有的专业经验与理念来完善公司在风险管理方面存在的不足。

（二）建立账款考核制度

收到现有客户的采购订单后，销售人员要对订单金额与该客户已被授权的信用额度以及至今尚欠的账款余额进行检查，经销售经理审批后，交至信用管理经理复核。如果是超过信用额度的采购订单，须由总经理或董事会集体审批。订单经批准后，销售业务员根据公司固定的销售合同模板草拟销售合同，在合同中明确赊销额度，付款期间、抵押、担保、违约金等主要条款，提交销售经理审核后交由总经理签署合同。如果客户要求对公司固定的销售合同模板做出修改，需经法务部门同意，然后根据已签订的销售合同，生成连续编号的销售订单，仓库发货人员严格按照销售发货单发货并在销售发货单上签字，并及时将签字的销售发货单提交财务进行账务处理，将应收账款纳入监控管理。

企业应收账款管理工作的主要内容应当包括以下几个方面，应收账款的登记、管理，收款办法，问题账款的处理，坏账的冲销以及对有功人员的奖励制度等。制定应收账款考核指标，如应收账款平均收账期、回收比率、坏账比率以及销售人员全部销售额与其应收账款比率等。根据应收账款考核指标，编写企业各项考核指标的计划指标数，根据完成计划指标数的情况确立奖惩额度，在奖励方面要具体，具有操作性。

（三）确定相关信用标准

信用标准是获得企业所提供信用所必须达到的最低信用水平，执行的信用标准过于严格，可减少坏账损失，减少应收账款机会成本，但不利于扩大企业销售量甚至会因此限制公司的销售机会；执行的信用标准过于宽松，可能会对不符合条件的客户提供赊销，因此会增加随后还款的风险并增加应收账款的管理成本与坏账成本。企业应根据所在行业的竞争情况、企业承担风险的能力和客户的资信情况进行权衡，确定合理的信用标准。设定准入门槛，是加强应收账款管理，提高应收账款投资效益的重要前提。

当前企业在应收账款方面的相关工作是销售部门所负责的，就销售部门而言，其工作中心为客户，赊销能够有效提高个人业绩。但是若销售部门所具有的权力太过集中，就会使得无法对赊销业务予以有效的控制与监督，这是导致企业在应收账款方面风险较高的一项主要原因。为了能解决这一问题，企业需要构建信用管理部门，该部门需要和其他部门相独立，和销售部以及财务部之间互相牵制与监督。同时，对各部门在应收账款管理方面的职责予以明确，让各部门能够进行相互配合，进而在事前就能够对应收账款风险予以有效地降低。

（四）加强应收账款管理

应收账款的情况复杂管理难度大，事中要合理控制，如应收账款的总量、坏账损失率，要明确责任部门，具体落实到人。企业内部应形成应收账款的报告制度，当月的应收账款在本月结束前向主管领导汇报，上个月的应收账款在月初时向会计主管汇报，待会计主管汇总后形成报表报送主管领导。应收账款报告的内容包括欠款单位、时间、数额、经办人和催债通知情况等。事后要控制得当，如对不同期限的应收账款要做好账龄分析，计算出每个顾客应收账款的周转天数，结算出每个顾客应收账款账户的余额，对每个顾客的应收账款进行分类，并建立相应的逾期催收制度。会计主管对将要到期的应收账款，应当书面通知该账款的经办人，积极实施催账工作。对于欠账人赖账不还的，作为债权人要理直气壮、据理力争竭力维护企业的正当权益，以国家的法律法规为准绳做到有理有据有节，采取切实可行的措施，保障企业资金能够及时回收。企业要定期检查资金回笼情况，如果不能及时回收，要登记入册，安排专人催收，责任落实到人。对于催收没有结果的，要拿起法律武器保护自身的合法权益，及时向法院提起诉讼。

对合同管理制度要予以完善，能够对企业赊销行为实现有效的规范。在合同管理方式方面主要涉及三方面，即控制、审查以及监督。合同管理属于一项较为系统的工程，因此需对合同审批的各个环节予以严格的审核。企业是通过财务部门来对合同进行管理，并没有设置专门的管理员，并且在审批合同方面的流程也不够规范，这就需要构建与完善合同管理制度，并对审批流程予以规范，以此来降低企业在赊销方面存在的风险。

（五）规范销售授信流程

确认并给予客户信用额度极其重要，需严格结合相应程序来开展。在产生新赊销订单时需让客户提供与之相应的财务资料并对信用额度申请表予以真实的填写，然后再通过销售来对客户予以初步筛选与调查，若遇到并不熟悉的相关客户时，销售人员需向该客户的其他供应商进行咨询，并请其他供应商填写客户调查简表，然后递交给信用管理部门进行评估。企业要安排信用管理专员严格根据客户的资信档案或者是第三方的数据进行全面审核，并综合对客户的信用风险等级进行评估。

在签订正式合同之后，企业也不能够放松对应收账款的警惕。由于客户的资信情况并不是一成不变，常常受到多种因素的影响，如部分资信状况好的客户也很可能出现坏账的现象。因此，这便需要企业在发货后到款项到期前的时间段中密切关注客户的情况，并对应收账款的情况进行动态监督。做好赊销客户的资信调查，财务部门和业务部门共同对客户的基本情况、经营情况及财务状况进行充分的了解及评估，必要时也可以聘请第三方评估公司进行资信调查。企业根据经营业务特点和业务结构等实际情况，制定应收账款管理权限和分级审批制度，根据客户的资信、偿债能力等情况，提出每个客户最大赊销额度，按照企业规定的审批权限和流程逐级审批。企业应区别不同客户情况，制定相应的信用政策。对于资信不明的新客户或信用不佳的老客户，原则上应采用钱货两清的信用政策或采用先收取大部分货款后发货的信用政策，但所赊欠款项必须要求客户提供财产担保；对于信用记录良好且偿债能力较强的老客户，可采用较为宽松的信用政策。

第六章　投资管理

从宏观经济层面来看，企业投资对拉动国民经济有着非常重要的作用；从微观经济层面来看，投资决策是企业最重要的决策之一，是企业成长的动力来源，是企业现金流量增长的基础，直接影响着企业的盈利水平及经营风险。由于受多种因素影响，企业未来的获益和资金的增值无法具体确定，所以投资存在一定的风险。因此，企业做投资决策时要从目前的环境情况出发，理性判断将来的发展走向以及对经济主体的正负面影响。投资决策对企业的可持续发展有着直接的影响，对于企业而言，投资决策不仅仅是做出选择，而是从提出投资意向到落实表决的整个过程。投资决策需要企业全体人员共同努力，不是一个人或一个部门就可以完成的。

企业只依靠生产、销售产品是难以实现稳定发展的，市场经济的多样化、竞争的激烈性都对企业的经营产生影响。企业需要在保证正常生产的同时，不断拓展寻求多元化的发展途径，其中资本运营作为实现企业业务横向一体化和提升资本收益率的重要手段，正越来越受到企业的重视。资本运营作为一门新兴管理学科，如何更好地进行管理，创造更大的收益，同时做好风险管控，考验着每一个企业。投资管理是资本运营管理中的重要组成部分，投资成败对企业的生存起着至关重要的作用，但企业在投资管理中，或者忽视投资风险管理，或者在能力和制度方面不具备投资风险管理的基础，导致管理效率低下，给企业经营增加了极大的风险，不利于健康长远发展。因此，加强企业资本运营管理中的投资管理，建立有效的风险管控体系，已成为企业经营管理的重要课题。

第一节　企业投资概述

一、企业投资的现存问题

（一）投资战略定位偏差

企业发展战略是企业如何发展的顶层蓝图，是企业在中长远时期发展的战略目标、主业方向、产业重点的重大规划，制定科学的发展战略并有效执行，是实现企业长期快速、健康、稳定发展的重要基础。企业的投资活动是企业重要的战略性决策，应与企业的发展战略有机结合起来，企业每一阶段的投资活动，都应是企业战略的一部分，要紧密围绕企业发展战略，为企业发展战略而服务。因此，企业应当根据自身的发展战略制定科学合理的投资战略，并制定每一阶段的投资实施方案，这样才能保证企业战略目标的实现。但是在目前我国企业投资管理中，尤其在一些中小型企业，投资战略缺乏科学指导性，存在与企业战略规划脱节，盲目投资的现象，企业为了眼前的利益，忽视了投资与企业战略的一致性，导致企业投资战略与企业战略目标的偏离，使投资不能取得实效，阻碍了企业的长期发展。

企业财务投资战略制定中存在的首要问题便是很多企业对财务投资战略认识不清，由于企业管理层无法对财务投资战略的重要性有较好认知，很多企业投资活动开展进程中并不会进行财务投资战略制定。相当大一部分企业对财务投资战略缺乏重视是不争的事实，由于财务投资战略制定无法获得应有关注，很多企业财务投资战略制定也无法获得有效支持。这一情形下，企业财务投资战略制定相关工作开展极容易陷入停滞状态，即便最终制定出了具体的财务投资战略，其战略方案的科学性与可行性也相对较低。当前，很多企业财务投资战略的灵活性较低，这一问题也是企业财务投资战略制定中存在的普遍问题。企业投资活动未经过股东大会论证，但投资活动开展中会受到多种因素影响，财务投资战略本身作为企业投资活动的一种指导，其忽视投资活动的多变而进行机械式投资并不可取。

（二）市场调研意识不强

项目投资前最重要的是市场调研，要形成科学系统的投资项目可行性研究报告，在投资决策过程中提供科学依据，市场调研是系统地收集市场份额、产品占有率、市场竞争情况、技术先进性等真实有效的信息，并进行科学分析，包括行业分析、市场调查、竞争对手分析、投入产出分析、风险分析等。企业要对投资项目发展前景做出专业判断，对项目实施的各种风险进行评估，从而最大限度地降低风险。目前，企业普遍存在不重视市场调研的问题，没有真正地开展深入细致的可行性研究，往往是按政府的发展政策，或者由企业领导的意志来决定投资项目，因此投资项目市场调研没有得到真正重视，在投资时往往没有掌握充足的可靠信息，没有认真分析项目的真实风险，从而导致错误结论，误导企业选择，最终增大项目投资失败风险。

在当前信息技术不断发展的前提下，可以利用最新处理模式快速、准确、高效的处理和筛选海量的信息，以满足当前人们发展需求。大数据是一种信息集合，也是一种高增长率和多样化的信息资产。传统的企业市场调研主要对产品市场的营销情况进行抽样调查，由营销人员对相关数据进行分析和整理，根据分析结果研究当前及未来企业产品的营销策略、营销水平等，并对当前企业营销策略做出合理的调整。在当前大数据时代的背景下，我国市场经济环境更加复杂，企业产品信息和市场营销信息存在较大的可变性，传统市场抽样调查方式已经远远不能适应当前的发展要求，其调查可靠性和信息的全面程度有很大程度的欠缺，不能对企业的产品定位和发展规划做出有效的预测。

（三）投资决策水平有限

投资决策在企业投资活动中起着关键性的作用，决策正确，项目投资就能取得很好的经济效益和社会效益，决策失误，就会导致投资失败。目前，投资决策的不规范性在很多企业中或多或少都有存在，从而降低了投资决策的科学性，一些企业决策者往往以自己主观意识进行决策，如国有企业的董事长、总经理，中小民营企业管理者等。这些企业决策者在进行决策时不经科学民主的决策程序，同时投资决策者专业技能不足，没有进行科学的项目投资可行性研究，出现了盲目投资、意气投资、感情投资、政治投资等情况，造成投资项目风险很大。还有一些企业领导过分看重投资活动的短期效益，投资决策都缺乏长远发展战略考虑，没有进行市场充分调研认证，使可行性研究报告流于形式，其往往会做出不正确的投资决策，导致企业发展失衡，不利于企业的长远发展。

（四）投资管理缺乏监督

投资监督管理，是指有关监督机关和职能部门依据法律、法规和有关规定，对政府的投资活动和政府管理投资的工作进行的监督管理，其实质是对政府及其工作人员权力的约束和规范，使政府的投资行为和管理投资的行为在法律、法规和制度的范围内进行。改革开放以来，国家对原有的投资体制进行了一系列改革，打破了传统计划经济体制下高度集中的投资模式，初步形成了投资主体多元化、资金来源多渠道、投资方式多样化、项目建设市场化的新格局。但同时，投资体制中还存在企业投资决策权没有完全落实，政府投资决策和投资管理不够规范，投资宏观调控能力有待加强等问题。要解决这些问题，就必须尽快建立健全投资制衡体系，不断强化监督机制，切实加强和改进对投资的监督和管理。

投资项目在实施过程中，必须有规范的制度约束和组织机构对投资过程进行监管，才能保证项目投资按计划执行，最终达到预期的投资效果。目前，很多企业对投资项目管理过程的监督工作不重视，缺少有效的制度和组织机构，出现临时委派某人或部门进行项目管理的情况，使投资项目在实施过程中缺少有效的监督和规范管理，可能造成投资项目失去有效的控制，使其投资资金不能得到合理、有效地利用，给企业造成巨大的经济损失。准确把握依法履行出资人职责定位，对按法律法规和政策规定该由国资委履行的投资监管职责，有关部门制定了更为严格的监管措施，对其进一步加强监管；对依法应由中央企业自主做出投资决策的事项，由企业按照企业发展战略和规划自主决策、自担责任，国资委加强监管。

二、企业投资的管理对策

（一）明确企业战略定位

企业应结合自身实际，围绕主业发展做好企业战略的制定，是制定长远科学的企业投资战略规划的前提，要结合企业发展实际，以问题为导向，理论为基础，政策为引导，不断深刻思考自身的竞争力和竞争优势，研究行业的环境变化以及企业投资能够利用的现有资源，从现有产能扩张、新技术研发、新市场拓展、战略并购等方面，对企业未来发展方向和推进路径进行规划，为企业投资方向提供理论指导，为企业战略落地执行和稳步推进制定切实可行的制度体系。充分利用企业现有资源，通过采用多渠道的企业投资模式，提高自身企业的盈利能力以及经营能力，将企业资源的作用发挥到最大。

企业更好地进行财务投资战略制定首先要提升财务投资战略在企业中的实际地位，特别是在企业确立了投资意向与投资活动开展前期，通过增加人力与物力资源投入进行财务投资战略确立极为必要。企业要对财务投资战略有更为清晰而完整的认识，并通过确立与实施相应的财务投资战略，使得企业投资战略制定活动开展得到更多关注。在科学的财务投资战略制度影响下，企业财务投资战略制定活动开展能够得到更多指导与规范，制度的影响性不断显现，企业财务投资战略的制定和实施也能更为协调。企业财务投资战略更好确立也要注重财务投资战略本身灵活性的增加，并在财务战略实施进程中不断对财务战略进行调整。企业在财务战略制定进程中要留有余地，无论是稳健的财务投资战略或是激进的财务投资战略，其在制定进程中都要考虑到财务投资战略灵活性的彰显和灵活化程度的提升。在较好增强财务投资战略制定进程中的灵活性后，财务投资战略在实施上更是要注重科学化调整，从而使得企业财务投资战略能够更好影响到企业投资活动进行以及投资活动开展中的内部财务管理活动进行。

（二）完善市场调研方式

市场现状调研要结合国家和地方两个层面综合考虑，先要考虑政策方面，要结合国家和当地的政策导向，调研对企业有什么政策优惠或限制等；要考虑国家大环境和当地小环境的经济发展状况，包括工农业的发展、交通情况、行业发展情况等；最后还要考虑科技发展状况，对新技术、新科学要有充分的了解，尤其是涉及行业内技术。市场需求量包括市场的现有供求情况，如供大于求、供不应求、供求平衡，还要考虑消费人群，如果消费人群是年轻人为主，那么需求量就会比较大，因为年轻人消费观比较前卫，容易冲动消费，而中年人或老年人消费观较为成熟，考虑比较谨慎，属于稳健性消费，但最重要的还是企业生产的产品是针对哪些消费者。

为保证企业项目投资的合理性，在企业投资之前，对项目市场现状、发展趋势、主要风险等进行全面，仔细地调研也十分重要，企业的投资管理人员应充分以市场作为导向，以产品为重点，对其进行科学、合理、全面的分析，可以聘请专业的中介机构，通过座谈会研讨、行业竞争对手研究、行业资料收集等，掌握足够的信息，再通过对项目投资构成、商业模式、投资回报、经济效益和风险管控等方面的调查与了解，结合企业实际的发展情况，充分考虑企业资金周转和投资来源方面的问题，制定出科学、严谨、有效、全面的前期投资市场调研报告，为保证后期投资项目有良好的发展前景提供投资依据。

（三）加强投资项目管理

企业投资项目管理工作的开展，一方面要加强营运资本管理，保证资金畅通周转；另一方面要做好资金预算管理，坚持以收定支。营运资本指的是企业日常经营必需的资金，提高营运资本利用率以及质量，能够优化资源配置，使得资金加速流转，进而减少资金占用。在具体工作中，要强化应收账款管理，做好账目催收工作，加快资金回笼速度以及质量。除此之外，要制定信用政策，严格执行，依据信用条件，做好赊销额度以及期限的控制，进而减少资金损失，提高风险防范水平。要基于企业总体战略目标的引导，开展全面预算，完善预算体系，优化项目预算管理流程，做好预算执行监督工作，合理控制支出，最大程度上提高资金利用率。

企业投资决策的失误主要是因为企业投资项目管理的机制不完善。在企业投资项目管理中，需要建立完善的管理和决策机制。企业投资项目管理的风险中存在可控风险和不可控风险，对于不可控分析，企业需要积极地预防，并且及时采取相应的措施，将风险的危害控制在最低，但是对于可控风险，企业要做到避免和严控，在项目管理中严格按照规范的操作程序进行。同时，对于决策不可刻板地执行，需要根据实际的情况进行适当更改，要做到灵活性管理，同时要随时观察市场动向和经营管理状况，提供优化方案路径。企业投资项目管理工作是促进企业发展的关键，直接影响着企业的利益，因此企业投资项目管理必须注重管理工作，特别要完善管理制度，规范管理的基础工作。首先，在管理人员选择上要把好素质关，管理人员要具有专业的项目管理能力，敬业的职业道德，能够解决管理中出现的突发问题，并准确地做好风险预防；其次，企业要建立完善的管理制度，管理人员以及施工人员必须严格按照管理制度执行，加强内部控制，规范基础工作。

（四）合理选择投资项目

对一个国家来说，投资的作用非常重要，投资水平的变化对国民经济的稳定运行具有重要影响，决定了国民收入的水平和社会财富的大小，通过投资可以强化工业化力量，形成国民经济的完整体系，提高国民经济的竞争力，为社会提供更多的消费品。对一个企业来说，投资是最重要的决策行为，投资形成的资源将决定企业未来的收益和具有的风险，以保证企业的持续发展。而企业投资活动的成败，在很大程度上取决于投资决策的正确与否。随着市场经济的发展，决策工作的重要性日益突出。

企业在进行投资策略制定时，应该根据企业经营管理现状进行合理制定，确保投资收益稳定。当企业资金有限时，可以采取分散投资策略进行投资领域和投资时间划分。在加强企业投资项目管理控制方面，企业可以安排专门人员进行投资项目跟进。在投资策略制定方面，企业必须保留追加投资权利，能够结合资金管理现状进行资金运转。在不同发展阶段中，企业应根据之前部分投资状况进行后续投资策略制定。对于投资活动中存在的错误决策，企业必须承担相应的后果，然后对投资规划与投资战略进行相应调整。企业应根据投资行业情况、国家经济发展及市场需求等进行投资战略制定，制定出符合企业规划发展的投资策略。这需要相关投资策略制定人员具备长远的眼光，能够通过有限的资金进行经营项目推进，保障企业健康发展。

第二节　投资决策概述

一、企业投资决策的现存问题

（一）核心业务主次不分

主营业务不突出、业务领域跨度大、企业小而全、综合实力不高、企业盲目追求市场机会是这一时期我国企业多元化的基本特点。在短缺和卖方的经济背景下，这种多元化是基本成功的，但随着买方市场的形成以及市场竞争日趋激烈，大量企业纷纷遭遇经营困难。对于部分老牌国有企业，由于历史原因，企业主营业务收入与其他营业收入不相上下，甚至小于其他营业收入，多种制造业与多种服务业收入均在企业营运范围内，其经营的业务之间没有联系，不利于领导决策和生产经营，且投资分散，企业没有核心竞争力，最后只有进行破产重组。虽然这样的企业在逐渐淡出市场，但留给企业的启示是具有重要意义的。

多元化既是一种战略，也是企业的一种成长行为，如何使企业获得成长，怎样的多元化才能使企业获得成长，是多元化理论与实践研究最核心，也是最有价值的内容。多元化研究的角度很多，内容涉及组织结构、多元化程度、业务相关性、行业选择、多元化风险与绩效等诸多方面。我国经济发展背景特殊，企业的成长有其独特的历史轨迹，在市场经济越来越发达的今天，我国企业如何实施多元化成为亟待解决的紧要问题。企业出现过度的多元化经营状态，是多元化战略实施中难以避免的伴生物。过度多元化会损害企业的效率和价值。归核化战略理论思想的形成过程源于对企业多元化经营战略的研究之中，其最根本的含义是回归主营业务、剔除弱势业务或主营业务重构，把企业的多元化程度维持在一个合理的水平上，将企业经营的重点放到企业的主营业务、核心业务上来。

（二）项目分析人员匮乏

在一个经济飞速发展的时期也是一个各种矛盾激烈对撞的时期，纵眼望去，发达国家的经济已呈现出逐渐下滑的态势，然而我国的经济发展依然保持着较快的发展速度。但是随着资源和环境的约束进一步加深，也导致社会矛盾进一步深化，同时国际竞争也日益激烈。在现代商品经济社会中，随着生产要素朝着多元化的方向发展，使得投资的内容变得丰富多彩。同时，社会经济的发展必然伴随着众多的投资活动发生，投资不仅仅是企业发展和经营的重要手段，而且是提升企业核心价值和自主创新的制胜法宝。投资活动的成与败，都是建立在投资决策的方式方法是否正确无误的基础上。无数的案例、实践证明，只有科学合理的投资决策，才能保证预期的投资收益最大化。

项目分析是对测验或量表的项目质量的分析研究。广义还包括定性分析，即从题目的思想性、内容取样的适切性以及表达是否清楚等方面加以评鉴，就是根据试测结果对组成测验的各个题目进行分析，从而评价题目好坏、对题目进行筛选。分析指标包括项目难度和区分度。在生产制造类企业当中，从事投资项目决策的主要人员之一往往由原来的技术人员转型而来，因此这些人员大多缺乏专业的财务管理、投资等理论知识。由于知识的部分缺乏，会出现分析问题、理解问题较片面的现象，将导致分析工作难以开展，或者难以将分析结果用于项目实际的决策。目前项目分析的从业人员大部分是过去的技术工人或者其他员工，这些人的专业知识达不到岗位的要求，也没有财务管理、投资理论等专业知识，使得这些人在进行分析工作时仅仅依靠感觉、经验，毫无数据支撑。

（三）项目资金筹措迟滞

资金筹措是现代企业资金运动的起点，是决定企业资金运动规模和生产经营发展程度的重要环节。资金是一种具有稀缺性的重要经济资源，企业之间为了筹集所需资金的竞争往往非常激烈，在这种竞争中，有些企业取得了优势，表现为筹措资金能力较强，就能以较为有利的条件及时筹措到所需资金，为企业发展提供坚强可靠的后盾；而有些企业获取筹措资金的竞争能力较差，所需资金往往得不到满足，或者虽然得到满足，但却不得不付出高昂的代价，使企业与其他企业竞争时一开始就处于被动地位。为了保证企业发展所需资金，企业不仅需要确立筹资目标和经济合理的筹资结构，更重要的是要有较强的资金筹措能力。

资金筹措能力是指企业从各种资金来源获得资金的能力。其集中表现为，在一定时期内，企业能够筹集到资金的数量和质量。资金筹措能力的大小是企业制定筹资战略的重要依据，良好的资金筹措战略与筹资能力之间应该保持一种合理的平衡关系，以保证筹措资金既切实可行，又有良好的资金效益。而资金筹措战略的实施过程实质上就是发挥企业资金筹措能力，利用这种能力筹集所需资金的过程。企业主管人员不能充分考虑资金筹措及运作情况，会直接导致投资项目无法按时完工，工期一再拖延，无法按时投入生产发挥效益。企业主管人员在进行投资项目决策时往往只看重固定资产投资，忽视流动资金的需要，大多数企业在投资预算中根本没有将流动资金的需要量列入预算总额，这就导致投资项目建成投产后，因流动资金的缺乏而无法有效发挥职能，给企业造成巨大的财务负担和信任危机。

（四）企业信息对称失衡

信息不对称通常意义下来说，所指代的为交易中的市场参与者之间所具有的信息资源分布，表现为不均衡的非对称状态，通俗来讲，就是某方掌握信息量多于或少于另一方。这种现象的形成主要有主客观两个方面。主观上来看是由于信息自身的差异所导致的，每一个经济个体都有其独自获取信息的能力，正是由于这些能力存在差异，所以每个经济个体自然而然就会获取到互相差异的信息内涵，简而言之，即获取信息能力的不对称性是导致最终信息失衡的主观因素。而客观上看，信息获取者所处社会环境存在差异，在各种影响因素中，最为显著的为社会劳动分工以及专业化，某一领域的专业知识只有该行业内的从业者具备掌握信息的条件，这种专业知识的存在导致行业间信息内涵差异将逐渐变大，这是由于社会分工的发展以及专业化程度在不断提高，同时这也会导致经济参与者的信息失衡现象进一步加剧。因此，客观上来说，信息失衡不可能避免。

企业作为代理人，更多了解的是产品和服务的潜在信息，消费者身为委托人则了解较少，对于自身的需要和消费体验则了解较多，此时企业和消费者的身份就进行了改变，企业的身份由代理人变成了委托人，消费者则反之。每个企业的真正目的都是一样的，都会追求利润最大化。但是消费者的目的却是消费最效用化。这两者之间明显会产生信息不对称的情况，这样就会存在劣币驱逐良币的情况发生。企业生产的商品和服务能否抓住消费者的需要是影响其是否被顾客接受的重要因素。在商品市场上，消费者处于明显的信息劣势地位，这是由于明显的非专家购买特点导致的。优秀的管理人员一直是职场上供不应求的热点人物。在全球范围内，高层管理人员的流动率一直居高不下。很少有一家企业存在除创始人之外工作十年以上的经理，大多数经理都会被很多猎头紧密关注，随时会有其他企业开出更为丰厚的报酬招揽经理。因此，很多经理在进行投资决策时，会偏向短期投资项目，这样会使自身价值在短期内得到提升，可以拥有更多向上发展的空间。而股东则更希望企业的股票保值升值，可以使企业获得更长远的发展，所以其更倾向于长期发展的项目。这种信息不对称同样会对企业的投资决策造成重大影响。

二、企业投资决策的改善策略

（一）选择符合战略项目

企业在市场经济中的作用就是向市场提供商品或者服务，即企业是市场经济中的生产者主体，这一角色使企业在任何情况下都必须面对市场、服务市场。面对市场需求的变化，企业需随时调整生产的进度和相应的长期计划。当生产计划是在确定了长期市场变化的基础上做出时，企业就要在投资上有必要的准备和安排。因此，企业的投资计划是生产计划或企业发展战略，尤其是长期生产计划的结果，即投资服务于生产任务或计划。

企业总体战略明确了企业发展的方向、定位和盈利水平等，规定了项目决策的基调。投资项目必须在总体战略指导下进行，投资要符合企业发展方向，投资要体现企业在行业中的地位，投资完成后要能够实现企业要求的收入和利润目标。若投资与企业战略一致，就可以在企业原有投资的基础上进行长期的追加投资，或在相关业务投资上实现资源共享，以节约企业的整体投资成本。若投资不能与企业战略一致，且企业没有根据投资情况发展企业战略，则该投资即使暂时能够获利，也可能会由于缺少长期资源支撑而最终失败。

（二）实施有效市场分析

市场分析在企业投资决策管理中具有十分重要的意义。任何投资方案的提出，从根本上讲都必须首先进行市场分析，明确投资项目的市场前景，才能够确保该投资项目获得预期的经济效益。在我国已加入世界贸易组织的大背景下，我国企业必将在国内、国际市场上与国外公司进行竞争，在这种激烈竞争的环境中，市场上企业未来产品的销售情况会成为决定企业生存与发展的关键。市场分析是对市场需求特点及企业所提供的产品或服务的目标市场、市场占有率可能性大小及其变化的趋势所进行的分析。在分析中，一方面要了解市场的特征，另一方面要对市场进行细分，使企业的市场目标具体到每一个子市场，即企业的目标市场，然后针对目标市场进行认真的市场调查和市场预测，这样才能确保企业投资项目的经济效益。

所谓市场分析是指对市场需求预测的前提，其调查结果不仅为市场预测提供原始的资料，还可以为修正预测值提供依据。市场预测需要在市场调查基础上进行科学分析，将调查中取得的资料用于对未来变动趋势的预测之中。

由于每个项目均有自身的特点，有特定的服务对象、服务地域，所以市场分析人员在着手进行市场分析之前，必须与项目建设单位一道认真讨论市场分析的范围，然后才能使市场分析做到有的放矢。全面分析要求凡是可能影响企业生产经营活动，影响需求的各种情况都应作为市场分析的内容。企业进行市场研究时，要做全面分析，把握全局。因为有时一些偶然的、不受重视的细微变化及其所引起的连锁反应，也可能给企业带来致命的打击。在全面分析的基础上，企业要对影响本行业本企业的一些主要因素进行重点分析。例如，在进行消费品投资项目的市场分析时，应主要研究该种商品的市场需求状况、社会购买力、可供量状况和竞争状况等。

（三）建立决策责任制度

企业的目标是实现股东权益最大化，投资活动作为企业的盈利来源，对企业的生存与发展具有至关重要的作用。随着全球经济的复苏与国内投资环境的优化，无论是国有企业还是民营企业都加快了投资节奏，而这些投资行为是否合理有效对企业未来的发展有着重要影响。我国大多数企业尚未形成科学规范的投资决策观，缺乏对投资循环内控机制的执行力度，公司的治理结构与决策文化对投资行为缺乏有效约束，导致企业在投资过程中常常出现盲目决策、独断专行、流程混乱等不利现象。

任何投资项目都有失败的风险，建立企业投资决策内控体系的目的就是要尽可能低降低人因风险和防范客观风险。通过企业投资循环流程分析与风险评估的过程，可以发现企业投资决策流程是影响企业决策效率的关键因素。由此可以看出，项目投资决策制度是投资循环内控体系的基础。投资决策制度应包括项目投资决策程序、投资决策授权管理体系、项目决策评价制度以及项目决策监督制度。实事求是，注重对数据资料的分析和运用，不能草率的决定事关重大的投资决策方案。积极推行项目法人责任制，明确其责、权、利。实行谁决策、谁负责的原则，对因违反决策程序，使项目投产后造成严重经济损失的项目负责人，要依法追究其经济法律责任。要奖惩分明，对投资决策的结果要真正实现权责统一，对于成功的投资决策，可采取物质奖励和精神奖励相结合的方式，防止出现害怕决策失误而不决策的现象。

（四）注重决策文化建设

企业在长期的决策过程中会逐渐形成一种独特的决策文化。决策文化作为决策的重要因素，直接影响决策者的价值取向。目前，我国国有企业在形式上按照现代企业制度建立了相对完备的决策机制，但行政化干预较为突出，国有企业决策在某种程度上是一种行政决策。而现代企业制度对决策主体职权、决策过程、责任追究、决策监督等都有明确规定。要保证包括民机企业在内的国有企业决策结果的正确性，仅在形式上建立现代企业制度是不够的，还要在实质上摒弃传统国有企业决策文化中的行政化色彩。国有企业资产属于国家所有，实现国有企业保值增值意义重大。要实现国有企业资产保值增值，应加强对国有企业决策的监督。加强监督工作，首先要加强国有企业决策文化建设，处理好国家、地方、企业法人之间的财产所有权，支配权，经营权之间的关系。

在确定目标、制定方案和形成决策的过程中，决策主体的文化价值观均存在并作用于其中，即使条件相同，在不同的文化作用下，决策的选择也必然不同。决策民主化主要是指针对管理人员决策行为，通过预定的程序、规则和方式，确保决策能广泛吸取各方意见、集中各方智慧、符合企业实际、反映事物发展规律的制度设计和程序安排，主要是由制度设计、程序设定、规则设立、机构设置等有机构成的一个完整体系。科学决策是指决策者为了实现某特定的目标，凭借科学思维，运用科学的理论、方法和技术，系统分析主客观条件，实现最优化决策。

第三节　投资项目分析

一、投资项目分析的重要价值

（一）助力企业决策制定

一个运营良好有效率的资本市场应该具有多层次的特点，能为社会上各种类型、层次的企业提供融资机会，但是像我国这样的发展中国家，由于资本市场发展起步较晚，而且受到各方面因素的制约往往会影响资本市场的运作，尤其是随着我国经济日新月异的发展，越来越多的制度上的革新给资本市场的稳定带来了巨大的挑战，这就会对企业投资决策的有效性产生一定的影响。站在企业的角度来讲，企业属于资本市场的资金需求者，同时也是投资者，而企业的投资行为对企业的经营成果，盈利水平以及战略决策都会产生重要的影响，对于资源配置的效果有着决定性的作用。在市场上众多投资产品中如何选择正确有利的投资组合，实现收益的最大化，就要求企业对能够影响投资决策的各方面因素进行分析。

企业的投资目标有可能多种多样，可能是使已有的资产保值、增值，也有可能是使未来的资产保值、增值，更有可能是使固定亏损的资产亏损最小化，即价值的最大化。企业通过各种投资组合的选择与搭配，根据自身资产拥有的情况与特点，构建符合自身情况的投资方案，通过这个投资方案达到各类社会资源有效流动，有效配置的作用，最终实现资产价值最大化的投资目标。投资决策程序涉及的内容比较多，从投资目标的确立到整个投资行为的结束，中间涉及对投资目标的考察，对自由资源的分析，对投资效果的预期分析，对投资项目的可行性分析以及投资过程中对投资行为的不断调整等都是投资决策的程序。

（二）丰富完善投资估算

投资项目可行性分析是当今社会项目投资实施的重要手段，在投资决策中占有十分重要的地位。随着我国近年来经济的迅速发展，投资项目可行性分析的应用逐渐变得十分广泛。虽然投资项目可行性分析在我国已经有了巨大的发展，但是一些项目的具体分析过程还仅限于参照过去的项目的投资计算方法，而没有采用合理的评估手段进行科学的、合理的和真正有效的投资评估，这主要是因为项目可行性分析是一个大而综合性的系统工程，分析时只是采用手工方式从某一角度展开，没有系统的按相关投资项目可行性研究的计算分析规范进行分析。利用计算机软件分析系统就可以自动地采用相应的分析法从市场、财务风险、项目风险等各角度进行分析，然而利用计算机进行系统分析我国尚未全面开展。因此，用计算机软件对投资项目进行可行性分析具有非常大的发展前景和实用价值。进行项目可行性分析的研究，主要目的是使项目分析者能够从大量的、繁复的数据计算工作中解放出来。使项目分析者将精力放在数据的收集上，方便投资者进行项目分析。如果采用计算机软件对投资项目的可行性进行分析，那么只需输入基本数据，投资估算结果就会自动得出。

（三）提升企业投资效率

企业现行的管理制度决定了经营权代理及其衍生的信息不对称问题将成为影响企业投资效率的关键因素。由于企业管理层与企业所有者、外部投资者等存在着利益冲突，企业管理层可能会出于自身职业发展选择与企业目标相悖的投资决策。而财务报告作为会计信息的载体，所披露的相关信息关系到企业所有者、内部管理层、外部投资者及社会多方的利益，因此想要提高投资效率就必须重视企业会计信息的质量问题。盈余管理指的是企业管理层在不违背企业会计准则的基础上，通过对企业外部财务报告进行有意识的调整或控制，以达到自身利益最大化的行为。在企业持续经营的一个较长周期中，盈余管理并不是改变企业真实的利润情况，而是运用不同会计方法，有意识地改变各个会计期间企业实际盈利的分布状况。目前，有很多实证分析都已经证明，企业的盈余管理活动对投资效率有显著的影响，企业管理层有权力调整盈余管理活动进行投资决策，这可能会导致非效率投资行为的发生。

目前，我国的企业投资决策体系尚不完善，投资过程中随意性较强，因此我国企业应该对投资渠道及其运作进行研究。企业应设立一个投资决策项目小组，该投资项目小组成员应该由领导层、技术人员、市场测评人员、财务核算人员等共同组成，平时无任务时为松散型，有投资项目时可随时转换为紧密型，该组织能够完成从筹备投资项目、实施投资决策再到监督反馈等一系列投资活动。同时，要健全企业投资决策者追责体系，明确面临投资风险下的责任划分。企业在进行投资活动的时候要量力而行，时刻遵循分散化原则，只有建立了科学完善的投资决策制度，考虑到企业长期发展，兼顾多方利益，才能提高企业投资效率。

二、项目投资分析的相关理论

（一）资产组合理论

商业银行资产应在尽量多样化的前提下，根据其收益与风险等因素的不同，决定其资产持有形式，做最适宜的资产组合。例如，任何证券组合都可被看作是一组由可能得到的收益组成的集合，其中每一收益都与未来的某种状态相对应，任何资产结构都能表示为一个由其中的各种资产在不同状态下所得到的收益组成的矩阵。进行资产选择决策，就要把那些具有决定影响的变量筛选出来，通过预测和估算，估算出某一资产结构组合的结果。该理论认为，有些风险与其他证券无关，分散投资对象可以减少个别风险，这种情况下个别公司的信息就显得不太重要。个别风险属于市场风险，而市场风险一般有个别风险和系统风险两种，前者是指围绕着个别公司的风险，是对单个公司投资回报的不确定性；后者指整个经济所生的风险无法由分散投资来减轻。虽然分散投资可以降低个别风险，但是，首先有些风险是与其他或所有证券的风险具有相关性，在风险以相似方式影响市场上的所有证券时，所有证券都会做出类似的反应，因此投资证券组合并不能规避整个系统的风险；其次即使分散投资也未必是投资在数家不同公司的股票上，而是可能分散在股票、债券、房地产等多方面。

资产组合理论一个最重要的概念就是分散投资。分散投资能降低个别风险。分散投资对于股票而言，可以投资不同种类的股票，如指标股、地产股、重工机械股、钢铁股等。这些股票的关联度越低，理论上风险就越低，资产组合就越完善。完善股票的投资融资功能不仅能提高上市企业的盈利能力，而且对于投资者而言，更能促进资产合理配置。股票市场的稳定性，会促进投资者进行长期投资，增加其自信心，减少投机行为。这对于股票市场来说，是很好的良性循环。合理的法律法规及监管制度，是对外部环境的良好保证。法律法规及监管制度，不仅要做到宏观层面的保护，建立有效的信用评价制度，还要做到规范化，适当参考国外的股票市场运作。政府对市场运作要进行适当地引导，排忧解难而不是行政干预。

（二）实物期权理论

传统投资决策评价方法以净现值法、内部收益率法为主，虽使用其估计的净现值较为保守，在一定程度上减少了由于估值而使决策失败的风险，但其对折现率的取值存在一定的主观性，以行业标准为基础的选值不能精确到每一个具体项目，且其认为投资可全资撤回。事实上，高新技术项目的投入不可全资撤回，需要考虑一定的沉没成本。同时，传统方法认为投资不可延迟、否定了分阶段投资。期权，作为一种特定的金融合同，是一种金融衍生工具，分为买入期权与卖出期权两种。买入期权即指赋予期权所有者在行权日以合同约定的行权价购买期权卖出者一定数量的标的资产的权利；卖出期权则指，期权持有者在行权日以合同约定的行权价向卖出期权的做空方出售一定数量的标的资产的权利。实物期权，作为期权的一种，具有期权的性质，同时具有非独占性、非交易性、先占性、相关性等自有特点，适用于投资决策分析中，是金融期权在公司理财领域的一种应用扩展。

实物期权与一般期权存在着共同点，但与金融期权存在着较大的差别。实物期权使持有者可以根据市场状况来对企业的决策进行合理的调整，相对于其他期权而言，更加具有灵活性。投资者要对项目中所包含的期权充分进行了解，对其中的看涨期权和看跌期权等内容有清晰的认识。投资者对于期权有基本的了解以后，还需要对一些期权的执行价格进行基本了解，了解其对应的时间，现有资产的现行价格的变动，从而进行更加合理科学地决策。对于在项目中需要的一些财务数据进行测算，比如基准折现率，项目的计算期、波动率等内容进行测算的时候，要注意进行多次的核对，避免出现一些不必要的问题从而导致企业受到经济损失。在对于整个项目内的一些细节进行价值测算以后，还需要将整个项目的总价值进行计算，使得企业的决策者可以根据相关数据做出更加合理的决策。对于项目内影响实物期权价值的敏感因素进行计算，计算出其敏感系数。将数据和影响的一些因素结合起来进行合理的分析，最终可以对影响总价值大小的因素进行调控。

（三）行为财务理论

行为财务学不仅仅定义为传统财务学的分支，而是以更具有优势的人性思维模型系统取代传统财务学，是在企业财务学传统的理性人假设和有效市场假说的基础上，将人的心理活动行为与财务理论的研究相结合的新兴学科，它是以投资者决策过程中的心理学因素为基础，从人性、心理、情感的角度研究企业财务管理中人的行为活动，从而更加合理地解释了传统财务学无法解释的种种市场特殊情况。行为财务学以心理学为基础，主张运用严格的实验方法研究投资者的性格特点、心理状态及行为方式等主观因素对投资者进行投资决策时的影响。人的知识、经验及对客观世界的感知能力和程度影响人的行为，投资者在进行投资决策时受到智力、信息、情绪、时间压力甚至外界环境等各种因素影响，会导致自身认知偏差，造成了行为和心理的不协调，从而无法像传统财务理论一样，在理性权衡风险与收益之后做出以效用最大化为目标的最优决策选择。

过度自信是指人们对自我认识存在过高估计，对做出的判断和决策表现出高于客观事实的自我认同。企业管理者过度自信表现在投资机会的选择和企业现金流使用的敏感度选择上。从投资机会来看，投资者的过度自信会导致投资者在进行投资项目选择时盲目乐观，大胆冒险，方法激进，倾向于投资收益较高但是风险不容忽视的项目，同时投资者由于过于乐观，在进行项目综合风险收益评估时会过分高估收益，同时过分低估风险。后悔厌恶是个体认识到本该做的更好但却将事情做得很糟时而感到的厌恶及痛苦情绪，是没有做出正确决策时的情绪体验，为避免这种痛苦，投资会做出非理性行为来逃避损失的即时出现。受后悔厌恶的影响，投资者面对已经过份消耗且不宜追加投入的项目，会出现非理性抉择，倾向于继续投资，力图推迟损失的到来及后悔产生，然后往往由此导致更大程度的损失甚至破产。心理账户是指人们往往在心理上把具有相等价值的财富或收益视为不同等级的财富或收益，并将其划归为不同的户头，有着不同的心理预期，进行不同的心理管理。心理账户的存在影响人们以不同的心态面对收益与成本，从而影响其决策行为。

（四）委托代理理论

众所周知，企业想要获得良好的发展并获取更多的盈利和更好的经营绩效，离不开企业的投资行为，作为企业财务行为中十分重要的一项内容，它与企业的发展成长息息相关，也决定着社会资源的配置效率。但与此同时，由于客观条件的限制或投资决策者错误的判断等诸多因素，有些投资行为也会给企业带来损失和风险，即企业会发生非效率投资行为，包括投资过度和投资不足。在现代公司制度下，企业所有权和经营权的分离在带来很多正面效应的同时也不可避免地产生了一定的负面效应，最主要的负面效应就是产生了委托代理冲突，这些委托代理冲突对投资行为产生的影响就是非效率投资。企业的委托代理理论认为，构成企业的各利益相关主体之间形成委托代理关系，由于不同的利益相关者之间的信息不对称、契约的不完备以及委托和代理双方行为的目标不一致，形成了委托代理关系中委托人和代理人之间的利益冲突，从而出现代理成本。

当企业内部存在大量自由现金流时，企业本身就存在着强大的过度投资的动力。经理层作为企业的管理者，为了追求自身利益的最大化、从扩大企业规模过程中获得自身收入的增加及地位的提高等，有可能会做出非理性选择。在企业存在剩余资金的情况下，经理层有动机进行过度投资，即明知一些项目的净现值为负，依然进行投资。企业的经理层为了迅速建立和提高自己的声望和名誉，可能会过分追求企业的短期效益，在投资时偏向于选择收益并不高但是可以短期获利的项目，而放弃更符合股东利益的净现值大的长期投资，或者管理者为了避免自己承担投资风险产生的失败后果，放弃一些本来可以投资的项目，造成企业的投资不足。如果企业的资本结构中负债比例较大，股东就有强烈的动机去投资看起来风险很大的项目，这些项目成功的概率并不大，但是一旦成功就可以为企业带来丰厚的回报。

第四节 投资风险把控

一、企业投资风险的主要来源

（一）市场风险

消费者的购买决策是一种选择行为，而消费者的选择行为又直接受到其消费偏好及其他多种因素的影响，如商品的价格，不同商品的比价，商品的质量及不同商品之间的比较质量、广告宣传、流行趋势等。由于消费者的需求偏好处于不断变化之中，使消费者对某企业的商品需求发生变化，因而可能会导致企业的市场风险。随着市场经济的发展与完善，市场竞争的程度日益加剧。企业不仅面临原有竞争对手的竞争压力，而且面临潜在竞争对手的威胁。目前市场竞争表现出一种趋势，由单纯的价格竞争转向价格竞争和非价格竞争并存。单纯的价格竞争与非价格竞争相比，企业的价格竞争可以在市场中充分表现出来，容易被其他企业察觉，而非价格竞争与价格竞争相比则较为隐蔽，如企业改进质量、开发新产品、降低成本则不易被其他企业察觉，使对手企业防不胜防。当一家企业采取价格竞争手段参与市场竞争时，其他企业可以在很短的时间内做出价格反应来回击，而当一家企业采取非价格竞争手段时，其他企业若要有针对性地采取非价格竞争手段，则需要较长时间的孕育、准备和积累，其时效性较差，容易处于被动状态。因此，非价格竞争相对于价格竞争，对企业更具有风险性。

市场风险是中小型企业风险投资所面临的最主要的风险，也是中小型企业最难把控的风险。中小型企业在生产经营时就会由于供大于求而造成产品冗余，而对于剩余的产品，中小型企业并没有相应的产业链进行产品的再加工，以我国江浙地区的棉花产业来说，虽然也有较多的大型棉花生产厂，但也不乏以家庭为单位的小农产业，这些较小的企业无法与大企业抗衡，如果将希望寄托给市场，那么这就属于一种风险投资，至于是从市场中获利还是成为市场的牺牲品，其结果往往不可预测，但从瞬息变幻的市场角度来说，这种投资显然是弊大于利，以家庭为单位的小企业没有足够的生产规模，没有专业的人士对市场进行分析，更没有大量的资金规模进行流动，一旦市场萎缩，加之原材料成本上升或是劳动力成本上升都会对小企业造成打击，对于市场的拓展，小企业也缺乏话语权，企业的风险投资成本将大大上升，市场风险对于小企业的影响是不可估量的。

（二）政策风险

政策风险是指国家宏观调控的经济政策，也指由于政策变化所给中小型企业带来的风险，由于我国特殊的国情，为保证我国的经济发展，社会稳定，国家经常会出台一些带动经济发展的政策，然而在政策调整的过程中，为顾全大局就难免会伤害到中小型企业的利益，因此在政策支持方面，中小型企业很难得到政策支持。例如，我国的一些小型轮胎加工厂，因为在生产过程中未考虑到国家对于环境污染的严格把控，因而被政府勒令停止生产，这些中小型企业通常是处于起步阶段，对于环境污染的处理技术还不成熟，但是由于政策原因，这些企业通常还未壮大就被扼杀了，中小型企业的投资往往会为了迎合政策而忽略市场导向，为了完成政策指标，有些企业甚至是入不敷出，这样的投资显然是不合理的，将投资压在政策身上，会导致很多中小型企业没有规划，跟随政策，而政策往往也滞后于市场，这就增大了企业投资的风险。

国家政策、法规的变动也是造成企业风险的主要因素。例如，政府通过产业政策来鼓励某些产业的发展，如通过优惠信贷、减免税、出口补贴、消费信贷等政策措施来扶植某些行业，而随着产业结构的变化以及政府的产业战略重点的转移，对原来属于鼓励发展的行业可能会取消优惠而使这些行业的厂家遭遇风险。而政府采取措施限制某些行业的发展，也会给企业带来风险。并且政府的反垄断、反价格歧视、反不正当竞争法规以及知识产权保护的法规，虽然是维护公平竞争的合理手段，但是也给某些企业也带来了一定的风险。此外，国家的国际贸易政策的变化，如关税的降低，将给国内企业带来价格竞争的风险。国家为了保持国民经济持续、稳定的发展，需采用财政政策、货币政策来对宏观经济进行调控，当经济发展过猛、需求过旺时，政府将提高税收、提高利率、减少补贴来抑制总需求，从而对企业的投资和销售带来一定的影响。

（三）经营风险

企业风险往往与企业受益之间呈现出正相关的关系，财务收入的增加往往伴随着财务风险的增加。企业财务风险主要是指企业在筹资、融资以及决策过程中，因对财务风险判断的失误而导致企业债务偿还能力下降使企业不能按照预期完成相应的财务收入。企业决策者在决策过程中要尽最大努力搜集信息、分析数据，企业也应建立相应的财务预警系统，努力把风险降到最低。经营风险具体所指的是，企业在生产、运营、管理工作当中，受各种内、外因素影响，致使企业的经营和盈利发生变动的风险。这是企业在市场环境条件下，非常容易遇到的风险之一，如外部的市场需求改变、政策变化、行业调整、成本升高以及内部的生产计划、发展战略等，均有可能是使企业出现经营风险的因素。

负债比率的增加也意味着权益资本的增加，与此同时风险也随之增加，企业在固定时间之内需要偿还的本金和利息的金额也随之水涨船高，一旦发生意外状况，企业将面临财务危机。因而在企业筹资的过程中，要权衡负债资本和权益资本之间的比率，做出最佳决策。企业运营资金的风险存在于诸多领域，比较集中的如企业存货、企业应收账款。企业存货的主要风险是指资金周转率低，占用资金在市场经济的浮动之下产生贬值的风险会直接造成企业的损失。企业应收账款风险是企业面临应收账款难以收回的风险，这方面的原因一是企业对于市场了解程度低，二是对于企业客户的了解不够深入。企业资金运营风险地避免，主要通过加强对于市场动态的了解，以及对于相关工作人员工作行为的规范来实现。

（四）管理风险

管理风险是指企业由于管理漏洞和治理结构不健全而产生的一种管理性的风险投资。管理风险通常是导致我国中小型企业难以生存的普遍原因，这是由于中小型企业会因为刚起步较为困难在企业管理中往往使用家族成员，这就导致产权结构较为单一，并且在管理的过程中长辈的话语权分量较重，组织机构较为频繁地变动，私人感情利用比较普遍，并且在决策体系中，经常会出现只看到眼前形势，满足于现状的管理模式，而忽略内部机构的漏洞，企业内部很少有相互制约的机制，导致其管理层较为混乱，内部控制较弱，并且管理者很少注重无形资产，只考虑企业的短期利益，对于品牌效应和企业文化很少进行重视，这些都将会导致一个企业慢慢退出市场。

现行企业组织模式下，企业管理审计委员会与企业其他部门在职能上存在交叉和冲突，管理审计的独立性未得到充分体现。在一些企业中，由于存在双重领导模式管理，造成企业管理审计的有效性和独立性得不到保障，无法形成标准化的管理、监督、反馈机制，不利于企业风险管理体系的形成。同时，目前企业审计工作的领导层次相对较低，当管理审计部门通过对企业管理活动、经济活动、内部控制等各个方面进行审计后，形成的审计结论无法在第一时间反馈给最高管理层，且相关审计决定的执行存在困难。同时，在审计工作开展中，无法拓展审计工作范围，局限于财务审计、内部控制审计等层面，无法全面对企业领导层和监事会的相关经营活动与投资行为所执行的决策进行有力的监督，管理审计的重要作用未得到充分的发挥。这些问题的存在不利于企业风险评估和控制管理的形成，成为阻碍企业发展的不利因素。

二、企业投资风险的把控策略

（一）明确法律主体关系

企业的生产经营活动能够为国民经济的增长做出重要贡献，经济利润和经济效益显著，但是企业在经营活动中也会出现各种不同的风险问题，而国家法律也有相应的规定章程。企业的法律事务与国家的法律法规之间具有相通的部分，二者的关系密切，企业法律事务处理中依照的企业制度，是根据国家法律而来，法律事务处理是在法律允许的范围内进行的，而国家法律中对于经济领域的企业生产、企业组织和企业经营有明确的规定。我国是法治国家，企业作为经济活动的重要组成部分，既要受到法律的保护，也要接受法律的约束，企业的各项生产经营活动均要在法律范围内进行，要求符合相应的规章制度。

企业要根据市场调查对生产计划进行调整，对于经营合作中遇到的风险性问题，则需要企业依据法律条例进行处理。若企业在经营风险中的合理权益受到损害，要使用法律武器进行自我保护，挽救经济损失，对于经营中遇到的纠纷问题，也要根据法律制度确定权责，在调解、诉讼、协商和仲裁中解决问题。从这一点来看，企业重视并做好法律事务工作，能够在内部加强法律知识的宣传，工作人员在处理对外事务时，也要按规章制度办事，并在学习和应用法律知识的过程中，不断提高自己的法律意识。法律事务工作的实施对于促进法律宣传、让员工自觉遵守法律具有重要作用，可以降低因法律缺失给企业经营带来不必要的风险性问题。

（二）进行风险分散转移

风险分散主要是通过投资组合来实现的，即结合企业的自身条件和外部环境的要求，选择几种不同的投资项目或产品方向，从整体上加以调整优化，进行组合式投资，这样即使在某个项目上遭到失败，但只要在其他项目上取得成功，企业仍可以获取较高的投资报酬，同时也可以弥补失败项目的市场损失。风险的财务转移，即风险发生的地点没有发生变化，只是风险发生后所产生损失的财务承担主体发生了变化。例如，企业对新产品质量进行投保，一旦风险发生，则风险的直接相关主体没有发生变化，仍然是企业为直接相关主体，但对消费者风险损失的赔偿主体发生了变化，在投保前风险损失的赔偿主体是企业，而在投保后风险损失便转由保险公司来负责赔偿。风险的实质性转移，即风险的直接相关主体和风险损失的赔偿主体均发生了变化。例如，一家新建的企业生产一种新产品，由于没有销售渠道，同时缺乏维修能力，因而该企业与另一企业签订协议，由后者承包产品的销售以及相关的售后服务工作，因此一旦出现产品故障，则维修工作及其相关费用均由承包企业来承担，即风险的直接相关主体和损失承担主体由新建企业向承包企业进行了转移。

企业筹资、经营过程中要注意对风险的先期防范，以风险分散的策略控制财务风险和经营风险的扩大与积累。企业应该在财务与经营活动中选择财务杠杆小、风险水平低的项目，通过重新结构形成财务和经营投资的新形势，采用多元化、系统化和差异化的方式控制企业财务风险和经营风险，做到风险的有效分散，提升企业财务风险和经营风险的控制能力与水平。同时，在企业财务工作和经营活动中，应该通过保险、融资、债权等形式将企业财务风险和经营风险进行证券化处理，通过与专业金融组织的合作，将企业财务风险和经营风险转移出去，通过规范的运作将企业财务风险和经营风险转化为企业经营和生产的能力，在控制和转移企业财务风险和经营风险的同时，为企业的进一步发展提供经济基础。

（三）重视审计管理职能

单独设立企业管理审计机构。审计机构的独立性是审计工作得以顺利、高效开展的重要前提。通过设立独立的企业管理审计机构，摆正企业员工对审计工作的认识和态度，使企业员工认识到管理审计是公司治理的有效途径，是促进企业经营管理目标实现的重要保障。完善审计相关法律法规，明确管理审计的重要地位。企业管理审计是否在企业内部管理、风险管理中居于重要地位，将直接影响企业管理审计工作的开展。同时，避免审计部门与其他部门的职能交叉，提升企业管理审计的领导层次，实现对企业管理活动、经济活动、内部控制的全方位审计和有利监督，确保管理审计在风险管理中作用的发挥。

企业要注重管理审计与风险管理的融合，确保企业风险管理工作的稳定开展，对风险管理实现客观评估，对风险管理工作开展提供支撑和引导。具体而言，一方面应增强企业管理层对管理审计融入风险管理工作的关注度，重视企业管理审计作用的有效发挥，例如放宽管理审计部门的职责范围，使管理设计部门得以全面地参与到企业的风险管理之中；另一方面应积极学习和引入成功企业的经验和方式，充分结合本企业的实际情况，对企业管理审计职责予以优化，实现企业管理审计与风险管理工作的融合，从而有效地防范企业风险发生。

（四）增强预算管理力度

通过科学、合理的预算管理，可以帮助企业有效地控制财务风险，同时给企业的经营风险控制带来积极的影响。从长期的实践来看，企业预算管理对于企业发展目标的实现以及推动企业平稳、高效发展方面具有不可替代的作用。因此，企业需要加大预算管理的宣传力度，使企业内部的所有部门和员工能够完全参与到预算管理工作中。企业需要进一步强化员工的预算管理意识，同时还需要加强对员工业务能力的培训。在实施预算管理的过程中，需要制定科学合理的监督机制，对预算执行的差异情况进行定期分析。另外，企业还需要建立科学的绩效考核体系，对企业内部的各个部门和员工开展预算管理工作的情况进行定期考核，根据考核结果实施相应的奖惩措施，从而激励员工积极参与预算管理工作。

企业还要优化企业预算管理制度，并建立完善的预算管理监督激励机制。预算管理制度是保证企业预算管理工作顺利开展的基础，企业需要结合自身生产经营实际情况制定合理的预算管理制度，对财务预算管理的具体原则、权责等方面的内容进行详细规定。并且企业需要制定科学的预算管理流程，确保预算管理工作的各个环节能够相互衔接，提高预算管理工作的执行效率。

企业需要建立完善的监督考核机制，从而激发员工参与预算管理工作的积极性，并定期开展培训工作，对员工展开专业素质、职业道德素质方面的培养，确保企业的长期平稳发展。另外，企业内部各个部门需要不断提升预算管理意识，积极参与其中，从而实现全面的预算管理，促进企业绩效的进一步提升。

（五）实施有效管理沟通

有效管理是指企业决策者自身的决策力度和决策的正确性。在众多中小型企业中，创始人大多是靠一己之力在市场上打拼，从而让企业成长壮大的，企业主往往对自己的决策过于盲目自信，甚至在有些家族企业会出现家长制决策，这样的决策制度显然弊端很大，因此在企业的决策中，要建立完善有效的企业制衡机制，进行有效的企业管理，任何一项决策都要通过企业相关人员的同意，并且在企业管理中要尽量避免因为血缘关系而出现管理层抱团的现象，这对一个企业的发展是相当不利的，因此中小型企业要进行合理有效的管理。

当下的经济环境比较复杂，企业在做大做强的道路上忽视了有效管理沟通的重要意义，导致出现了组织内部结构混乱，员工的思路与企业发展规划相矛盾等严重问题，进而使企业对于自身和市场的把控更加困难。为了解决这些问题，企业应该重新审视自身的文化价值，透过有效沟通来达到企业良性发展的目的。有效管理沟通是指企业或是公司领导人在影响管理沟通的几个方面，为了克服管理沟通中的障碍，必须使用的某些技术和方法，但克服某些典型障碍的具体策略还要靠实际情况的分析。管理沟通中的每个环节、每个阶段都存在干扰因素，管理人员要用有效沟通管理策略解决沟通中存在的问题，从而能顺利实现有效沟通。

第七章　纳税管理

　　企业集团是一种特殊的公司组织形式，其独具特点，这些特征给企业集团带来了更多的纳税管理方式和空间。我国相关税法中对企业集团的纳税问题做出了诸多明确规定，但是企业集团的纳税管理空间仍然很大。企业集团进行纳税管理能够帮助企业在税法规定的范围内进行合理筹划，不仅能够降低企业的税收负担，更能够帮助企业集团将更多的资金应用到生产经营中，为企业集团扩大规模、提升价值奠定基础。近年来，随着我国税制改革的不断深入，我国的整体税收制度逐步完善，税收管理更趋于成熟，就目前我国税法中的相关规定来看，很多方面为企业集团提供了在法律规定的合理范围内的节税空间。随着企业集团的逐渐发展，越来越多的企业集团将涉税风险管理及纳税筹划提升到企业集团的战略管理高度，加强涉税风险管理、合理纳税筹划在企业发展中的重要作用逐渐凸显出来。

　　从经济性角度分析，企业纳税管理主要任务就是使得企业尽最大努力节约税收成本，使得税收支出缩减到最低。根据调查归纳可知，我国企业纳税成本支出主要包括按照国家规定必须上缴的税金，还有与之相关的人力物力财力，那么由于纳税管理出现失误而导致的税收支出是有关工作人员主要考虑到两个方面，一方面是企业未按照我国相关税收法律法规，定期定时缴纳税金，有意或者是无意的偷逃税金等一系列的不正确纳税行为从而使其受到了主管税务机关的罚款，补交税费并且还要缴纳相应的滞纳金，这一经济性的支出是企业没有做好纳税管理的显性税收支出；另一个方面主要是企业应该享受国家相关的税收优惠政策，但是由于自身纳税管理水平比较低而没有享受，给企业造成了税收支出的隐形成本。做好企业纳税管理工作，将能很好地避免上述两种不必要的税收成本支出，企业通过建立相应的纳税管理体系和风险控制系统不但会提高企业内部管理水平，还能够提高企业对外部风险的防控能力。

第一节　纳税概述

一、纳税的相关概念

（一）纳税管理

企业纳税管理是指企业对涉税业务和纳税事务所实施的研究和分析、计划和筹划、处理和监控、协调和沟通、预测和报告的全过程管理行为。纳税筹划的目的不单纯以节税为筹划的最终目标，而是进一步与企业经营活动融合后，将纳税筹划作为一种手段为企业纳入整个企业经营活动中，为经营活动的总的目标服务。因此，纳税管理是贯穿于财务管理的各个组成部分，成为现代财务管理的重要内容。纳税管理是企业以税收管理法及其有关规定为依据，按其自身生产经营及纳税义务情况，进行自我控制和监督等的管理活动，是企业纳税活动的一项重要内容。通过纳税管理，既可以较好地贯彻执行税收政策和征收管理法令，保证国家税款的及时足额入库，又可以促使企业自觉地履行纳税义务，维护其自身的经济权益。

企业对自身纳税管理活动中所涉及的税收法律法规及其他经济政策法规要进行系统的收集、整理与分析，有助于提高企业对税法及相关法律法规的理解和认识，纠正过去纳税中存在的错误行为，正确处理未来生产经营活动中出现的涉税问题，从基础环节上促进企业对纳税风险的防范与纳税成本的控制。虽然我国税收法律法规具有相对的稳定性，但是随着社会主义市场经济的发展、社会技术的进步和社会经济改革的深入，税收法律法规会有一些调整与修改，以适应经济环境的改变和未来社会的发展。这些宏观政策的调整与修改会对企业生产经营活动及其纳税策略、纳税方案产生影响。

（二）纳税筹划

在纳税管理的各个环节中，纳税筹划尤为重要。所谓纳税筹划是指纳税行为发生之前，在不违反税法及相关法律法规的前提下，通过对企业的投资、筹资、营运及分配等涉税业务进行策划，制作一整套完整的纳税操作方案，从而达到节税的目的。其具有目的性、合法性、计划性、积极性、整体性的特征。为了提高企业的财务管理水平，需要充分发挥企业的竞争优势，对纳税筹划过程进行严格管理和监督，促进纳税筹划工作的顺利进行。在新时期下需要强化财务管理，在管理中认识到纳税筹划的重要性，在复杂的形势中发挥纳税筹划的有效性，加强财务管理，最终给企业创造更大的经济效益。积极发挥纳税筹划的作用，提高对财务管理工作的认识，给员工创造一个和谐、良好的内部环境，提高员工的主动性，从而给企业带来更大的利润空间，在财务管理中积极探讨纳税筹划的重要作用，在规定允许的范围内，选用最佳的纳税方案，促进了企业融资，有效提高财务部门人员的纳税意识，大大提升企业的财务管理水平。

纳税筹划指的是通过对涉税业务进行筹划，从而编写出一套行之有效的纳税操作方案，并以此方式达到节税的目的。纳税筹划起源于西方，税务专家为纳税人提供税务咨询，如今已成为一种成熟的、稳定的行业。纳税筹划行为的关键是经济效益驱动，通过对集体企业、国有企业调查发现，纳税筹划需要及时满足生产经营的要求，帮助企业减轻税负，在收入不变的情况下，可以有效减少企业的费用成本，给企业创造更大的经济效益。在现代企业的财务管理中，纳税筹划是主要内容，在日常工作中需要根据国家税收政策来开展纳税筹划工作，积极配合财务管理工作，以财务管理利益为主，在纳税筹划中，给企业创造更大的经济效益，实现财务管理模式创新。

（三）纳税申报

纳税申报是指纳税人按照税法规定的期限和内容向税务机关提交有关纳税事项书面报告的法律行为，是纳税人履行纳税义务、承担法律责任的主要依据，是税务机关税收管理信息的主要来源和税务管理的一项重要制度。纳税人和扣缴义务人的纳税申报、代扣代缴或者代收代缴税款报告表的主要内容包括税种，税目，应纳税项目或者应代扣代缴、代收代缴税款项目，适用税率或者单位税额、计税依据、扣除项目及标准，应纳税额或者应代扣代缴、代收代缴税额、税款所属期限等。纳税申报是指纳税人、扣缴义务人在发生法定纳税义务后，按照税法或税务机关相关行政法规所规定的内容，在申报期限内，以书面形式向主管税务机关提交的有关纳税事项及应缴税款的法律行为。

纳税人必须依照法律、行政法规规定或者税务机关依照法律、行政法规规定确定的申报期限和申报内容如实办理纳税申报，报送纳税申报表、财务会计报表以及税务机关根据实际需要要求纳税人报送的其他纳税资料。扣缴义务人必须依照法律、行政法规规定或者税务机关依照法律、行政法规的规定确定的申报期限和申报内容如实报送代扣代缴、代收代缴税款报告表以及税务机关根据实际需要要求扣缴义务人报送的其他有关资料。纳税人、扣缴义务人可以直接到税务机关办理纳税申报或者报送代扣代缴、代收代缴税款报告表，也可以按照规定采取邮寄、数据电文或者其他方式办理上述申报、报送事项。

二、纳税管理的现存问题

（一）纳税管理观念淡漠

企业涉税事项是重要的经营业务之一，是任何企业避不开也绕不过的重要经济事项但是由于我国税政事项发展历史制约，一些企业经营管理者并没有认识到税务管理对于企业的重要意义，也没有安排专业人员负责涉税事宜，对于企业税务关系最多就是关心一下相关税负，而关系到重大税负事项时，企业管理者往往想着采用一些不正确的行为以降低企业税负，没有认识到纳税是企业的重要义务，也没有考虑到税务风险对于企业未来长远发展的影响，由于企业自上而下对纳税管理不够重视，也导致具体税务经办人员不仔细进行业务办理，不注意涉税风险的控制，由于工作失误，造成的企业税金浪费也没有及时对其进行惩处，这样整个企业的纳税管理氛围非常不利于企业的正常运营。部分企业在经营计划中对纳税工作未做适当安排与筹划，只在经营过程完成后，被动处理纳税事项。企业管理层未提出明确的管理目标，企业无纳税工作处理的制度安排，对为企业节约纳税成本无奖励，对因工作失误多纳税，增加现金支出的行为无惩处。造成涉税人员工作缺少动力，没有积极性，被动应对。

（二）缺乏税收统筹策划

企业集团进行纳税管理的主要目的就是实现企业合理筹划纳税、减轻税收负担、降低涉税风险，这也是企业集团财务管理中的核心内容之一，完善的纳税筹划将为企业集团带来现金流出的减少、企业收益的增加。企业集团的纳税管理工作体现在企业的投资、经营运作、项目选择等不同的环节，渗透到企业集团的每一个经营活动中。但是，很多企业集团在纳税管理方面缺乏统筹性安排，各子公司只关注自身利益，总部也未站在集团层面进行全面规划，从整体的、系统的、全局的高度来看待下属各子公司的税收环境、财务状况。例如，某集团主要产品的销售具有明显的季节性特点，下属的营销子公司在销售季度未到时，就将产品从集团生产子公司购进，这将会造成生产子公司缴纳的增值税和销项税在转变为营销子公司进项税后，至销售季节到来前一直处于留抵状态，从集团而言在销售季节到来前均属提前缴税，增加了集团的资金占用量与占用成本。

（三）纳税管理人才短缺

随着知识经济时代的到来，人才的培养与发展已经成为企业的核心竞争力。企业集团必须充分挖掘企业内部的人力资源，并对其进行培养。纳税管理是一项政策性强、知识性强、理论性强的工作，要求相关人员不仅要具备多学科的专业知识，还必须熟知国家的税收法律和政策。但是，目前我国企业集团中在各子公司的人员配备、人员管理等方面更新换代速度慢，人员能力跟不上企业变化的要求，财务核算不能真实反映出企业集团的财务状况、经营状况，导致子公司的财务会计信息失真，集团公司无法及时了解并掌握各子公司的财务动态状况，更无法以核算结果为基础来进行纳税管理。

目前，在我国很多企业中，并没有设立专业的税务会计岗位，财务会计把企业的会计工作全部承担，在涉税事项的管理上，企业财务人员水平有限，影响了企业的纳税管理质量。在经济转型期，国家也完善、出台了若干税务法规制度，以及对于企业特别是中小型企业的税收优惠政策，但是由于企业环境、人员意识等方面的原因，企业有关人员没有对其进行钻研与学习，导致企业无意中违反了国家的税收法规，同时由于不了解、不清楚相关的涉税优惠政策，也使企业在税务工作方面走了许多弯路，企业虽然注重员工业务知识、专业技能的学习，但对于财税方面的培训明显重视不够，企业通常不会安排财税人员专门进行专项、长期的涉税培训，财务人员由于工作繁重也很少能抽出时间去进行专项的培训与学习，导致了企业在税务理论方面缺乏必要的经济与精力投入，因此在涉税事项的管理上，企业纳税管理人员的处理水平还比较有限。

（四）部门沟通协调不力

无论企业大小，所处的行业和环境，其纳税管理都需要和当局税务机关进行沟通、协调但是通过有关部门的观察发现，部分企业纳税管理人员根本不考虑主管税务机关的看法，只是在企业内部进行一系列的税收筹划，但是往往到最后都不能通过税务机关的要求，前期的纳税管理工作也都不了了之，不但没有为企业节约纳税成本，相反却花费了大量的人力物力，编写出了一整套不合时宜的方案。在企业纳税管理过程中与主管税务机关的沟通不及时还体现在当企业出现纳税困难或者报税问题时，不能够及时的和税务机关进行沟通，导致了企业在纳税时的被动，更严重的企业还要支付罚款和滞纳金。

第二节　企业组建与纳税管理

一、企业组建的要素

（一）企业设立人数

在企业设立人数方面，主要问题在于基于企业的人合性或契约性对企业人数的限制随着一人企业的出现而被突破，凸现企业法中传统理念与现实的矛盾，以及《企业法》受到经济发展变化的影响而不得已进行变化的现实。一人企业，也称独资企业，是指由一名股东承担企业的全部出资或持有所有股份的有限责任企业或股份有限企业。一人企业可以从形式意义上来确定，也可以从实质意义上来考察，实质意义上一人企业是指形式上看企业的股东为复数，但实质上只有一人为企业真正的股东，其余股东仅为满足法律上对企业股东最低人数的要求而持有一定股份的挂名股东。不管各国企业法是否承认一人企业，实质意义的一人企业在世界各国早已普遍存在。

在一人企业中，通常是一人股东自任董事、经理并实际控制企业，复数股东之间和企业内部三大机构之间的相互制衡都不复存在。于是，一人股东可以混同企业财产和股东财产，将企业财产挪作私用，给个人支付巨额报酬，同企业进行自我交易，以企业名义为其担保或借贷，甚至行欺诈之事逃避法定义务、契约义务或侵权责任等。这诸多的混同易使企业相对人难以搞清与之交易的对象是企业还是股东个人，而在有限责任的庇护下，即使企业财产有名无实，一人股东仍可隐藏在企业面纱的背后而不受企业债权人或其他相对人的追究，使企业债权人或相对人承担了过大的风险。很显然，一人企业的弊害实则是对企业法人制度中原本确立的利益平衡体系的一种破坏，对有限责任制度的合理性构成了威胁，并严重地背离了法律的公平正义价值目标。因此，世界各国早期的企业立法，大都对形式意义的一人企业进行了禁止性规定，甚至强调企业设立后于运营中，若因各种原因导致企业股东仅剩一人时，企业应立即解散，以严格恪守企业设立的条件。

从经济分析角度，作为一种简洁高效的企业组织形态，有限责任企业具有显著的凝聚社会资金、促进经济发展的作用，政府和法律应努力让更多的民事主体和民间资本能够有机会参与设立有限责任企业，而不是人为设置障碍阻碍经济发展。当高科技、高风险的新兴行业如通讯、网络、电子计算机、生物工程等不断兴起之时，进入这些领域的企业能否在竞争中取胜，主要依赖于高素质的人才，高新技术的先进程度和投资机会的准确把握，而非资本的多寡及规模的大小，一人企业正是中、小规模投资可采取的最佳组织形式。

（二）企业设立资本

企业是为社会创造财富的，从促进社会经济发展的角度看，应当鼓励设立企业，减少企业设立的成本。但是，另一方面企业的运作需要基本的物质条件，企业的交易涉及债权人的利益，如果企业设立成本过低，则可能导致企业数量泛滥，使企业信用缺失，债权人利益无法得到保护，并加大社会的监督成本。因此，为了保证企业的基本运行，防止股东滥用企业人格和有限责任保护，保护债权人的利益，有必要规定法定最低资本制度。达到一定的注册资本，只能说明企业具备了一定的物质基础，并不能保证企业一定经营得法。决定一个企业经营好坏的因素很多，有市场的因素、产品的因素、经营管理水平的因素等，有的企业虽然注册资本不高，但企业经营状况很好，有的企业注册资本不低，但企业经营状况不好。由于企业成立后，注册资本是可以转移的，因此注册资本不具有担保的作用。有的企业注册资本很高，但后来由于经营不善，发生亏损，债权人的利益也很难得到保障。

法定资本制指企业设立时，其资本总额应在企业章程中确定，并由股东全部认足，否则企业不能成立。法定资本制的优点是全部注册资本落实到人，因此可以保证企业资本真实、可靠，防止企业设立中的欺诈和投机行为，以有效地保障债权人和交易安全。但是，其缺点是加大了企业设立的难度，尤其是使需要巨额资本的大企业的成立相当困难，阻碍了企业制度的发展。在企业成立初期，往往营业规模较小，需要投入营运的资本量有限，故可能导致筹集到的资本的闲置和浪费。每次增减资本均需召集股东会修改章程，不仅增加了集资成本，也使董事、经理难以利用商业机会做出有利于企业的决策，与商品经济对企业决策高效快捷的要求格格不入。授权资本指在企业设立时，资本总额应记载于企业章程，但并不要求发起人全部认定，股东首次只认定并缴付资本总额中的一部分，企业即可成立，未认定部分，授权董事会根据需要随时发行新股募集。因为未认定部分已在章程中记载的资本总额之内，所以再行募集时，无须变更章程，也不必履行增资程序。授权资本制，并不要求发起人全部认定企业注册资本，具有便于企业迅速成立的优点。

（三）企业设立章程

企业章程，是指企业依法制定的，规定企业名称、住所、经营范围、经营管理制度等重大事项的基本文件，也是企业必备的规定企业组织及活动基本规则的书面文件。企业章程是股东共同一致的意愿表示，载明了企业组织和活动的基本准则，是企业的宪章。企业章程具有法定性、真实性、自治性和公开性的基本特征。企业章程是确定企业权利、义务关系的基本法律文件。企业章程一经有关部门批准即对外产生法律效力。企业依章程享有各项权利，并承担各项义务，符合企业章程的行为受国家法律保护，违反章程的行为，就要受到干预和制裁。企业章程是企业实行内部管理和对外进行经济交往的基本法律依据。企业章程规定了企业组织和活动的原则及细则，它是企业内外活动的基本准则。其规定的股东的权利义务和确立的内部管理体制，是企业对内进行管理的依据。

从企业章程的效力来看，将章程视为一份契约，充分表达了当事人的意思自治，能够更好地解释企业与股东、股东与股东之间的权利义务关系，从而为企业处理内部问题提供理论依据。但契约说本身存在缺陷，契约说认为章程是股东合意的结果，那么企业章程的制定和修改也应该是股东的合意。然而，从企业法的规定来看，章程不仅适用于设立企业时的成员，而且对没有参与章程制定和表决的后续加入的股东也产生效力，修改企业章程奉行的是资本多数决原则，只需占表决权多数的股东同意即可通过对章程的修改，那些未表决或不赞同修改的股东虽未达成意思的一致，但新章程仍然对他们产生拘束效力。企业章程中对企业机关做出规定的条款都可被视为企业的自治法规。在章程的效力上，章程由于具有法规性，无论是制定章程的发起人还是后加入的股东以及企业机关都要受到章程的约束，社团的权利得以行使，义务得以履行。美籍法学教授凯尔森把章程称为仅次于国家法律的社团法律，这也阐明了社团章程是社团的自治法。因而，自治法的普遍约束力的特性能克服合同理论的一些不足。企业章程的效力从根本上来说来源于股东之间达成的合意。按照我国《企业法》的规定，有限企业的章程需要经过所有股东的一致通过，股份有限企业的则需要在成立大会上按照程序由多数股东通过，这些都是股东合意的体现。

（四）企业设立登记

企业是现代社会最活跃、最重要的市场主体。企业设立登记制度属于民商法，属于私法范畴，但是由于我国的企业设立登记机关是工商管理部门，又涉及行政法、经济法的范畴，具有公法的性质，对设立登记制度的价值取向，设立登记的审查制度和瑕疵登记制度的研究涉及了法人理论、行政行为理论、民事责任理论等，对这些理论的研究和探讨是十分必要的，有利于解决企业设立登记的理论问题。企业设立登记是企业成为法人主体进行市场交易的必要程序，其中的有关制度像一根很敏感的神经，连接着整个企业制度以及和企业有关的诉讼制度，关系着今后企业的成长和市场交易的秩序和安全。企业登记是申请人根据法律的要求提交相关的材料，从而得到法律对其作为市场经济主体的资格确认，由此形成一系列的企业登记制度，是企业法律制度的重要内容。

随着市场经济的逐步发展，企业作为自主经营、自负盈亏的经济运行主体，其基本要求就是要通过经营活动追求自身利润的最大化，因此其肯定会尽可能将表现其权利能力的经营范围扩大或者及时调整自身的经营方向和范围。而我国企业登记机关在核定企业的经营范围时要求其用语准确，不允许企业使用界限不明、含义不清的用语，这必然会导致企业章程的经营范围冗长化，影响了企业章程的简明性和纲领性，也不利于他人去了解与掌握。因此，将企业的经营范围作为企业设立的法定登记事项，在现代市场经济条件下已经构成了对企业发展的负累。政府要紧紧围绕企业设立登记制度的价值取向，结合我国企业登记立法和实践的现实情况，为企业顺利进入市场及从事经营创造宽松、公平、高效的条件和环境。具体到企业设立登记事项方面，就是要在不影响企业主体的设立及国家宏观管理目标实现的同时，尽量减少企业设立登记时不必要的限制，给企业以尽可能宽松的设立条件和经营环境，扩展自由投资和自主经营的空间。

二、企业组建的纳税策略

（一）存货计价

存货作为一项流动资产，在企业的持续经营过程中随着企业的购销、生产和领用而不断发生流转，这便是存货实物的流转过程。在实际工作中，由于存货的取得时间与取得方式的不同，取得时的价格会有差异，并且由于企业存货数量、种类众多，在实际耗用或出售时无法准确辨别其批次所对应的价格，但只需按照一定的方法确认发出存货以及期末存货的价格问题，即如何将存货成本在发出存货和期末留存存货之间进行分配即可，也就是实物的流转顺序和成本的流转顺序是分离的，这便是存货成本流转假设。基于存货成本流转假设，将实际成本在期末存货成本和发出存货成本之间进行分配，就产生了不同的存货成本分配方法。

存货采用不同的计价方法，本期营业成本、利润计算结果都不相同，进而导致本期应交所得税额也不同。从长期来看，在企业的持续经营过程中，存货成本最终会转化成营业成本，选用何种存货计价方法对企业利润总额不会产生较大影响，但对当期利润会产生重大影响。这就要结合企业自身情况加以考虑，当企业本期享受当地政府的减免税额政策时，就可选择使得本期利润增大的存货计价方法，起到税收减免最大化的效果。每种存货计价方法都有其优缺点和适用范围，企业在选择存货计价方法时应该充分考虑物价变动，存货的特点，以及企业管理模式和宏观经济环境等内外部因素，使其能够客观合理地反映企业的财务状况和经营成果，以选择最适合企业的存货计价方法。

（二）资产折旧

固定资产折旧的计提范围应执行财务制度的规定。企业会计人员只能根据固定资产的账面价格，合理地估计其净残值及使用年限，决定应计提的折旧总额和全部折旧分摊的期限。至于每期摊入费用的金额，则由所采取的固定资产折旧方法而定，不同的折旧方法表现为在固定资产的使用年限内，计入各会计期间和纳税期间的折旧额会有差异。在交易中，涉及补价的相关事宜时，如果有一方要支付补价，在计算补价的时候若是根据公允价值来计算，这时就应该借助资产的公允价值，从而换算出补价一方的公允价值，然后使这部分公允价值与补价相加，再加上国家要收取的税收费用，从而能够计算出账面的价值。但是，在计算账面价值的时候，一般是运用资产的公允价值与补价相加，然后再分析税收部分的费用。当另一方收到补价之后，即可以按照公允价值的计算方法进行查验，运用资产的公允价值，然后减去税收方面的费用。在计算账面价值的时候，一般是用资产的账面与补价相减，从而能够得出税收方面的费用。在实际情况下应该根据企业的情况，进行具体分析。

会计准则和税法上对于何种固定资产采用何种方法计提折旧做出了明确的规定，具体而言，会计核算上，企业对固定资产计提折旧的方法选用比较自由，根据企业自身管理需要，企业可自由选择折旧方法，但方法一旦选定，不得随意变更；税法上，前已述及国家税务总局在该方面均有相关政策出台，即允许符合要求的企业选用加速折旧方法。影响企业纳税期折旧额的主要有固定资产原值、预计净残值、计提折旧年限以及折旧方法的选择。会计核算上对以上因素的确定只影响当期会计利润的大小。一般当固定资产的预计净残值确定后，而根据税法的规定，如何确定折旧年限以及折旧方法，会影响企业当期所得税额。税法一般规定，企业应采用直线法计提折旧，除了做出特殊规定的企业，如六大行业和四个领域重点行业的企业，允许采用加速折旧或缩短折旧年限的方法。因此，通过缩短或延长折旧年限以及选择不同折旧方法，可以实现会计利润在不同期间的转移，实现税负延迟的作用。

（三）销售结算

企业销售产品的基本形式有现销方式和赊销方式。按现行税制和财会制度对纳税义务发生的时间、销售实现时间的确认规定是一致的，不同的销售结算方式，纳税义务的发生时间是不同的，企业可以利用结算方式的选择权，采取没收到货款不开发票的方式，就能达到延退纳税的目的。在发货后一时难回笼的货款，作为委托代销商品处理，待收到代销清单的当天再开具发票确认收入。在不能及时收到货款的情况下，企业要采取赊销或分期收款结算方式，避免过早垫付税款，待合同约定的收款日期的当天，再确认收入纳税。

销售是企业经营管理中的重要环节，占有举足轻重的地位，销售收入的多少不仅影响到了当期的流转税额，也影响到了企业所得税额，是企业税收负担的主要影响因素，但企业在销售环节进行纳税筹划时，往往只考虑了单一税种的税负，对企业整体的税负及税后利润则不考虑，这往往导致企业纳税筹划达不到理想的效果，无法达到预期的节税目的。因此，企业财务人员要从企业战略管理的角度进行考虑，考虑企业税负与税后利润之间此消彼长的关系，制定和实施出的纳税筹划方案，将对企业最有利。企业销售货物的结算方式多种多样，基本与采购环节的付款方式相对应，而企业每个时期产生的收入、成本费用，都会因销售结算方式的不同而有所不同，进而会影响到流转税和所得税的纳税期限。企业选择的不同的结算方式在税法上大都予以认可，这也就为企业在会计核算中进行纳税筹划提供了更大的空间。企业常用的结算方式有直接收款、赊销、分期收款和委托代销方式。

第三节　企业纳税筹划与投资纳税管理

一、纳税筹划的现实价值

（一）降低企业税务负担

纳税筹划有利于降低企业的税务负担。这是企业注重纳税筹划的基本出发点和主要目的，为了达到降低企业税负的目的，可以从绝对指标和相对指标上着手。降低企业税负的方法一是降低企业的绝对指标，即在企业业务规模不变的基础上降低纳税金额；二是降低企业相对指标，即在企业业务规模增长的基础上，促使纳税金额增长幅度小于业务规模增长幅度。由此可以看出，纳税筹划与企业的生产经营业绩密切相关，同时纳税筹划有一定的可筹划空间限制，不能无限制地降低企业实际税负。对企业来说，最好的纳税筹划结果是投资效益增长，纳税金额增长幅度小于经营规模的增长，从而减少纳税金额。

从"营改增"税务政策的实施来看，"营改增"政策并不是所有税额都进行降低，而是在具体税率上进行了变化，并且考虑到了企业经营管理实际，合理考虑了企业的经营现实，更加关注纳税对企业经营管理的现实影响，使企业纳税更加合理。"营改增"政策内容较多，对企业纳税工作的规定也非常详细，基于企业发展实际和纳税工作需求，企业只有加深对"营改增"政策的了解，并根据"营改增"政策制定具体的纳税策略和发展规划，才能在市场竞争中处于优势。结合企业纳税工作实际，除了要在"营改增"政策规定下合理纳税之外，还要将"营改增"政策与企业发展实际相结合，灵活运用"营改增"政策，降低企业的税务负担，为企业的发展提供有力支持。

（二）增加企业财务效益

财务效益总体上指企业资金运动的增值。企业财务效益分析是经济活动分析的重要组成部分。通过企业财务效益分析和总结评价，认识财务活动规律，为改善企业经营管理提出建议，是提高企业经济效益的重要手段。企业财务效益可以直接体现在一系列指标上，如企业财务效益水平主要表现在盈利能力、资产营运能力、偿债能力等方面。上佳的盈利能力、有效率的营运能力以及有保证的偿债能力会使企业的财务效益最大化，对推动企业长足发展有着决定性的作用。企业的资金会在筹集、投入、营运、收回这几个环节中流动，在此过程中，由于各生产经营环节内部因素的影响而可能引起财务收益的不确定性，称之为内在财务风险。内部影响因素主要包括筹资过程中负债资金数量和筹资成本以及偿还时间；资金投入过程中的投向、数量、结构；生产营运过程中收入、成本、经营管理水平；收益分配过程中收益的确认以及收益分配政策、数量和形式。

通过纳税筹划规范企业的各项经济活动，有利于防止企业步入税收陷阱，影响企业财务收益。这就要求企业相关人员要全面深入学习最新的税收法律法规，在国家政策指导下，结合自身实际情况选择最合理的投资项目，尽可能地利用各种税收优惠政策，促使企业财务管理目标的实现。随着纳税筹划策略在企业投资活动中的应用，要进一步提高企业资金的使用效率，降低流动资金不足导致投资项目失败的可能性，确保企业投资效率和效果最大化，为企业创造更大经济效益。

（三）提升企业财务管理水平

随着有关部门对财务管理工作的要求不断提高，督促企业财务决算管理工作更加明细化、复杂化、多样化，这对企业财务管理及财务决算管理工作提出了更高的要求。财务决算是对企业一段时期经营成果、财务状况和现金流量的综合反映，为企业所有者或企业管理层制定企业发展战略与决策提供依据，同时也在一定程度上是对企业的管理模式好坏的反映，是对企业经营机制的合理性以及内部控制制度建设与执行效果的综合检验。但是受各种主观或客观因素的影响，财务决算工作在组织实施过程中仍存在诸多问题，财务决算管理工作水平仍需要提升。

纳税筹划就是一项财务活动，涉及企业的各项经济活动，需要相应的财务和会计管理核算给予支持，确保纳税筹划的全面、科学、合理，要求财务人员全面、详细、准确地进行财务报表编制和记账，促使财务工作进一步规范，提高财务管理水平。纳税筹划工作的开展能帮助企业管理层树立纳税意识，使其加强对企业经营管理活动的重视，促进企业资金、成本、利润的优化配置，提升企业整体经营管理水平。

二、投资纳税的分类方式

（一）固定资产投资的纳税筹划

企业固定资产的取得，主要有外购、自行建造、投资者投入、融资租入、更新改造、以非现金资产抵偿债务、接受捐赠等方式。根据税收政策，外购固定资产的对象、自建固定资产筹资方式以及租入固定资产租赁方式的选择等，均有纳税筹划空间。固定资产是企业中较为常见的投资方式，具有耗资多、时间长、风险大等特点，从企业角度来看，由于投资成本增加，就会相应地减少企业的利润，从而降低所得税。并且当前国家规定的固定资产纳税可以采用直线法或者加速折旧法，特别是加速折旧法在企业中的大范围应用，能一定程度地降低企业的所得税，在所得税税率不变的前提下，加速折旧还能递延纳税，缩短资产的回收期。同时鉴于固定资产加速折旧政策的明确规定，延期纳税而缩短企业固定资产的折旧年限，会进一步加速企业固定资产成本的收回进度，降低企业投资风险，充分完成企业固定资产投资的纳税筹划，发挥税收挡板作用。

在需要较多的折旧费用作为应纳税所得额的减项时，如通货膨胀期间、利润充足或者税率上升的情况，较高的固定资产价值对企业有利。如果企业连年亏损，预计在未来五年没有足够的税前利润进行抵扣的情况下，可以适当降低固定资产的定价，减少固定资产当期的折旧抵扣额。根据企业会计准则的规定，自建固定资产的成本是指该项固定资产达到预定可使用状态前发生的必要支出，而新企业所得税规定自建固定资产的计税基础是该项固定资产竣工结算前发生的必要支出。《企业会计准则》和《企业所得税法》对自建固定资产成本构成的不同定义，导致自建固定资产会计处理和税务处理的差异。按照《企业会计准则》，企业自建的尚未竣工结算但已经达到可使用状态的固定资产应当预先估计该项资产的成本并计提折旧，办理结算后不需调整已计提的折旧，只需按照实际发生的成本调整原预计的资产价值。

（二）优惠政策导向的纳税筹划

利用国家政策进行纳税筹划是最可靠最常见的一种筹划方式，是企业和政府进行纳税筹划合作的最有效方式。国家为了支持一部分企业的发展或者国家政策的有效实施对课税对象给予税收减免的税收优惠政策，企业应当充分了解税收法规，利用税收优惠政策进行纳税筹划，这样既符合政府的引导方向，也为企业减轻了税收负担，实现政府和企业的共赢，达到事半功倍的筹划效果。政策性纳税筹划是指企业在遵循立法精神的基础上，立足于企业客观实际的税收制度需求，与税法制定机关如税务部门、财务部门沟通，争取有利于企业或整个行业的税收政策，达到减免税收、降低税负的纳税筹划策略。政策性纳税筹划是一种企业积极争取税收优惠政策的创新型纳税筹划方法，客观来说这种纳税筹划方式是在税收制度需求和税收制度供给的不平衡条件下产生的。

政策性纳税筹划是一种创新型的主动的纳税筹划，但是这种主动性的掌握决定了政策性纳税筹划对于一般的中小型企业而言并不具有可执行性，大多数企业都是利用现有的税收优惠政策进行投资活动的纳税筹划。新税法颁布以后，企业在投资活动中可以享受到的税收优惠政策更多。

（三）投资利润分配的纳税筹划

股权投资企业的主要业务是通过认购股权的方式来参与或控制某一公司的经营活动，以求获取长期资本的增值收益。这类企业的对外投资具有以下特点，投资期较长，在一年以上，通常为中长期；投资回报具有不确定性，不能保证有持续稳定的现金流；退出机制有所制约，资产变现能力不强。流动性风险存在于企业不同的生命周期，不可能完全消除，只能通过合理恰当的管理措施预防和降低。股权投资企业受其内生性和外生性因素的影响，流动性风险的产生无可避免，因此加强对流动性风险的规避和防范尤为重要。流动性风险的管理目标应着眼于流动性与营利性的均衡，通过加强风险意识传导，改善资产与负债结构，完善风险预警机制，在多种管理策略的协调和共同作用下，以实现企业价值的最大化。

股权投资是企业对外投资的一种形式，其方式主要包括企业直接对外的长期股权投资、企业重组过程中形成的债务转股份的股权投资以及债券转换的股权投资等。企业分配的利润分红和股权转让是股权收益的主要来源。而纳税筹划需要从二者的涉税差异入手。投资者所得到的股息红利是企业的税后利润，在投资者得到这种股权收益的时候已经缴纳了一次所得税，因此现行的税法规定对于居民企业之间的股息红利免征所得税。对于股权转让而言，由于股权转让是资本利得，现行税法规定这部分利润需要缴纳所得税。股权投资收益两种来源之间的涉税差异是企业投资收益纳税筹划的关键，因此企业应该先考虑要求被投资企业分配利润，再进行转让，这样就可以降低投资企业的税收，减轻税收负担。

（四）投资资本结构的纳税筹划

投资资本结构是指企业投资资本中权益资本，即自有资本与长期债务资本的比例和结构关系。不同投资资金来源的比例组合形成不同的资本结构，投资资本结构的差异形成不同的投资资本成本，进而引起相应的财务风险。企业在投资活动中选择不同的自有资金和贷款资金的投入比例，会有不同的税收效益，相较于自有资金，贷款资金的主要特点是费用化的贷款利息可以作为企业利润的抵扣项，降低企业的应纳税所得额。企业中债务带来的风险和成本问题主要包括财务风险、机会成本和代理成本。如果企业出现危机，就会出现严重的破产清算风险。对于偿债资产比例比较低的企业而言，应该有效控制负债比率，如高新技术企业、新能源企业等。假如企业负债率比较高，相应的投资资本的使用就会受到限制，这样就会使企业产生比较高的机会成本。在负债融资的过程中，企业还要考虑到相应债权人的监督费以及审计费，这就造成企业需要承担一定的代理成本。

通常，为了降低税务负担，在能够承受的财务风险下，企业会在投资活动中采用债务进行筹资。实践中，大多数企业是通过向关联企业贷款来进行筹备债务资金的，这样不仅可以用债务利息来抵税，而且还可以将关联方作为债权人能够极大地降低财务风险和其他成本。为了防止利息抵扣规定被滥用，企业所得税法对其进行了相应的限制，在超出税法规定的比例之外不在利息抵扣范围之内。

三、投资纳税的核心措施

（一）合理实施信息披露

目前，我国上市公司为了维持公司自身的形象，大多数公司只披露对公司有利的社会责任信息，这些信息正面化、历史化，而且以定性披露为主，缺少量化指标，不全面。因此，提高上市公司社会责任信息披露自愿性，使相关信息更真实更全面，显得非常必要。有关部门可采用以下方法鼓励上市公司披露社会责任信息。首先，提高上市公司环境意识，使其自愿披露全面真实的环境信息；其次，监管机构可以采取奖励的方式鼓励上市公司自愿披露社会责任信息，对做得好的公司，可通过新闻媒体等媒介进行表扬鼓励，提高其公司形象，通过市场机制提高企业股价，从而对其他企业起到正向激励和示范作用。基于企业形象考虑，大部分企业有选择性地披露相关信息，对负面信息隐藏可能性大，因此相关信息对决策者的决策相关性不高，参考价值不大，这就需要第三方对企业社会责任信息进行审核，提高相关信息披露的可靠性，提高信息参考价值。

投资者的利益与被投资者越相关，就会越注重企业财务会计信息的质量。企业财务会计信息的质量一方面体现为信息的真实性，另一方面体现为信息的有效性。会计信息的真实性是指信息反映出来的内容要与经济业务实质一致，虚假的会计信息会误导投资者，造成投资者决策的失误，真实性是财务会计信息的生命。会计信息的真实性还要求企业提供的信息要具有可验证性，能够被投资者识别，帮助投资者做出判断。会计信息必须与投资者决策相关，真实但不相关的会计信息对于投资者来说没有使用价值，信息的相关性是信息有效的前提。有效的财务信息能够反映企业的经营状况和盈利能力，还必须具有预测企业价值的作用，因为投资者是以企业在某个时点的经营状况和某个时间段的财务成果为基础，以企业的未来价值为导向做出决策，企业提供的信息不仅要能帮助投资者分析企业现有的经营状况还要能帮助投资者预测企业未来的投资价值。企业在进行纳税筹划的同时进行科学合理的信息披露能够使企业的目标与投资者的期望更接近，实现企业与投资者的利益共赢。

（二）注重投资整体考量

在企业的投资决策中充分地运用纳税筹划，可以有效地降低成本，达到投资收益最大化的目的。但是，在现实经济生活中，一种税负的减少，有可能导致另一种税负的增加。税负的减少不一定就意味着企业整体收益的增加，有时甚至会导致企业整体收益的下降。这就要求企业在纳税筹划的过程中，不能一味地为了节税而节税，而是要注重企业投资决策的整体性，在考虑企业自身条件的基础上，寻求减轻税负与增加企业整体收益的均衡。

随着我国市场经济体制的日趋完善，纳税筹划已成为企业经营中不可缺少的重要组成部分。对企业不同投资方式税负水平的比较，考虑被投资企业时综合税负水平以及考虑折旧和摊销的税收挡板作用等几种情况进行分析和阐述，为企业投资方式选择纳税筹划提供了一定的思路和借鉴，同时也体现了纳税筹划在企业投资决策中的作用。

（三）关联企业定价转移

内部转移定价机制及其产生的调控效应，对各子系统的资金资源配置行为能够进行强有力的引导和集聚，能够实现企业集团资源配置整体效益最大化和整体质量最优化的有机统一。存货商品的转移定价，在不违反相关法律的前提下，企业集团可以根据具体情况采用高进低出或低进高出等内部作价进行货物的往来，把收入利润转移到低税负地区的关联公司，把成本费用转移到高税负地区的关联公司，这就是管理费用的转移定价。

在税收法规政策允许范围内，对高税率地区子公司多分摊成本费用，对低税率地区子公司少分摊成本费用，就是无形资产的转移定价。无形资产的转移定价比货物更为简捷和便利，转让价格可包含于被转让的无形资产的转让款中。但需要注意国内企业应当综合考虑国家其他税收政策法规对这一转让行为征税的具体规定。货币资金的转移定价就是企业集团总部通过对高税率地区的下属企业实行高利率的贷款政策，对低税率地区的下属企业实行低利率的贷款政策，使得集团的总体利润从高税率区转移到向低税率区，从而获得节税收益。

（四）关注企业潜在收益

这里的潜在收益一方面指设备、不动产折旧和无形资产摊销的税收挡板作用，另一方面考虑该项投资对以后企业税负的整体影响。因此，当期税负最低并不意味着企业投资收益的最大化，可能次优方案更有利于实现企业的长远利益。

第四节　企业清算与纳税管理

一、企业清算的具体流程

（一）企业财产接管

人民法院裁定受理破产申请的，应同时指定管理人。当管理人进驻破产企业后，便要对破产企业进行全面的接管，接管的内容具体包括债务人的财产、印章、账簿和文书等资料。管理人要亲自调查债务人财产状况，并制作财产状况报告。债务人的相关人员依法有义务配合交接，并回答管理人的询问。管理人对破产企业进行全面接管后，管理人便是破产企业运作的实体，应对破产企业进行必要管理，包括破产企业资产管理，如货币财产管理，动产管理，土地房屋等不动产管理，无形资产管理等；破产企业财务管理，如账簿管理，日常开支和其他必要开支管理；破产企业人事管理，如留守人员确定，员工安置及人事档案管理；破产企业生产经营管理。

债务人一旦进入破产清算程序，其全部财产便进入保全状态，应当立即向管理人移交财产管理权，以确保有效控制破产人财产，防止破产人随意挥霍和处理财产，损害债权人的整体利益。并且债务人失去了对原企业的控制权，由破产管理人保管、处分财产并管理日常事务。这个阶段是非常重要的阶段，破产管理人有大量的工作要做，是对债务人所提供的信息做识别、收集和处理的一个过程，直接影响着后续破产程序的进行。

（二）企业财产清理

破产财产的清理，是指管理人对破产企业的财产进行权属界定、范围界定、分类界定和登记造册的活动。破产管理人接管债务人企业后，应对债务人的财产情况进行法律和财务的尽职调查，并在此基础上制作债务人财产状况报告。调查的范围包括债务人交付的全部财产和财产权利，以及应属于债务人的财产或财产权利。这个阶段的工作很烦琐，但在整个破产清算程序中非常关键，是确定和集中破产财产的一个过程，不仅涉及土地使用权、担保财产、融资租赁财产等特殊财产问题，还涉及留置权、一般取回权、抵销权、可撤销行为和无效行为等问题。由于破产程序的目的是要对债务人的财产进行变价，统一到货币的形态后再平均分配给债权人，因此对于债务人各种形态的财产，破产管理人应当根据变现目的的需要，根据各项工作的进程，按部就班地进行财产的清理工作，保证获取信息的真实性、完整性和及时性。同时，这也要求破产管理人与各关系人保持顺畅的信息沟通，收集、传递破产财产相关的资料信息，减少破产成本，保证破产财产清理阶段的顺利进行。

在清理阶段，应实施业务流程控制，梳理破产企业应予以主张的财产权利，并制定流程规范，进而最大限度地追回破产财产，同时实施验证核对控制，对财产取回权进行严格把关，这两项控制活动都有助于破产财产的最大化，进而实现财产保护控制。此外，还要实施高层检查控制，强化债权人委员会和债权人会议对本阶段工作的审查和监督。

（三）企业财产审查

在人民法院规定的债权申报期限内，对债务人享有债权的债权人应依法向管理人申报债权。债权人在申报债权时，要向管理人提交企业身份证明及相关债权凭证，并填写申报债权登记表。管理人初步审查无误后，将相关证据资料登记造册，并编制债权表，而后一并提交第一次债权人会议核查。在第一次债权人会议上，债务人、债权人对债权表记载的债权无异议的，由人民法院裁定确认，有异议的，债务人、债权人可向人民法院提起诉讼。在这一阶段，应实施验证核对控制，对申报的债权进行严格审查，还应实施业务流程控制，规范债权申报工作，以督促某些缺乏申报动力的债权人申报债权。此外，还要实施高层检查控制，只有经过债权人会议集体通过的债权才是合法的债权。

人民法院在决定受理破产案件后，宣告破产前，如果经审查发现不符合法律规定的受理条件，或申请人有恶意申请破产等情形的，依《最高人民法院关于审理企业破产法案件若干问题的规定》第十四条规定，应当裁定驳回破产申请。同时，该条第三款还规定，破产申请人对驳回破产申请的裁定不服的，可以在裁定书送达之日起十日内，向上一级人民法院提起上诉。因此，这又涉及对申请人不服驳回破产申请的上诉案件的二审程序审查问题。对于因申请人不服一审驳回破产申请的上诉审查，较之申请人对不予受理裁定的上诉案件的审查要求更为严格。之所以如此，是因为不予受理裁定是破产程序启动前的司法行为，其行为后果不会给申请人或被申请人造成什么损失后果。而驳回破产申请，则是程序启动后的司法行为，其行为后果往往以给申请人或被申请人造成了一定的损失后果或影响，当事人或人民法院均为此消耗了一定的司法资源成本，如果申请人的申请被驳回，申请人将承担因不当申请所造成的损失的后果，因此在审查方面，更严于不予受理裁定的审查。

（四）企业财产估价

破产财产估价阶段是破产程序中十分重要的阶段，可以客观、公正地反映破产财产的现时价值，对破产财产变价方案的制定和维护债权债务人的权益都具有重要意义。如果债务人的财产没有入账或者入账后财产价值发生了较大的变化，破产管理人应在对债务人审计前聘请有相关资质的资产评估机构对债务人的财产先进行价值评估。如果在对债务人进行审计时尚未聘请有相关资质的资产评估机构，那么破产宣告后，破产管理人就必须及时聘请有相关资质的资产评估机构对破产财产进行评估。债务人为国有控股企业的，破产管理人应当向国有资产监督管理部门申请办理债务人资产评估立项，请有资质的资产评估机构进行评估，并报国有资产监督管理部门备案或核准。对有明确市场价格的债务人财产，债权人会议表示无异议的，经人民法院同意可以不经评估程序进行价值核定，但国有资产除外。

变现价值是财产转化为货币形式的价值。这种转化价值要受财产的性质、变现的期限和变现方式的影响。若财产是采用整体变卖方式，变现价值会比单件变卖时要高得多；若财产是一种专用设备，通用性差，其变现价值会大大低于持续经营企业的账面价值，甚至只能按废品价格计算。若变现的时间较长，可以从容不迫地变卖，其变现价值可能不会低于市价；若变现时间紧迫，其变现价值会远远低于实际价值。

（五）破产分配

破产分配是破产制度的核心内容，债权人确认破产财产，处理破产财产，其最终目的在于破产分配，所有与破产程序有关的利害关系人的目光都集中在最后的破产财产分配上。理论上一般认为，破产财产分配是指由管理人把变卖财产所得的金钱，按照破产债权的偿还顺序，对应其金额，而对各相关债权人所进行的清偿过程。从破产财产分配的不同阶段的角度出发，破产分配可将其分为中间分配和最终分配。中间分配是破产程序进行中，因破产财产的变现而获得分配资金时，对债权人所进行的各次分配，其目的在于确保债权人能够得到及时分配，而不丧失期限利益。最后分配是在所有财产变卖后对债权人所进行的分配，但该分配只是在破产程序中的最后分配，因为尚有程序结束后的追加分配。破产财产分配是一个过程，破产财产分配的终结是破产程序的终点，从制度的价值来看则是破产企业债权人合法利益的最终实现。

根据新《企业破产法》第四十三条："债务人财产不足以清偿所有破产费用和共益债务的，先行清偿破产费用；债务人财产不足以清偿所有破产费用或者共益债务的，按照比例清偿。"其原因在于破产费用、共益债务是为债权人共同利益而支出的，全体债权人作为破产费用、共益债务的受益者应共同承担，又由于破产费用、共益债务是破产程序顺利进行所必需的，故不仅应在破产财产中列支，而且还要在破产程序中随时支付，或在破产财产分配前优先支付。

二、清算纳税的具体举措

（一）准确掌握清算范围

实践中，需要进行清算的企业主要包括以下几种类型。纳税人章程规定的营业期限届满或者其他解散事由出现；纳税人股东会、股东大会或类似机构决议解散；纳税人依法被吊销营业执照、责令关闭或者被撤销；纳税人被人民法院依法予以解散或宣告破产；纳税人因其他原因解散或注销。同时，《企业破产法》规定，企业法人不能清偿到期债务，并且资产不足以清偿全部债务或者明显缺乏清偿能力的，依照本法规定清理债务。

对于上述需要明确列入所得税清算范围的企业及涉税业务，涉税专业服务机构可在日常涉税咨询中及时提醒。对于在企业重组中，除符合适用特殊性税务处理外，应按规定进行税务处理，企业改组时，企业由法人转变为个人独资企业、合伙企业等非法人组织，或将登记注册地转移至境外，应视同企业进行清算、分配，股东重新投资成立新企业；企业合并时，被合并企业及其股东都应按清算进行所得税处理；企业分立，被分立企业不再继续存在时，被分立企业及其股东都应按清算进行所得税处理。企业改组应注意的是，企业改组需视同清算进行所得税处理，视同清算企业作为独立纳税人的全部税务事项包括尚未弥补的亏损、正在享受的税收优惠等均应终止，不得结转至接受资产的企业继续享受或承继。

（二）精准确定清算期间

企业正常经营所得与清算所得享受的税收优惠不同，正确合理划分清算期间成为一项重要工作。在国家税务总局未对清算期间和清算日作出具体规定的情况下，一些地方性文件中已经对此进行了规定。例如，天津市出台的《企业清算环节所得税管理办法》曾明确规定，清算期间是指自企业实际生产经营终止之日起至办理完毕清算事务之日止的期间；大同市的《企业所得税清算管理办法》规定，企业所得税清算期间是指纳税人自终止正常的生产经营活动开始清算之日起，至主管中介机构办理注销税务登记前的期间。

对此，通常的理解是纳税人清算开始之日是指纳税人章程规定的经营期限届满或其他解散事由出现之日；纳税人股东会、股东大会或类似机构决议解散之日；纳税人依法被吊销营业执照、责令关闭或者被撤销之日；纳税人被人民法院依法予以解散或宣告破产之日；有关法律、行政法规规定清算开始之日；纳税人因其他原因中止正常生产经营之日。由于清算期间规定的不同，会导致清算所得各异，因此在国家层面尚未对清算期间做出更加具体规定时，中介机构应积极与当地税务机关进行沟通，避免税收风险。

（三）规范涉税专业服务

涉税专业服务机构在不断加强自身对企业清算、财会核算等政策和制度学习的基础上，要积极做好服务企业的培训与宣传工作。法律方面，积极加大《公司法》《破产法及会计法》《企业所得税法》《个人所得税》等法律、法规的宣传；税收方面，不仅要求企业了解并熟悉清算过程中可能涉及的各个税种，还要重点就有关企业清算业务企业所得税处理若干问题的精神予以传授；会计处理方面，结合企业破产清算有关会计处理规定中规定的编制基础和计量属性，确认和计量，会计科目使用及账务处理等进行辅导培训，督促企业规范核算，推进企业所得税清算工作顺利进行。

第八章　财产清查

　　企业的各项财产，通常包括其所拥有的货币资金、各项财产物资和债权债务结算款项等。会计账簿上所记载的各项财产增减和结存的数量及金额，应该与实际各项财产的收、发和结存数量及金额相符。因此，为了正确掌握企业各项财产的真实情况，保证会计资料的准确、可靠，就必须运用财产清查这一专门方法，对各项财产物资进行定期或不定期的清查，并与账簿记录核对相符，以确保账实相符。随着市场经济的发展，现代企业制度的建立，加强资产管理，开展财产清查，减少资产损失，在企业的管理中扮演了越来越重要的角色，在企业的生产经营中发挥了越来越重要的作用。企业确保资产的安全、完整，保障其充分发挥效能，对于保证企业正常的生产经营具有重要的意义，是企业规避风险的重要工具。

　　财产清查是完成企业内部控制的手段之一，财产清查是企业做好内部控制的有效保证，财产清查与内部控制存在着一定的逻辑关系，对企业的内部控制起着推进作用。作为会计核算方法的重要组成部分，财产清查的目的是查明实存数和账存数是否相符，主要是通过盘点或核对实物资产、往来款项和货币资金的方式来确定实存数。通过对各项财产物资的定期或不定期清查，确保了会计资料的真实、准确，能够对企事业单位的财产物资有更加正确的掌握。会计核算资料的真实性和准确性是企业制定科学的经营决策和编制真实可靠的财务会计报告的坚实基础，而财产清查的结果恰好保障了会计信息的可靠性。为了保障企事业单位财产的安全与完整，应采用专门的方法进行财产清查，建立完善的财产清查制度。

第一节　财产清查概述

一、财产清查的现实价值

（一）确保核算管理多元化发展及核算真实可靠

随着经济社会的快速发展，社会工作日趋复杂化，对传统企业会计核算管理工作也提出了新的要求和挑战。在会计核算管理实践中，普遍存在管理理念滞后和管理模式缺乏创新的问题，制约了企业综合管理效能的提升。深入分析企业会计核算管理存在的问题，是进行工作体系创新的前提条件。在企业管理实践中，会计核算管理是一个重要环节。通过优化精细化管理模式与流程，可以提供增加科学化、高效化、精细化的服务，将整个会计核算管理工作都纳入现代体系中，提升企业治理体系现代化水平，提升企业科学化治理能力。随着现代经济社会的快速发展，会计核精细化管理工作已经发生了根本性的变化，不管是在需求还是发展上来看，都有待管理人员进一步创新，不断优化现代管理服务体系，摒弃传统的管理模式与路径，引入现代精细化管理理念，提升综合管理效能，引导会计核算管理工作朝着现代多元化方向发展。

企业的会计核算主要是针对企业经营活动中，所涉及的数据按照一定的会计制度和会计法规进行账务处理，最终得出一张经营报表，反映企业的经营成果，供企业管理层进行经营决策。目前，有很多企业在经营与发展过程中，由于活动涉及的内容偏多，直接增加了企业会计工作的难度，传统手工账本已无法满足企业的发展需要，导致企业出现了会计基础信息不准确的状况。财产清查可以确定各项财产物资、债权债务的实有数，查明账存额与实存额之间的差异以及产生差异的原因和责任，以便及时调整账面记录使账存额与实有额一致，保证会计核算资料的真实和可靠。

（二）保障企业财产安全

财产安全指企业拥有的金钱、物资、房屋、土地等物质财富受到法律保护的权利的总称。企业的正常生产经营过程主要分为生产、采购、销售这几个业务环节，企业根据各项业务自身的特点，施以不同类型的控制活动，使企业的正常生产经营得以顺利地开展。而企业的破产清算是管理人对破产企业的破产财产进行再分配的过程，其与企业的正常生产经营过程不同，故相关的控制活动、具体的控制措施也会存在很大的差异。近年来，破产欺诈的案件层出不穷，管理人滥用职权，私吞破产财产或谋取非法利益，严重损害了债权人的合法权益，甚至损害了国家的利益，影响社会的和谐，这在很大程度上反映出破产清算过程中的控制活动存在严重漏洞，控制措施不完备，控制主体监管力度不够。因此，对破产清算过程的控制活动进行分析研究是极为必要和重要的。

管理人进驻破产企业，其职责之一是接管破产企业的财产、印章、账簿和文书等资料。而实际上，管理人从破产企业接收的不仅是破产企业的财产，也应包括破产企业经营管理、占有的其他人的财产，即从财产所有者角度区分，管理人接管的既包括破产企业自身所有的财产，也包括破产企业占有的可能属于他人的财产，如依租赁、保管合同占有的属于他人的财产。如管理人接管的财产不完全，则会影响企业财产的全面清理，不能完全掌握企业的财产，对债权人的利益造成损害。另外，如果管理人没有接管破产企业占有的其他人的财产，那么在当他人行使取回权时，管理人可能没有财产可交付，必然会带来一系列诉讼案件，不仅费时费力，还会增加破产费用，进而减少可供分配的财产总额，同样损害债权人利益。

（三）强化企业财产管理

企业财产管理的主要职能就是保证企业财产的安全完整，这与会计工作是分不开的。会计工作中对企业财产的价值和数量，以及财产的消耗量、存储量、折旧情况等都有准确的记录，这可以帮助企业财产管理部门了解企业的具体资产内容，防止企业财产的损坏和流失。同时，会计工作对于企业财产的非正常变动和非正常损失也有准确和详细的记录，这有利于企业财产管理部门对企业的采购、生产和销售等环节的具体工作进行监督和管理，保证企业成本的真实和利润的可靠，促进企业的发展和经济效益的提高。例如，企业的资产管理部门可以通过会计工作对企业资金的分析，了解企业资金的分布和运转情况，找到不合理的资金投入，重新对企业的资金进行合理的分配，减少企业增加不良资产的可能性；企业的资产管理部门可以通过会计工作对企业成本的分析，了解企业的生产和消耗情况，探索降低成本的最佳途径，从侧面增加企业的资产拥有量；企业的资产管理部门还可以通过会计工作对企业产品销售情况的分析，找到影响企业利润的因素并加以改进，提高企业的经营利润等。

二、财产清查的现存问题

（一）会计信息互比不足

为了能够有效地保障会计信息质量，一些企业对外提供的信息应该具有相互可比性，通过相似的事项采用一致的会计政策和处理的方式。对于实物资产盘点来说，实物资产的盈亏不论是从存货方面还是固定的资产方面，多数是在盘点的时候发现实物资产出现问题，因此将实物资产缺失数量归为档期损益中，两者的处理方式仅仅是科目的名称不同。由于固定资产购买是为了长期使用，所以固定资产较少记为营业外出，而购买存货的主要目的是为生产与销售进行添置，因此在除了不可抗力造成损失意外时，存货的盈亏也要记录在管理费用中。

外部信息使用者经常需要通过对比不同公司的生产经营状况及未来盈利能力来进行投资和信贷决策，因此要对比分析不同公司间的会计信息。如果不同公司间会计信息可以相互比较的程度比较高，就可以减少处于公司外部的信息使用者做出投资和信贷决策所付出的成本，因此国内外学者对会计信息可以相互比较的程度，即可比性对经济产生的影响进行了广泛地探索。如果会计信息可比性不高，财务报表信息不透明，投资者就难以对投资机会进行合理比较与辨别，那么其资源配置决策将很难达到最优水平。如果所有企业均采用一套全球通用的高质量的会计准则，那么编制财务报告的成本及面临的信息风险都会降低，从而促进了会计信息可比性的提高。银行等信贷人可以将借款公司和与同行业内其他公司的财务状况、经营成果、未来盈利能力等财务信息进行对比分析，并将其作为评价借款公司信用水平的依据，以此决定其借款规模。财务信息可以通过缓和管理者与公司外部使用财务信息的投资人之间的信息不对等问题，以减少管理者对外部投资者、信贷人的利益侵占行为，从而降低其投资风险和信贷风险。

（二）违背基本经营假设

在设计财产清查会计数据的时候，应该假设对每一个企业的实物资产进行一次清算与盘点，一旦企业不能够做到对固定资产与实物资产进行核查，就会导致企业对其亏损状况没有清楚的了解，因此对于设计财产清查数据，要依照要求不断进行严格盘点清查，按照基本的经营假设进行合理的盘查。当假设企业每年都进行严格的盘点清查，那就意味着企业上半年度都需要清查盘点，而且上半年度的事物盈缺都要进行适当处理，因此本年度的事物盈缺与上半年度没有关系，该假设对于固定资产盘点同样适用。同时在遵循全责任发生的原则中，按照现在的收益与费用进行确认，只有在盘点结果出来后，才可能发现费用是否存在一定的变化。

在知识经济时代下，社会市场经济运营环境发生了质的变化，需要全面而客观地分析各影响因素，优化内部运营管理机制，以社会市场为导向，优化会计基本原则，完善已有的会计管理模式，能够与时俱进，树立全新的理念，构建科学化、合理化的会计架设理论。并在实践工作中，优化利用会计假设理论，验证其是否具有可行性，更好地发挥其作用，指导企业运营管理，不断增强自身核心竞争力，走上健康持续发展道路。在此基础上，有关部门要不断推动新时期会计管理事业持续发展，为我国社会经济持续发展源源不断地注入新鲜血液。

（三）清查过程缺乏谨慎

随着社会经济的发展，只有合理科学地应用谨慎性原则，才能更好地达到保护企业，提高企业竞争能力和市场的适应能力。谨慎性原则在会计核算中是一项必不可少的原则，其具有将会计信息真实化的作用。因此，恰当合理的使用谨慎性原则不仅能够真实清晰地反映企业的财务状况及经营成果，还能够提高会计信息的质量。为了企业能够获得良好的经济效益和社会效益，会计人员和管理当局需要合理评估谨慎性原则与相关会计信息质量的关系，从而面对企业在经营当中潜在的风险因素，确保企业的健康发展。随着我国改革开放的不断深入，国际政治、经济形势日新月异的变化，企业在市场当中的竞争和风险也日益加剧，会计所处的客观经济环境的不稳定性也在逐渐提高。谨慎性原则是会计核算的重要原则之一，企业与会计学界应予以足够重视。

在经济活动中需要企业保持谨慎的态度对存在的任何不确定因素做出充分的评估，以保守的态度，遵循谨慎原则来处理各种经济业务以及会计事项。合理的运用谨慎性原则对企业有着以下几方面很重要的现实意义。首先，遵循谨慎性原则可以使企业充分考虑经济活动中的不确定性，谨慎性原则可以作为处理不确定性的约束因素而出现。其次，谨慎性原则还可以消除高估资产、权益和利润的危害性，高估资产、权益和利润往往会导致企业资产出现虚盈实亏的现象，从而使企业做出错误经营决策。因此，谨慎性原则是提高企业的生存及竞争能力的重要因素。

第二节　财产清查种类与资产评估

一、财产清查的常见种类

（一）全面清查

全面清查是对属于本单位或存放在本单位的全部财产物资进行的清查。为确保年度会计报表的正确性与可靠性，在年度决算前企业应进行财产全面清查。企业为导入新的会计系统必须要有正确的开账数据，因此要在新制度实施前进行全面财产清查。企业撤销、合并、分立或部门改变隶属关系，为了明确经营责任、确定资产、负债实际数量和金额，企业就要进行财产全面清查。要核定企业资本金也要进行全面清查。企业实施财产全面清查的内容主要有现金、银行存款和有价证券等货币资金；材料、在产品、产成品、低值易耗品、包装物、委托代销等存货资产；各项业务往来产生的结算款项和缴拨款项；自有的固定资产；自有的无形资产；各项其他递延资产。

（二）局部清查

局部清查是根据需要对部分财产物资进行盘点与核对的清查，就是会计年度中间企业根据工作需要，只针对企业一部分物质或财产进行盘点和核对。企业若能做好局部清查，就能增进全部清查的盘点作业质量。每月月底时，企业针对银行存款与银行借款进行核对，对于现金及应收票据，出纳人员除自行清点外，还应和会计账相符。针对价值较高的存货，企业会计人员要进行轮流盘点，并且应收账款与应付票据月底时应列表核对。

（三）定期清查

定期清查就是企业每到预定的确定时间，便对企业货币资金、存货资产、交易往来款项展开财产清查工作。通常年底决算前举行全面清查；月底时则进行局部清查。为确保采购部门的材料真实可靠，有关材料须通过财务部门定期实施核算，包括仓库登记材料账目、库存明细表等账册，财务部门根据这些凭证登记相关的账册，并于每个月末进行核算。存货总账由财务进行核算，明细账则由仓库提供。仓库管理若存在问题，缺少完整的台账，并且财务部门不亲自清点存货，就无法确认存货的实际数量与账面数量是否一致。

（四）不定期清查

不定期清查就是企业事先没有准确的清查时间表，而是根据实际工作的需要随时展开清查工作。企业要时常更换存货资产或货币资金保管人员，针对其保管的资产进行清查，以理清保管人员的经管责任。发生意外灾害或损失时，企业要对受损财产进行清查，以查明财物受损情况。当企业进行并购改组，吸收外资时，应对企业的财物资产进行清查。不定期清查可以是全面清查，也可以是局部清查，完全视事实的需要而定。

二、资产评估的建设措施

（一）明确法律责任

资产评估的法律责任是指评估专业人员在执行资产评估业务过程中，因过错行为导致委托方或者其他相关第三方的切身利益受到损害而要承担的法律后果。随着我国资产评估行业的发展，合理界定资产评估法律责任、保护相关主体的切身利益，越来越得到社会各界的广泛关注。在以往的评估实践中，谈及评估法律责任，人们往往将评估机构和评估专业人员视为评估法律责任的唯一主体，而忽视了其他相关当事方的责任。《资产评估法》的颁布实施，在界定相关当事方责任方面，起到了一定的作用，对相关责任方在评估过程中要承担的法律责任在一定程度上进行了明确。

资产评估的法律责任起因于评估专业人员执行评估业务的行为，这是评估专业人员承担法律责任的基本前提。资产评估机构只对评估专业人员执行业务的过错行为承担法律责任，如果资产评估专业人员在执行评估的过程中，使用了正当的评估操作程序和规定的评估方法，并出具了独立、客观、公正的资产评估报告，可以表明评估人员没有过错行为，因而也就不应承担任何法律责任。《资产评估法》的颁布实施，为资产评估专业人员执业奠定了坚实的法律基础。同时，也为评估行业的跨越式发展提供了强有力的支撑。但是，从目前法律运行情况来看，该法需要完善配套的相关规章制度还有许多。有关部门应积极推动和开展资产评估理论与实务操作方法的研究，建立起完善齐备的资产评估准则体系，使资产评估专业人员执业有据可查、有章可依，确实且有效地减少执业过程中的风险。建立资产评估职业专门的法律，统一法律责任，统一违规标准，统一处罚尺度和程序，明确资产评估各环节责任主体包括资产占有单位、评估机构及人员、核准监督机构的职责范围，实现全行业统一治理。加快资产评估职业准则的制定进程，使资产评估工作适应我国不断发展的市场环境和日益复杂的交易事项，保证资产评估事业的健康有序发展。

（二）完善内部管理

由于部分政府部门对资产评估机构出具的资产评估报告不予认可以及大多国企改革完成的趋势等原因使得资产评估行业在传统业务减少、内部竞争激烈的双重打压下，部分自身没有能力承接高端业务的中小评估机构生存和发展成为问题。资产评估机构数量过多，竞争不断加剧，多数业务收费仍然很低，弱化了其进一步发展的基础。部分资产评估机构为了生存，在评估过程中减少或简化评估程序，降低评估成本，使执业质量难以得到有效的保证。由于市场竞争压力所迫，部分资产评估机构忽视内部管理和执业质量，忽视人才培养，甚至有的资产评估机构在执业中仍遵循旧的执业准则。

评估机构根据《资产评估法》规定，应当建立并健全质量管理、风险控制制度和内部财务制度等机构内部管理制度，对本机构的评估专业人员遵守法律、行政法规和评估准则的情况进行监督，并对其从业行为负责；应清晰明确包括股东会、董事会、监事会、经理层、员工等主体的责任，编写科学合理的股东及合伙人进退机制、激励约束机制、内部决策机制、利益分配机制、质量管理机制、风险控制机制、机构文化建设机制等；应当加强分支机构管理，有效控制分支机构的执业风险，通过清理，坚决淘汰执业能力差、违规现象较严重、执业水平低下的评估机构和人员，制止小规模、低水平、无序竞争的现象，净化资产评估行业的执业环境，提高资产评估准入条件和执业标准，建立质量控制机制，逐步形成与市场经济和行业发展要求相适应的自律性管理体制和机制，形成完善的管理与服务相结合的行业制度和规范体系。同时培养一支拥有高素质和良好职业道德水准的注册资产评估师队伍，发展有较高竞争力的评估机构。

（三）提升人员素质

资产评估专业人员必须充分认识到资产评估风险是关系到自身生存发展和切身利益的大问题，从思想上重视评估风险和评估责任，以严谨的态度对待每项评估业务，努力提高自身业务素质。资产评估专业人员要加强理论学习，同时要强化实践经验，通过理论学习和实践锻炼，做学用法规的领头人，带头遵守法律法规，严格遵循各类评估操作规程，熟练掌握资产评估的理论以及各种类型资产评估的方法。同时，也要自觉参加各级协会或其他行业组织举行的相关教育培训，尽可能地参加业务交流会和各式各样的行业研讨会，提高评估过程中执业人员处理和解决实际问题的能力。

针对资产评估执业人员整体水平较低、难以保证评估结果质量这个问题，必须从以下几个方面入手。首先，从规范评估师的执业行为入手，建立一套与之相适应的技术准则，保证评估结果的质量，增强评估人员在执业过程中的质量意识和风险意识。其次，要提高评估执业人员的整体道德素质，既要加大资产评估执业道德的宣传力度，还要规范相关的执业道德准则，加大处罚力度。最后，通过加强后续教育，来提高评估人员的整体评估水平，后续教育的内容应该具有系统性、针对性和新颖性，培训的内容既要包括评估职业导读教育，指南，准则教育，还要进行新问题研究和新知识的教育。

（四）加强风险管理

在新常态背景下，资产评估机构面临的风险因素已经不只是由于评估人员执业能力引起的风险，风险来源于内外多个方面。有关部门与机构可以通过扩展资产评估机构质量控制的界定，将以产品结果导向为核心的质量控制体系调整为以生产过程监督为核心的风险管理体系。重新界定首席评估师在资产评估机构的职业地位，赋予其与责任相匹配的权力，同时限制其从事业务承揽、承做。对于资产评估机构来说，建立统一的业务操作标准，有利于全流程防控业务风险；有利于评估机构规避规模化外延式发展的执业风险；有利于降低评估机构发展受到人才制衡的风险，有利于建立良好的评估专业人员人才梯队，有利于建立清晰的评估人员职业胜任能力体系和考核晋升制度；有利于评估机构的品牌建设等。

评估档案保存期限的延长在一定程度上促使评估人员履行评估程序和确定评估结果时更加谨慎，确保项目经得起检验。因此，评估机构应着眼更长远的利益，甄别项目风险度，杜绝技术风险，拒绝为了短期利益出具虚假或迎合委托方的报告。评估人员应打破懒惰心理，谨慎勤勉执业，按照法律及相关规范履行评估程序，出具客观、真实、合理的评估报告。评估人员和机构管理层应重视《资产评估法》中的法律责任，拒绝短期的利益和惯性思维的懒惰心理，不存侥幸心理，否则可能受到法律的制裁。

第三节 财产清查步骤与对应方法

一、财产清查的主要步骤

（一）财产清查前期准备

在正式开展财产清查工作前，企业单位相关负责人、职工代表、会计主管人员等共同组织成一个财产清查小组，根据企业实际情况，制定财产清查的具体计划，并组织清查人员一同学习相关规定、法律常识，明确财产清查方案，科学分配清查任务，并做好必要的准备。同时，企业会计部门应提前对总账、明细账进行核对，获取银行存款等对账单，准备好财产清产过程中需要的报表等资料。企业财产物资需要按照其类别不同进行归类，放置整齐，并挂上标签。在正式清查前，所有的财产物资的进出手续都应办理完毕，并与账簿记录准确核对。另外，工作人员还需提前配备度量衡器具，以便准确计量。

（二）财产清查过程实施

财产清查人员应先对企业财产数量进行核对，核对准确后，再对其质量进行检查。在实物财产清查过程中，财产清查人员应与保管人员一同进行盘点，并对盘点结果进行详细记录，如财产物资的名称、单价、金额、编号等，并由双方一同盖章、签字，作为盘点结果的书面证明。

（三）财产清查分析处理

在财产清查后，企业会计部门应结合清查结果，编制实存账存对比表，明确企业当前财产的盈亏情况，从而分析盈亏原因，明确经济责任。

二、财产清查的对应方法

（一）固定资产清查

固定资产的清查盘点，主要是实物资产的盘点，包括固定资产的范围、分类和计价的确定，如土地类、房屋建筑物类和机器设备等各类固定资产。实物的清查包括具有实物形态的各种财产的清查，如材料、固定资产、在产品、成产品、低值易耗品、包装物等。对于实物的清查，一般从数量和质量两个方面来进行。检查实物的质量，主要运用物理和化学的方法，通过技术检测手段对被清查实物的品质、性能等方面进行鉴定，检查实物是否有霉烂、变质、残缺、毁损等的情况。实地盘点法是通过点数或运用度量衡工具计量等，逐一确定实物实有数量的方法，如以件为单位的产成品可以通过点数的方法确定实有数量。这种方法适用范围很广，大多数的财产物资都可以采用这种方法。

技术推算盘点法是指按照一定的标准推算出其实际有效数量的方法。对于那些堆存量很大、不便于逐一点数过磅，并且单位价值又不高的物资，可以通过量方、计尺等方法确定有关数据，然后采用技术方法计算出其重量。使用这种方法时，必须做到整理后的形状符合规定要求，测定标准重量比较准确。无论采用哪种盘点方法，为了分清经济责任，在进行盘点时，实物保管人员必须在场，还应将盘点情况如实逐项记录在盘存单上，并由盘点人和实物保管人签章，以示负责。盘点中发现的实物质量问题以及超储积压、半成品不成套等问题，应在备注栏内注明，实物编号、名称、规格、计量单位、单价等应与账簿记录保持一致，以便进一步与存账对比。为了简化工作，实存账存对比表可以只填列实存数和账存数不符的部分，如账实相符，可不填列。在实际工作中，为了简化手续，盘点数直接填写在实存账存对比表的实存栏内，不另外填写盘存单。

（二）库存现金清查

库存现金是企业中流动性最强的一种货币性资产，同银行存款、其他货币资金合并为货币资金科目，被列在资产负债表的第一位，可见其重要性。做好库存现金的管理，可以有助于企业更好的发展，现金运用得当，企业的经营也会事半功倍。近年来，随着企业改革的不断深化和企业间的资产重组力度进一步加大，中小型企业犹如雨后春笋一般大量涌现。但随之而来的却是企业内部现金管理的低效和运转不灵，严重影响了企业的生存和发展。从企业现金管理现状可以看出，我国中小型企业传统的企业现金管理理念、模式、手段已不适应现代企业的管理要求，加强和提高企业现金管理水平迫在眉睫。库存现金是指单位为了满足经营过程中零星支付需要而保留的现金，对库存现金进行监督盘点，可以确定库存现金的真实存在性和库存现金管理的有效性，对于评价企业的内控制度将起到积极作用。因而现代企业要在市场经济中站稳脚跟只有抓住货币现金管理这个中心，深入研究聚财、生财和用财之道，采取行之有效的管理和控制措施，疏通资金流转环节，提高企业经济效益。

库存现金的清查是通过实地盘点的方法，查明库存现金的实有数，然后与库存现金日记账的余额相核对，检查账款是否相符。单位除现金出纳人员做到日清月结、账款相符外，还要组织清查人员对库存现金进行定期或不定期的清查。对库存现金进行清查时，出纳人员一定要在场，由出纳人员在检察人员的监督下，开启保险柜，对库存现金进行自点，检察人员也可以进行复点，并注意不能以白纸借条、收据等充抵现金。用查明的库存现金实有数与库存现金日记账余额相核对，确定差异，填制库存现金盘点报告表，以此作为反映库存现金实有数的原始凭证，也作为查明账实发生差异的原因和调整账簿记录的依据。

（三）银行存款清查

企业银行存款日记账与银行对该企业存款的记录由于未达账项及失误等原因经常会出现不一致的现象，为此银行每个月要向企业寄送一份对账单，用于核对双方记账的正确性。如何对账，对账后是否进行账务处理，如何处理，都是企业财务部门每月要面对的实际问题。银行存款的清查采用核对法，即将开户银行对账单与本单位的银行存款日记账逐笔进行核对，以查明账实是否相符，在清查过程中，查找双方未达账项的余额，并据以编制银行存款余额调节表，清除未达款项影响，以便检查双方有无差错，并确定银行存款实存数。其他货币资金的清查，与银行存款的清查相同。

银行存款的清查是采取开户银行核对账目的方法。存款单位与银行之间的对账工作，通常由银行向存款单位交送对账单，由存款单位按照对账单上记载的银行存款存取业务与本单位的银行存款日记账逐笔核对。在核对前，应详细检查本单位银行存款日记账的正确性和完整性。在核对时，即使银行存款对账单上的银行存款余额和本单位的银行存款日记账的余额都没有错误也可能发生数字不一致的情况，这是由于未达账项的存在。未达账项指由于双方记账时间不一致而发生的一方已经入账而另一方没有接到有关凭证，因而还未入账的事项。

（四）往来账款清查

企业的往来款项管理是财务管理中的重要组成，同时也影响着企业整体的经济效益与安全。企业往来款项管理具有掌握企业资金状态，有利于资产管理及准确反映运营状态的重要性，为了保证企业在新时期的合理发展，企业需要提高自身的管理能力和竞争能力，而往来款项管理是企业一直以来的薄弱之处，存在着管理制度不完善、管理人员素质不理想、管理速度相对较慢、管理力度有所不足等问题。企业应当重视往来款项管理的作用并做好往来款项管理研究工作，不断完善往来款项管理的应用并充分发挥相关管理工作的实际作用。

企业在进行往来款项的管理过程中能够掌握企业的资金流动情况同时对企业的资金状态进行相应的判别。在企业与上游供应商以及客户之间的合作过程中不可避免地会产生往来款项，在企业经济活动频繁的时期往来资金中的资金流动频率也会明显地提高，企业的往来款项管理可以准确地记录运营过程中每一笔收支款项的来源和流出，企业能够根据各个时间段的资金状态来进行运营活动的规划，保证资金的正常流动以及充足的运营资金并进一步提高企业的资金效益。企业的往来款项不仅是企业与合作方之间的经济关系，同时也能够反映出两者之间的业务活动关系，这对于准确反映企业的运营状态以及实现信息披露有重要作用。一些企业会将往来款项进行利益操作而虚构企业良好的运营状态，但是长久下去并不利于企业的管理和持续发展，而实施往来款项的披露工作能够将企业的业务与财务活动进行详细反映，并有利于企业进行一系列的财务核算，对企业的资金收益、负债状态以及应收款项数目等进行确定并合理调整企业的资产结构及经济活动。往来账项指单位和其他单位或个人之间的各种应收账款、应付账款、预收款和预付款。为了保证往来款项的正确性和及时清算，防止长期拖欠，应及时清查，清查方法有直接核对和编送对账单核对两种方法。直接核对是对结算往来较少的单位或个人采取派人或直接函电查询，核对往来账款余额的方法，若余额不对再逐笔核对发生额。

（五）无形资产清查

无形资产是由特定主体拥有或控制的，不具有独立实体形态，可以对主体的生产、经营及管理等活动产生积极作用或带来经济利益的非货币性经济资源，对企业的成长起着非常重要的作用。由于无形资产的辨识及其权属关系确认的模糊性，价值创造与成本之间关系的弱对应性，以及非标准化特性和价值的相对性，导致现有的成长性评价中很少有依赖无形资产的评价。无形资产在企业发展过程中影响越来越大，但是随着企业的扩张，企业无形资产的管理处于无管理状态。造成这一现象的原因主要有以下两个方面。一方面，企业管理者没有无形资产管理意识，由于无形资产无固定形态，产生经济价值不好量化，同时对于无形资产类别认识不清，最终管理者对于这种看不到的东西形成管理与否无差别的意识；另一方面，没有针对无形资产管理的制度，只有无形资产遭到侵犯并且产生了巨大影响，管理者才会被动进行控制和消除影响，进而就这项无形资产制定规则，缺乏对全部无形资产的衡量和分析，缺少主动建设管理制度的前瞻性。

第四节　财产清查处理与改善策略

一、清查结果的对应处理

（一）库存现金处理

库存现金是指存放于企业财会部门，由出纳人员经管的货币。库存现金是企业流动性最强的资产，企业应当严格遵守国家有关现金管理制度，正确进行现金收支的核算，监督现金使用的合法性与合理性。现金核对的项目主要有核对凭证编号；复查记账凭证与原始凭证，检查两者是否完全相符；查对账证金额与方向的一致性；检查如发现差错，要立即按规定的方法更正，确保账证完全一致；结出当天现金日记账的账面余额，再盘点库存现金的实有数，检查两者是否完全相符。现金日记账是根据收、付款凭证逐笔登记的，现金总分类账是根据收、付款凭证汇总登记的，记账的依据是相同的，记录的结果应该完全一致，但由于两个账簿是由不同人员分别记账的，可能会发生差错。

在财产清查的过程中，一旦出现盈余的现象时，按照盈余的所属金额，进行库存现金的记账，一旦查明原因，就必须按照处分进行合理的处理，但是如果无法查出原因，要经过部门领导批准后才能够计入营外收入中。对于现金处理时，一旦发现现金出现短缺要按照短缺的金额进行简单的记录，将短缺的金额与贷款的项目进行非开记录，一旦查明原因，要按照情况进行及时处理。

（二）存货账务处理

对于企业中的存货盘点工作，其包含很多被人忽略的内容，这一现象是不科学的，存货盘点工作不仅仅是简单地清点数目而已。存货盘点工作是用于确定存货真实存在的前提。通过进行存货盘点而形成的结论数据是形成相关会计科目记录账务处理真实性、正确性的直接依据。在存货盘点中取得存货收发结存证据，是用于核实企业销售业务及由此产生的经济往来列示的余额正确性，以反映在报表列报中的数据准确性。存货盘点的工作结果，能够衡量企业对生产经营运作及市场竞争环境的影响，及这些因素对企业的财务状况产生了什么样的影响，继而进一步分析企业生产经营的真实情况，为企业管理者提供决策依据，对存货方面存在的问题有针对性地提出改进建议。存货盘点的重要意义和作用，要求人们在盘点工作中要科学的部署安排其计划工作，盘点工作人员应当充分考虑企业存货本身的特点、盘存制度和存货内部控制的有效性，在了解企业上期存货盘点计划及结果的基础上，编制本期存货盘点计划。

在一家企业的财务管理中，必不可少的就是存货，存货是整个企业资产的重要核心，基本上是处于不断销售与耗损中，因此为了能够进一步加强对于存货的管理与控制，企业要不定时对存货进行盘点与检查，确定财目上的数据与实际的存货一致，及时地对账目进行确认。对于账目不相符状况，就要编制一个存货盘点体系，作为存货清查的重要依据。在企业的存货盘盈过程中，盘盈存货是指实际存货的数目与账面上的数量有一定的差额，在存货上一旦出现存货盘盈的现象，应该大力按照同类的市场价格进行实际成本入账，待查明原因后，经过企业管理者的批准，冲减当时的管理费用。

（三）固定资产处理

为了确保固定资产的准确性与真实性，企业要定期对固定资产进行合理的盘点清查，通过清查能够发现固定资产在企业的账目上是否存在问题与记录，即实物的数量大于账目上的数量，也就是固定资产的盘盈。一旦企业的账目里固定资产的数目实物并不存在，就属于固定资产的盘亏。各家企业要按照固定资产的盘盈，盘亏进行严格的控制，编写一个严谨的报告，并请管理者进行审批。现在的准则是将固定的资产盘盈进行差错性的会计处理，是通过固定资产出现盘盈，但是企业无法进行控制，因此造成盘盈的可能性较小，若企业出现固定资产盘盈现象一般是由于会计期间少计与漏计所产生的，因此在企业出现这样的状况时，要进行及时更正与改变，可以在一定程度上减少人为的操作。

二、财产清查的改善策略

（一）提升重视程度

资产清查活动之所以在单位或者企业内部无法有效地进行，很大一部分原因在于单位或企业的管理人员对资产清查活动的重视程度不够导致整个单位或者企业对资产清查活动的轻视。因此，得从单位或企业的管理层或者是所有者出发提高其对资产清查活动的重视程度，要使其重视资产清查活动，就必须向其明确提出资产清查活动对于单位或者是企业发展的重要性。因此，从更深层次的角度出发，相关的经济管理部门可以把资产清查活动纳入企业或单位发展中的一个重要的内容并鼓励相关部门进行资产清查活动。并且相关的经济监管部门可以在定期内对单位或者企业的资产清查活动的结果报表进行监督管理从而加强企业的管理人员或者是其所有者对资产清查活动的重视。

（二）明确各自职责

资产清查小组的成员必须要明确自身的职责所在。在单位或者是企业的资产清查活动中可以事先进行设定，只有资产清查小组的成员才能够对单位或者是企业的资产进行清查从而明确其职责所在并通过避免其他的人员的参与来提高工作效率。因此，要明确小组成员的职责和对其活动进行监督，单位或者企业内部的管理人员可以对其工作进行定期的检查和时时监督。为了保障资产清查活动产生的报表是正确无误的也需要相关的管理人员来对其工作进行监督和管理。资产清查办公室工作人员比较分析财务科的资产清单明细，各部门自查的资产清查盘点表，然后清查办公室组建几个小组，分赴各部门对资产进行实地盘查，根据核实情况进行修正，并将表格打印出来由各负责人签名或盖章。

（三）健全管理机制

资产清查是会计核算方法之一，国有企业必须按照新会计准则的要求健全资产管理机制，使得清查盘点工作有据可依。要明确资产清查的工作范围，凡使用时间在一年以上，仍基本保持原有物质形态且能够可靠地计量成本的固定资产，都属于资产清查的范围。企业要建立定期清查盘点制度，使资产管理部门联合财务部门以及各使用、管理部门进行资产清查，明确管理责任，实行责任到人。资产使用部门依照资产台账每季度清点一次部门资产，编制资产清查盘点表，并报送资产管理部门，及时与资产管理部门对账。资产管理部门每年清查两次，编制固定资产汇总表，并与财务部门进行核对，年底进行总清查、总对账，确保账实相符。

企业可以从以下几个方面加强资产管理，加强具有资产管理专业人员的配备，确立明晰的纵向与横向的职能和责任；制定规范、有效的资产管理流程标准，找准资产管理的关键控制点；建立资产管理的监督和约束机制，完善和提升对于资产的监管与约束行为，从而促进资产的合理化使用机制；建立资产经营和管理的连带责任制度，充分利用现代企业的资产管理的有效手段，树立起极有效的资产管理理念和责任意识；建立管理评价指标体系，实现对企业资产的监控，保证资产的有效利用。

（四）优化资产配置

资产结构是指各种资产占企业总资产的比重。一个合理的资产结构既可以满足企业日常生产经营需要，又可以提高企业的盈利能力，因此企业要优化资产配置。企业的资产结构通常可以从期限、形态、收益三方面进行结构分析。资产结构的分析与评价对于企业未来的资产结构调整与优化有着重要的意义。其中，对资产期限结构进行分析，可以了解企业所面临的经营风险和财务风险；对资产形态结构进行分析，可以判断企业经营生产能力和未来发展能力；对资产收益结构进行分析，可以掌握企业的收入来源及渠道。

在很多企业中企业的资产预算并没有像销售预算一样得到重视，对于资产购置存在很大的随意性，不符合企业长期可持续性发展要求。对于企业的资产预算，应该认真评估其合理性，避免购置的随意性，有利于企业资产配置的不断优化。如何加强资产管理，有效利用企业资产，不断积累企业资产，加强保护企业资产，是企业运营的基本问题。企业要想不断壮大，不断提高竞争力，资产管理工作就必须要做好。目前市场运行状况日趋复杂，科学合理的资产管理策略，不仅可以不断优化企业资产配置，有效控制企业运营风险，还可以推动企业持续良性发展。

（五）强化人员素质

企业发展中的资产有来自财政性资金的，受传统重资金、轻资产、重购置、轻管理思想的影响，企业人员对资产清查工作重视不够，导致企业单位的资产管理混乱，国有资产流失现象较为严重，还伴随有关人员中饱私囊等腐败问题。资产清查工作量大、工作时间紧张、工作任务繁重，需要大量专业人员的支持。但是现阶段，一些企业资产清查没有设立专门的资产清查岗位，也没有专业的资产清查负责人，导致企业资产清查工作效果不理想。资产清查工作人员要形成正确的工作态度，加强资产清查知识、技能学习等，并提升自身对各类清查问题的处理能力。

第九章　会计内部控制

内部控制是企业实现可持续发展的基础，是管理效率和生产效率的保证，能保障企业资产安全和保证会计信息质量。内部控制处于企业中枢神经系统的重要位置，是企业生产经营活动自我调节和自我制约的内在机制。不断完善企业内部控制制度并最大限度发挥其作用，对于增强企业在市场竞争中的生存能力和适应能力具有重要意义。在我国的资本市场开始实施全方位的对外开放的大背景下，我国企业面临着很多机会，同时也伴随着更多的竞争风险。企业要在变化莫测、充满风险的经济环境中生存和发展，离不开完善的内部控制制度。内部控制作为一种先进的组织管理制度，已经成为现代企业管理的重要组成部分。内部控制在追求价值最大化的现代企业生产经营活动中的重要作用越来越突出，其执行的好坏更是会直接影响企业目标的实现。

在企业管理中，内控作为十分重要的内容，影响着企业管理质量的提高，对于保护企业资产安全有着重要作用。因此，企业必须要重视和加强内控工作，对现有内控机制进行完善和优化，以便更好地规避风险，推动企业长效发展。有效且稳健运行的内部控制同样可以保证执行过程中的质量，那么可以合理地推断内部控制也应该对会计信息披露质量产生一定的影响。合理的公司治理就是要能够平衡与约束各级权力机构之间的利益和行为，而运行稳健的内部控制在保证这样平衡的实现过程中发挥了重要的作用。由此可知，公司治理机制可以影响内部控制进而影响会计信息披露的质量，内部控制也可以反过来影响公司治理水平而对会计信息披露质量产生影响，内部控制与公司治理不仅彼此关联而且互相区分，因此在有关研究中有必要将两者的嵌合效应纳入同一研究框架中以分析两者的嵌合效应是否对会计信息披露质量产生影响。

第一节　内部控制概述

一、内部控制的相关概念

（一）内部控制

如果要了解什么是内部控制，可以从内部控制的历史发展过程中寻找答案。在企业刚刚诞生的时候，社会的科技发展水平和企业生产规模都还比较低，所有者需要关注的就是防止企业的权利集中在个别管理者手中从而使自己的财富被无声无息地偷窃掉。因此，早期的内部控制阶段被称为内部牵制阶段，主要是保持企业内部各岗位可以起到相互监督、相互约束的状态。随着社会生产力和企业规模的不断扩大，企业之间的竞争也开始加剧，所有者关注的重心开始发生变化，不再局限于对企业管理者与员工的牵制，而是关注如何通过内部控制的革新在保证内部监督有效的前提下，促进企业经营业绩的提升，此时内部控制进入制度阶段。

内部控制是一套管理体系，是企业为了实现一系列经营管理目标而采取的各种方法、手段与措施的总称。而制定和实施这一系列措施的主体是企业法人，包括企业的各级员工，他们有权对内部控制的制定和执行提出相应的要求；内部控制的客体则包括企业内部的全体员工，也包括企业的各种经济业务活动、资产、负债等各种数据信息。企业通过内部控制的实施来保证企业经营过程中的合法性和有效性，通过达到内部控制的目标使得企业的经营目标和战略目标得以实现。

（二）公司治理

公司治理是一种由股东、董事会和高级管理人员所组成的一种组织结构。股东设立董事会作为其进行经营管理的决策机构，董事会拥有任用和解雇高级管理人员的权利，但是正如所有权与经营权分离所带来的委托代理问题所示，拥有设立董事会权利的一方在企业的重大决策中可能得听命于董事会，而被聘任的高级管理人员则拥有日常经营管理最实际的权利。一种良好的公司治理结构能够在三者之间形成一个最佳的平衡点，相互制衡。公司治理是对公司资源分配以整套制度安排。公司治理通过合理地行驶控制权、设计有效的激励机制和评价机制来解决公司有关发展目标、高管持股、风险控制等问题。也有一部分学者认为公司治理的核心并非是如何驾驭权利，它的终极目标是确保公司在合适的阶段采取相应的发展战略和战术，是一种决策保障机制。少数学者认为公司治理就是股东监管董事会、董事会监管管理层这一个单行线，他们认为有效监管是公司治理的存在基础，故公司治理不应局限在公司内部，还应建立政府监督、民间审计监督、社会媒体监督等监督体系。

现代上市公司的设立形式都是以股份制为基础，股东拥有多少股份对应着其拥有多少表决权，即其股权大小代表着其在上市公司的地位大小。董事会作为企业日常经营管理的最高权力机构，其成员共同决策后的结果将直接影响公司的营销方向、投资方向及管理重心的转移等，而企业未来经营业绩的好坏及股东股权投资的回报都与这些息息相关。监事会作为上市企业的监督机构，拥有监督董事会决策和管理层行为的权利，并直接向股东汇报相关情况。公司治理应是一个良性循环的生态系统，应是由董事会、监事会、管理人员和其他利益相关者互相牵制、互相影响而形成的一种体系，它不能由某几个方面决定，而是在不同的发展阶段基于重要特征而又与其他特征普遍联系的一种互动生态。

（三）内部审计

所谓的内部审计就是基于企业组织内部，服务于企业管理部门的一种独立监测、评价活动。尤其是相对于外部审计工作而言，内部审计更加及时、设计范围更广、目标更加明确、程序也更加简单。这是因为企业的内部审计部门本身就是企业的一个部门，因此可以直接参与到企业的重大决策会议与企业的日常经营活动之中，所以和短短数日的外部审计工作相比，内部审计工作贯穿于企业的所有经营管理活动之中，也能够及时地发现企业存在的问题，与相关部门进行沟通并采取有效的解决措施。因为企业内部审计工作贯穿于企业，涉及了企业所有的经营管理活动，且作为企业的一个职能部门，往往是企业领导让审计人员做什么，审计人员就要审计什么，这也就决定了审计人员比外部审计拥有更为充裕的时间，审计设计范围也更加的广泛。与外部审计相比企业内部审计的目标更加明确，这是因为内部审计其本身就是为了保护企业资产，保护所有者权益而出现的，所以内部审计的全部工作重心都放在经营风险、经济效益上，因此其目标十分明确。

相较于外部审计较为复杂的审计流程而言，内部审计程序更为简单，具体可以归纳为四个步骤，即计划制订、计划实施、得出结论、后续审计。在计划制订阶段，企业内部审计人员主要是根据上半年发现的问题，结合管理层商定的本年度工作重点加以编写审计方案，获得上级管理部门批准以后方可执行；在计划实施阶段，审计人员主要是结合日常工作，有针对性地予以开展审计工作；在得出结论阶段，审计人员所出具的审计结论将会为企业领导决策提供重要依据；在后续审计阶段，如若有人对审计结论有异议，可及时向审计部门提出，若意见合理可给予跟踪式的整改，调整审计结论。

二、内部控制的主要目标

（一）加强资金管理

市场经济的迅速发展不仅给企业带来了各种机遇，而且也带来了很多挑战。其中最为重要，不能忽视的便是企业的资金管理问题，这一个企业生存发展最基本的问题是保证企业在激烈的市场竞争中生存下来，并快速发展的基础。一个健康的企业必须有一个健康的资金链条和一系列资金管理的方法程序，完整的资金管理体系是企业资金链安全的基础，是企业稳定发展的前提，更是企业提升其综合实力的保证。现代化的企业不仅要在产品上进行创新，提升其市场竞争力，更要在管理方法和模式上进行创新，保证企业发展的基础，资管管理体系的发展便是在这样一个思想下形成的。

为了使企业发展得更加稳定、快速，必须要加强企业资金方面的管理。首先，必须要明确管理的重点内容，以及对岗位的情况进行明确，对于管理过程中的一些独立工作要进行分开处理，这样就能够使财务工作人员都明确自身的责任，使财务管理向着精细化方面发展，从而提高企业资金的支出。其次，对于财务工作的授权，企业管理者必须要进行相应规定的制定，这样不仅能够保证企业资金在使用过程中更加完善，还能保证每一笔资金都能够用到真正的地方，为企业创造更大的经济效益。此外，企业还需要对财务管理中的一些原始凭证进行妥善保管，建立一套完善的监督体系，这样才能帮助财务人员及时的发现存在的问题，并且通过有效的方法进行解决，防止出现严重的侵占问题。企业在进行清点盘查的工作过程中，要运用合理的管理办法提高资金的管控水平。

（二）强化预算管理

财务预算管理是一个综合性的财务计划，其集企业计划、经营、协调与评价等为一体。具体而言，有关企业资本性投资方案的评价及其计划被称为资本预算；预计和估算企业的收入、利润以及费用便是企业的经营预算；而以资本预算和经营预算为基础和前提，对一定期间内的损益和现金流量所做出的具体安排则是财务预算。财务预算管理对企业的发展至关重要，但是我国中小型企业，由于过于重视对眼前的利润的追求，忽视了企业长远的发展战略的制定，导致财务预算管理工作未得到应有的重视。预算管理对企业发展的重要性不言而喻，尤其是对于中小型企业来说，由于其规模较小，做好预算管理对于企业资金的流动影响极大，换言之，中小型企业的预算管理工作，对企业的稳健发展，从一定程度上说，具有决定性的作用。因此，必须全面加强中小型企业的预算管理工作，为企业的发展做好准备工作。

企业在进行资金预算管理工作中，要完成好执行管理工作，对相关的责任制度进行完善。在确定领导人员职责的前提下，进行权力管理活动，对资金支出的规模进行分析，提高资金预算执行检查管理工作的力度。通过预算管理工作及时的指出资金预算超支的情况，并运用有效的办法进行解决。除此以外，企业还应进行预算预警管理工作，在对制度进行完善的前提下，要采取预算限额的办法，对超出预算等情况进行及时的预警工作。此外，有关人员在企业财务管理中，对于绩效预算的管理需要制定完善的考核机制，从而提高在进行绩效预算时的准确性。并且人们通过在企业的大数据管理过程中，对于一些信息需要及时地进行明确，找出存在的一些问题，并且运用妥善的方法进行改善。

（三）加大采购管理力度

进入二十一世纪以来，我国社会经济飞速发展，同时我国企业也越来越多，企业之间竞争力更加激烈。要想企业在同领域市场竞争中占有一席之地，获取更大的经济利益，就要不断加大企业物品采购管理力度，使企业材料成本不断下降的同时还要使企业正常供给得到保障，进而不断推动企业进一步发展。企业物资采购管理在整个企业经营过程中占据着关键地位，要不断加大对物资采购每个步骤的管理力度从而使企业采购质量得到保障，进而购买到相对质量好的产品，并且还可以在完成采购任务的基础上使采购成本得到合理管控，并以企业生产经营为依据，按时、按量选购符合企业标准的产品从而使企业生产需求物资得到保障，并促进企业生产顺利进行。随着社会竞争日益激烈，企业只有将自身的物资购买管理水平不断提升，才能促进企业获取更大的经济利益，并促进其在同领域中取得良好的发展。

对于需要企业预先进行采购或付款的管理，管理人员必须要先对市场经济发展进行研究，保证每一项业务都能够符合企业发展，并且对于需要进行采购的物品要进行明确的内容申请与审批，只有经过管理者同意后才能够进行采购。并且会计人员对于企业财务管理工作需要进行重点验收，当采购工作完成后需要会计人员对物品进行统一清理，并严格的进行检查，从而保证采购物品的质量。在企业需要进行付款时，首先要根据相关管理者的授权审批，对付款环节进行严格的管理，从而帮助财务会计人员提高货款的审批效率，提高资金审批的控制能力。随着我国社会经济的进一步发展，企业市场竞争力也越来越激烈，每一个企业在其发展过程中都要开展物资购买管理工作。因此，企业物资采购人员必须以物资采购管理体制标准为基础进行物资采购，从而使企业成本不断降低，并购买质量合格产品，进而使企业获取更多的经济利益。

第二节　内部控制的价值体现与理论依据

一、内部控制的价值体现

（一）降低企业财务风险

企业风险管理中不可或缺的一部分，就是内部控制。风险管理与内部控制的主要目的就在于保全企业资产、维护投资者的利益，进而创造出新的价值。内部控制在理论上而言，是企业制度不可分割的一部分，风险管理则是在新的市场环境、新的技术下，除内部控制框架的三个目标之外，增设的战略目标、风险应对、事件识别及目标设定这些要素，是对内部控制的进一步拓展。因此，企业的内部控制与风险管理这两者之间属于一种主从关系，风险管理是进一步延伸与扩展的内部控制，最后也会借助于内控的一系列手段、方法，来促进其战略目标的实现。

在持续扩展的过程之中，企业时常需要制定出一些重大的决策，来帮助实现扩展的目的，比如在市场营销、基础建设、成果转化、产业投资等方面的决策。因此，若缺少一个规范、系统的内部控制，则可能使决策出现偏差或是失误，更严重时，还会带来权益或是经济上的纠纷，进而极大地制约企业的稳定、长远发展。反之，若具有一个健全、完善的内控机制，便可对决策者的行为起到有效制约，进而使之制定出的决策方法和程序具有规范性、合理性、系统性，使得主观错误得以最大限度地避免，从而使企业的长远、健康发展得以保障。有效地预防、控制经营过程之中的各类风险，企业才可实现生存且长久发展的目标。而内部控制，可以通过有效地评估企业经营活动中的风险，使得企业对于薄弱环节的控制不断增强，进而将企业的风险控制于可接受范围内，是防范经营风险最具成效的手段。伴随全球经济一体化的不断推进，以及我国市场经济制度的持续完善，在生产经营过程中企业必然会遇到更多的风险。而想要有效的管理与应对这些风险，企业就一定要清楚地意识到企业内部控制在风险管理中的重要作用。

（二）优化企业治理工作

内部控制的构成主要由公司的董事会以及管理层，或是全体公司成员共同参加，以实现公司发展的经营目标为主要目的，并结合一定的规则或是相关的程序对公司的生产经营情况进行整体的监督与控制的一个过程。其不仅可以进一步保证公司的合法经营地位，还可以确保公司各项财务信息的可靠真实，最终实现公司发展的预期经营目标。公司治理在现代企业制度不断建立与发展中承担着运营发展的作用，也是企业进行科学化管理的主要手段，是企业的所有者对企业生产经营情况进行有效监督的一种制度保障，由内部治理与外部治理所组成。内部治理的人员构成上主要是由公司的股东大会成员，或是董事会、监事会、与相应的经理人员所组成；外部治理主要通过产品市场与资本市场等外部市场的综合竞争来完成。

内部控制可对公司的外部资本市场产生一定的发展影响，具有良好的外部资本的公司可以实现其自身的经营价值，而内部控制对其鲜明的影响主要表现在确保财务信息的准确性与真实性；内部控制有利于公司潜在市场的发展，可以通过绩效考核或是直接约束公司经理人的行为完成控制，加强经营管理风险的评估，保证经营效率；内部控制对公司的整体产品市场具有一定影响，这是因为公司经营得好与坏的评价标准主要由其生产出的产品决定，公司的产品想要取得竞争发展优势，就需要在价格和质量上狠下功夫，实现公司治理的最终目标。

（三）合理控制企业成本

成本控制，是企业根据一定时期预先建立的成本管理目标，由成本控制主体在其职权范围内，在生产耗费发生以前和成本控制过程中，对各种影响成本的因素和条件采取的一系列预防和调节措施，以保证成本管理目标实现的管理行为。内部控制关系到企业运营的方方面面，从采购，销售到存货的管理，从招聘、薪酬到辞退等为了让企业更平稳的运营管理，管理层会制定出相关政策去规范公司的方方面面，就像治家治国一样，使公司管理有法可依。因此，内部控制不仅仅包含对财务报表准确性的影响，还涉及公司运营的状况。其中具体的控制主要包括了成本控制，因此实现内部控制很重要的部分是管理层，而人们所说的管理会计做的成本控制，就是管理层对内部控制的具体化，他们具有目标一致性，即一起实现企业经营效益的最大化。

同样的成本控制方法在不同的企业会有不同的效果。这归根于内部环境的差异。营造良好的内部环境，能促使成本控制工作的有效展开，从而达到企业工作目标。相反，落后的内部环境会阻碍企业前途的发展。内部控制监督是现代企业改善经营管理、降低重大内控缺陷发生可能性的重要措施。在信息系统环境下，内部控制可分成若干个子系统，如生产系统、销售系统等，各系统之间有明确的界限从而达到相互制约的作用。每个子系统都应当制定严谨的内部控制制度，来达到成本监督的效果。内部控制的目的在于合理保证企业经营管理合法合规，资金安全、财务报告及相关信息真实完整，从而提高经营效率和效果，促进企业实现发展战略。而成本控制的目的在于对与成本相关的因素采取各种预防措施和调节措施，来达到成本控制的目标，从而有效地将成本控制在预期的范围内。如果成本达到有效的控制，在其他因素不变的环境下，必然能提高经营业绩。

（四）保障会计数据真实

会计信息必须真实地反映企业的财务状况、经营成果和现金流量情况，是对会计的基本要求。从宏观的角度看，企业提供的会计信息是一种社会产品，会计信息与投资者的投资决策、债权人的信贷决策、对企业经济价值与社会价值的评价、政府对微观企业的控制、企业经营管理者的廉政建设等都密切相关。因此，企业会计信息的质量，不仅影响到与企业有利益关系的投资者、债权人等群体的经济利益，而且还会影响到整个国家的经济秩序和社会秩序，必须高度重视企业会计信息的质量问题。其中会计信息的真实性尤为重要。但在社会主义市场经济条件下，会计信息失真现象大量存在，对我国市场经济建设与发展形成了制约效应。

正确可靠的会计数据是企业经营管理者了解过去、控制现在、预测未来、做出决策的必要条件，而内部控制系统通过制定和执行业务处理程序，科学地进行指导分工，使会计资料在相互牵制的条件下产生，从而有效地防止错误和弊端的发生，保证会计资料的正确性和可靠性。内部控制制度对会计资料的处理有着严密的控制措施，如对会计资料的处理进行稽核、复核，以保证凭证、账簿、报表及其他会计记录的正确性。通过核对可以及时发现工作中的错误，并予以纠正，从而保证账证、账账、账实、账表相符，保证会计信息的正确性、真实性。内部会计控制制度是企业内部控制制度的一个重要方面。

二、内部控制的理论依据

（一）社会责任理论

随着社会的发展，企业日益壮大并成为现代经济的主要组织形式。企业在给社会经济带来巨大发展的同时，也给社会带来了一系列的问题，如漠视员工的权利，损害消费者权益，造成严重的环境污染，破坏生态平衡，对社会问题漠不关心等。虽然企业的原始责任就是为所有者获取利润，但要保持企业的可持续发展就必须关注企业与社会的关系问题。企业社会责任也由此而生并引起了人们的广泛关注。因此，明确企业对社会责任，将有利于企业的长期利益和长远发展。企业该如何反映社会责任，社会责任应该怎样披露，采用什么样的方式披露，政府及利益相关者如何了解企业对社会责任的贡献以及社会责任信息怎样在不同的企业之间可比，就成了人们必须面对的问题。

随着经济的全球化，国内民众及跨国企业要求中国企业承担社会责任的呼声日益高涨，要求企业在谋求企业利益最大化的同时承担促进和维护社会利益的义务，因此企业在为股东利益着想的同时，还应该对社会承担责任。企业履行社会责任既有助于提高企业的社会形象，为企业创造更加广阔的生存空间，又能使企业赢得广大客户和消费者的信赖，促进企业经济利益的提高。可见，企业社会责任对于企业的重要性日趋增强，企业进行良好的社会责任管理，对企业自身利益有着积极的影响。企业社会责任是指企业作为一种社会组织所应尽的社会责任，是企业在生产经营过程中的经营决策和企业行为对企业和社会所负有的责任，它包括企业对消费者，员工，股东乃至社区、政府、环境所应承担的经济责任和社会责任。企业的社会责任是一种工商企业追求有利于社会长远目标的义务，而不是法律和经济所要求的义务。它促使人们从事使社会变得更美好的工作，而不做那些有损社会的事情。

（二）道德资本理论

道德资本从内涵上是指投入经济运行过程，以传统习俗、内心信念、社会舆论为主要手段，能够有助于带来剩余价值或创造新价值，从而实现经济物品保值、增值的一种伦理价值，从外延上它既包括一切有明文规定的各种道德行为规范体系，又包括一切无文明规定的价值理念、道德精神、民风民俗等。从表现形态来看道德资本在微观个体层面，体现为一种人力资本；在中观企业层面，体现为一种无形资产；在宏观社会层面，体现为一种社会资本。从功能发挥来看道德资本与其他资本不同，它不仅是促进经济物品保值、增值的人文动力，而且是一种社会理性精神，其最终目标是实现经济效益与社会效益的双赢。

在社会主义市场经济条件下，企业生产要素中劳资关系依然存在，企业道德的实然与应然之间的不一致问题依然存在。因此，有必要进一步探究企业道德实践的本质。企业道德实践在本质上是主体性活动，是贯彻实践精神的活动，尤其是实践义利共生原则的活动。进入新世纪，企业面临的风险主要来自世界政治、经济、法律、文化传统等各个方面，尤其是国家与国家、企业与企业间的经营环境差异。企业及企业员工自觉的道德行为表明了企业道德实践在本质上是主体性的活动。

（三）行为科学理论

行为科学是综合应用心理学、社会学、社会心理学、人类学、经济学、政治学、历史学、法律学、教育学、精神病学的管理理论和方法，是研究人的行为的边缘学科。它研究人的行为产生、发展和相互转化的规律，以便预测人的行为和控制人的行为。行为科学反映了人类社会发展的进步要求。行为科学贯彻了以人为本的思想，以人力资源为首要资源，高度重视对人力资源的开发和利用，提倡以人道主义的态度对待工人，通过改善劳动条件，提高劳动者工作生活的质量，培训劳动者的生产技能，调动人的积极性，进而提高劳动效率。这些思想有利于推动生产发展和社会进步。

对企业而言，其管理层关注的核心问题在于如何提高企业员工的忠诚度；如何激励员工更加积极地投入到工作中去；如何使员工的实际工作行为及绩效对整个企业产生正面的影响从而提升整个部门和企业的效能。另外，随着当今高科技产业的迅速崛起，使得员工的价值不仅体现在其所拥有的劳动力上，还在于他们能够产生富有创造性的思想和观点。行为科学理论在管理学中的应用，归根结底是要提高经济效益，提高经济效益的前提是满足人的动机。人的动机的产生引发于两个因素，一是内部因素，即需要，包括生理需要和心理需要；另一个是外部因素即刺激，包括物质刺激和精神刺激。行为科学认为，要使人们产生某种积极行为，就要通过一定的方式激发起人们的某种动机，动机激发起来了，行为就自然产生。

（四）可持续发展论

可持续发展管理会计运用多种方法，加工、整理各种信息，构建基于生态经济系统的、以促进企业的可持续发展为目标的预测、决策、控制、评价等信息系统。在传统管理会计理论下，企业以利润最大化为目标，忽视了生态效率，不能提供生态环境信息，容易造成经营决策的失误。相比较传统的管理会计，可持续发展管理会计更加重视生态环境、社会责任给企业所带来的影响，在会计核算中体现了经济增长对生态环境的破坏，在关注经济效益的同时，更加重视社会效益。

可持续发展更注重企业对自然资源是否合理利用，是否有节制，企业排放的废气是否污染环境，排放的废水是否达标排放，企业生产是否破坏人与自然的生态平衡。企业可以通过预算和绩效管理系统来促进社会责任的实施，考虑相关的环境活动，如企业环境教育的实施情况、环境政策的落实情况、环境质量的监测情况、排污治理水平等。企业要将多个可行性预测方案进行比较分析，考虑环境污染的清理成本、企业环境罚款的支付、环境污染的理赔成本、环境管理支出、环境投资和损失等各种隐性成本，从中选择一个成本低、效益高的考虑生态因素的生态保护利用方案，权衡企业的经济利益和长远发展，优化企业的战略决策。

第三节　内部控制策略

一、内部控制的实施主体

（一）治理层

治理层主要包括董事会、监事会的人员。一个良好的董事会，必须首先是大投资者、小投资者以及不同利益相关者的利益平衡机构。因为只有多元代表参与，民主董事会才能保证是良性的，从而保证在董事会内部不会出现决策者不受制约的情况。对于小投资者来说，需要多元利益群体的代表参与公司决策。要解决新的经济条件下企业面临的纷繁复杂的社会责任，也即利益相关者利益诉求问题，就必须更多地从公司治理层面入手，寻求利益相关者对公司治理的有效参与，构筑利益相关者共同治理的制度和机制。公司治理强调的利益相关者参与是一种主动的、事前的、较高层次的行为，其目的在于通过不同利益相关者的治理行为降低代理成本、合理分配企业租金，从而最大化企业全部资源投入者的利益。

治理层是控制环境的主要因素，企业治理结构包括多种控制环境因素，从治理层的角度看，公司治理模式是指在一定外部环境下为解决公司治理问题采取的一系列制度和手段的统称。治理层不仅仅是董事会、监事会，还有对企业内部控制环境进行监督和指导的其他机制。治理层对内部控制的监督和指导属于内部控制环境因素，是内部控制重要组成，也是奠定内部控制与其他要素建立联系的基础，加强董事会和监事会对内部控制的监督作用，将有利于公司治理水平的提升，也将使资源配置得到高效率的发挥，更是提高企业治理效率的有效举措。企业内部控制与治理是从两个不同的层面对企业进行有效管理，治理层对内部控制的监督属于内部控制的环境要素，而内部控制是企业董事会、经历阶层和其他员工实施为达到生产经营效果可靠性等目的的合理保证，内部控制与治理相互制约、相互促进，在企业的发展战略实现中发挥着重要作用。

（二）管理层

当前我国经济正处于转型期，在去产能、去库存、稳增长的过程中，企业的生存发展面临着前所未有的挑战。随着宏观经济环境的变化和产业结构的不断调整，企业在经济新常态的背景下如何实现可持续发展显得尤为重要，而内部控制作为维持正常生产经营，防范风险的主要手段不仅影响着企业当前的经营状况，还与其未来的发展前景息息相关。由于企业内部控制的固有局限，当出现管理层舞弊和管理层凌驾于控制之上等内控制失效情形时，会在一定程度上影响企业的可持续发展能力。

在企业所有权与经营控制权分离的今天，管理层对企业的生产经营管理等各方面拥有决定权，同样影响着企业日常的经营管理活动甚至未来的发展。管理层是企业各层组织的主要构成，它是企业管理的组织架构，包含高管、中层管理者和基层管理者。在投资者单边治理环境下，管理层与投资者间是委托代理关系，管理层是投资者的代理人；在管理层中的高管单边治理或者与其他的内部利益相关者共同治理环境下，高管成为自己或者自己和共同内部利益相关者的代理人，从而身兼治理层和管理层的双重身份。权力是管理层实现自身意愿的能力，是对企业业务决策以及业务执行产生的影响力；一般是当企业内部治理机制出现漏洞并且企业缺乏外部制度环境约束时，管理层对其特定控制权职责以外的范围所表现出的影响力。

（三）作业层

作业层指具体的作业执行层，是具体接触企业外部利益相关者的岗位和人，处于这一层级的通常是普通员工，他们的具体作业过程，会接触到身处企业内部和外部的不同利益相关者，他们可以说是企业社会责任履行的具体执行者和直接操作者，同时他们对于作业过程中的社会责任履行过程也可以起到自我控制和交叉控制的作用。在某种意义上，企业社会责任内部控制分别是治理层，管理层，作业层的治理工具、管理工具和作业工具，它是各个层次众多工具中的一个，可以用来为实现各个层级社会责任管理绩效提供合理保证。需要说明的是，对于企业社会责任内部控制的执行主体，如管理层和作业层的员工，如果他们本身也是外部利益相关者，那么他们将既是企业社会责任内部控制执行主体，也是某些企业社会责任的履行对象。

二、内部控制的实施策略

（一）提升内部控制意识

企业内部控制环境的一项重要组成部分就是内部控制意识，拥有良好的企业内部控制意识是企业内部控制制度得贯彻和实施的重要基础，加强内部控制意识要从国家、企业和员工三个方面着手，从国家层面来讲，政府相关职能部门要认识到企业内部控制的重要性，充分发挥政府部门的主导作用，完善企业内部控制的法律法规，为企业的发展营造良好的环境；作为企业来讲，要在遵守国家相关法律法规的前提下，积极建立及完善相应的内部控制制度和体系，保证内部控制的顺利执行。企业内部控制的好与坏，依赖于企业员工的自我内部控制意识，在这个环节，企业的管理层要起到的是引导作用，因此企业要加强这方面的培训，增强员工对内部控制制度的认识，打造有效、全面、健康的企业文化氛围，使企业成员能自觉把诚信尽责和职业道德放在首位，并积极贯彻到日常工作中去。

在当前社会的大环境下，我国中小型企业管理者普遍的受教育程度不高，企业都是其一手经营创办的，没有在企业管理理论的指导下进行决策，往往导致其判断不够准确，出现不必要的经营损失。领导层的内部控制意识至关重要，如果从管理层就没有做好，那将会影响到企业内部控制的实施效率和效果，虽然企业员工的意识形态也很重要，但是作为企业的管理层是没办法逃避这种责任的。只有增强管理层的内部控制意识，提升管理层的素质，才能使企业内部控制得到有效的运行。企业要加强企业文化建设，要经常组织员工进行培训学习，通过教育的方式让员工内部控制的意识不断增强，而领导的职能就是要说服、诱导员工，竭尽全力为单位做出贡献。

（二）加强企业环境建设

企业控制环境是指对建立加强或削弱特定政策、秩序及其效率产生影响的各种因素，包括董事会和企业管理者的素质及管理哲学、企业文化、组织结构、权责分派体系、信息系统、人力资源政策及实务等。企业控制环境是一种氛围，塑造企业文化将影响企业员工的控制意识，影响企业内部各成员实施控制的自觉性，决定其他控制要素能否发挥作用。控制环境直接影响到企业内部控制的贯彻和执行以及企业经营目标与整体战略目标的实现，为此我国上市公司不但要从形式上建立健全董事会、监事会、总经理班子，而且要切实发挥以董事会为主体和核心的内部控制机制。

加强董事会博弈规则的建设，发挥董事会的作用和潜能，使股东及其他利益集团的利益真正受到保护。然后要建立我国经理人才市场，形成一个比较成熟，具有长远控制、约束、监督与激励经理人员的外部机制，还要加强管理阶层的管理哲学、管理风格、操守及价值观等软控制的培养与建设，塑造长期、全面、健康的企业文化氛围，使其成员能自觉把办事准确和职业道德放在首位，并团结一致使其与公司的战略目标相吻合。最后，要强化企业组织结构建设，界定关键区域的权责分派，建立良好的信息沟通管道，为有效的企业内部控制提供良好的环境条件。

（三）完善内部审计机制

企业应当根据自身的实际情况和内部控制的相关要求建立内部审计部门，完善内部审计机制，确定相应部门及相关人员的职责权限，确保内部审计部门及人员具备相应的独立性、良好的职业操守和专业胜任能力。企业的内部审计部门要定期或不定期对企业的内部控制系统进行审计监督与评估，对主要风险的监督评审应当是企业日常活动中不可或缺的重要部分。对于内部审计中发现内控存在的缺陷和漏洞要及时上报给企业相关领导，并向存在内部控制缺陷和漏洞的单位下发整改通知书，要求其限期整改，确保内部控制体系有效运行。

内部审计机制既是企业内部控制的一部分，也是监督内部控制其他环节的主要力量，其作用不仅在于监督企业内部控制是否被执行，还应该帮助人们组织创建一些程序以期达到组织成功的软控制环境的营造。控制自我评估，是指每个企业不定期或定期地对自己的内部控制系统进行有效性及实施效率效果的评估，以期能更好地达成内部控制的目标。控制自我评估可由管理部门和职员共同进行，用结构化的方法开展评估活动，密切关注业务的过程和控制的成效，其目的是使人们了解缺陷的位置以及可能引起的后果，然后自我采取行动改进。

（四）加强信息流动沟通

企业信息系统不仅处理企业内部所产生的信息，同时也处理与外部事项、活动及环境有关的信息，企业的信息系统既是企业控制环境建设的一个重要方面，也是企业内部控制的一项重要因素。良好的信息系统有助于提高内部控制的效率和效果，企业必须按某种形式在某个时间内，辨别取得适当的信息，并加以沟通，使员工顺利履行其职责。良好的信息系统能确保组织中的每个人都能清楚地知道其承担的特定职责。每个员工都必须了解内部控制制度的有关方面，这些方面如何生效以及本人在控制制度中所扮演的角色，所担负的责任以及所负责的活动怎样与他人工作发生关联等。员工通过交流可以知道企业期望他们做出哪些行为，哪种行为被接受，哪种行为不被接受，员工还需知道在其执行职责时，一旦有非预期的事发生，除了要注意事项本身外，还应注意导致该事项发生的原因。良好的信息沟通系统不仅要有向下沟通的渠道，更重要的是还应有向上的、横向的以及对外界的信息沟通渠道。企业会计信息系统能提供成本、生产、营运、库存等信息，是企业信息系统中最为重要的组成部分，因此必须加强会计系统及其他方面的信息沟通体系建设。

企业需要积极的建立企业内部信息沟通系统，也就是在进行财务管理的时候，可以实现信息之间的有效沟通和传递，这就需要企业建立完善的信息处理系统，这样才能够使财务信息在企业之间得到有效的流转，进而实现企业的信息安全。例如，企业可以建立网上的信息查询系统，这样就能够及时的完成当前各项信息的查询，防止出现信息之间的缺失和不对称性。同时，企业的治理层也需要积极的宣传和引导，让整个企业的管理层树立良好的风险控制意识，进而得到有效的内部控制，这样才能够在企业的发展中建立有效的控制，因此进行信息的内部沟通是进行企业内部控制建设的关键一步。

（五）健全内部控制制度

建立健全科学合理的内部控制制度离不开科学完善的理论体系，内控设计有信息化原则、系统性原则、标准化原则三大原则。企业的管理过程就是信息的一种传递过程，从制度上有效使用信息资源，可以保证单位的信息沟通，并及时反馈，要遵循系统化的原则进行内部控制设计，控制制度的主体可以由单位内部人员来完成，也可以聘请外部专家来参与设计，单位人员自行设计应该在企业领导层管理部门的监督下完成，由单位人员自行设计的优点是单位人员了解单位的实际情况，了解单位的背景，能够节约设计时间和成本。由外界专家设计的优点是其受过专门的训练，有专业的知识技能，经验也比较丰富，并且能从客观的角度立场上看待问题，不受约束。但是最好的设计方式是两者结合，内部人员和外部专家共同协作来完成，这样就能够扬长避短，相辅相成。

内部控制的设计步骤要从了解单位背景和主要业务的调查入手，分析其中的问题，提出结论与建议，再拟定一个制度来实验，经过验证后再确定最终的方案。了解单位的背景，可以从单位的历史概况，主要的经营业务，组织的状况，固定资产状况，财务状况，重要的契约与其他情况入手；主要业务调查的内容包括销售方式，结算方式，采用何种交货方式，有无委托代销的产品，销售有无正式的合同契约等；通过了解与调查分析之后，再提出可行性建议。与企业价值内部控制相似，企业社会责任内部控制的范围是广泛的，大到整体，小到个体或事件，涵盖了业务控制中社会责任事项的各方面因素，还会关注某项特定社会责任事件的控制。要实现对企业社会责任从战略实施到执行再到具体操作的有效管理和控制，企业社会责任内部控制实施主体必定是广泛而全面的，能覆盖到企业的各个部门和每个员工，贯穿治理层、管理层和作业层的控制层级。

第四节 内部控制现状与发展趋势

一、内部控制的现存问题

（一）内部控制意识薄弱

目前，国家鼓励创业并对中小型企业提出了很多税收优惠政策，因为政府导向性的扶持使中小型企业得到了飞速的发展，但是随着企业的不断发展，大多数中小型企业的内部控制制度建设一直止步不前，为企业可持续健康发展埋下了隐患。再加上我国许多中小型企业对内部控制的了解仍然处于比较原始的阶段，所以部分中小型企业管理层并不重视内部控制，认为只要不影响企业运行就可以了。有一些管理者虽然意识到内部控制对企业组织管理的重要性，但因为自身领导能力与企业员工文化水平的限制原因，也一直未能得到发展。

由于股东与管理层的委托代理关系，管理人员更注重短期利益，而内部控制的建设需要耗费大量的财力、人力等资源。因此，大部分企业管理人员并没有强烈的内部控制意识，只是简单地制定了相应的规章制度，并没有把内部控制落到实处，而是停留在文件上。与此同时，企业中大部分员工更是缺乏对内部控制的深刻认识，普遍认为内部控制建设是企业管理层的事情，与普通员工关系不大，甚至认为内部控制的作用和实质性的意义不大，有的可能还会有抵触和排斥。由于企业管理者和员工缺乏强烈的内控意识，因此当前我国企业的内部控制体系并没有形成全员参与的思想。

（二）内部控制行动力差

企业经营过程中会面临各种来自内外部的风险，如果没有相应的控制活动，企业很容易面临破产倒闭的风险。然而，我国当前的企业，由于大部分缺乏相应的内控建设人才，大部分企业的内部控制活动并不显著，并且由于内部控制需要在董事会的领导下贯彻实施，因此董事会应该保持独立性。然而，当前我国的部分企业中由于一股独大现象严重，董事会形同虚设，使其往往由少数股东操纵，内部人控制现象十分严重。在一些大型企业中，不相容的职务虽然分别由不同的人担任，但缺乏独立性，并没有起到实质性的控制，而一些中小型企业中，出于节约成本的考虑，不相容职务由同一人兼任，连形式上的分离都没有做到。在我国一些企业中，存在着"一言堂"现象，授权和审批环节控制活动并不明显或根本没有设置。

企业的内部会计控制是为保证企业日常生产经营活动按既定的计划、要求、目标进行而实施的一系列控制政策和程序等，因此如果一旦发生特殊业务，企业现有的内部会计控制就难以适应。内部会计控制受企业的董事会、管理阶层及其他员工的影响，因此内部会计控制无论怎样设计，最终还得靠人去执行，但无论多么认真负责的执行人都不可能永远不会出错，不会失误。因此，人们在执行任何一项程序或工作时，都会因为粗心大意、精力分散、判断失误以及对指令的误解等而导致设计完善的内部会计控制失效。

（三）缺乏有效监督机制

内部监督检查机制也困扰着我国的中小型企业，虽然很多企业也设立了审计部门，有专门的审计人员，但是企业限制了审计人员的权力，使审计机构根本发挥不了其审计职能。在财务方面，中小型企业很多账务处理都不够规范，透明度不高，在增加了内部审计的难度的同时也给内部审计人员带来了不少麻烦，而且中小型企业的内部审计往往存在审计不到位的情况，在审计功能上，只审查了会计科目，没有对内部控制制度是否在企业有效运行做出合理的评价，作为一项重要的评估指标，审计评价的缺失，没能给企业及时提出风险防范措施，实在是一种失误，这也是中小型企业监督机制不健全的问题所在。企业的内部风险控制其实就是对企业内部所有的生产经营活动进行控制，主要的方式是对企业各岗位人员开展的活动是否与岗位职责相匹配来实现。因此，为了有效实现企业内部风险控制就要建立健全相应的监督机制，对人员的行为进行合理的监督。如人力资源部开展绩效管理，通过加强人员奖惩管理，来实现对工作者有效地监督。

（四）法律风险知识不足

随着社会经济环境的不断变化，企业间竞争越来越激烈，企业在成长、经营、发展的过程中会遇到各种各样的风险尤其是法律风险。例如，企业签订合同涉及合同主体的法律风险主要有合同代理人是否具有完全民事行为能力，是否有权代理，是否越权代理等法律风险。然而在实践中，我国很多企业的风险意识没有提高到应有的高度，还停留在初级阶段，对企业在成立、销售、采购、财务管理、人力资源管理等方面缺乏应有的法律风险意识，以及在相应的风险识别、风险分析、风险应对等工作上仍然存在很多不足。企业法律风险包括违反法律规定或宏观经济政策，与其他经济组织和社会团体交往过程中侵犯他方合法权益，以及在内部管理活动中的违法违规行为，其结果是企业要承担相应的民事、行政、刑事责任。企业内部的法律风险往往是其他各类风险的集中表现，表明公司治理水平、管理活动、财务状况等存在缺陷，增加了企业最终经营失败的可能。

二、内部控制的发展趋势

（一）传统理论实现变革

传统内部控制理论的基本原则是指控制的目的是要使一切都在管理人员的掌握之中，所有的生产经营活动都有条不紊地进行；要使每一人和每一物在恰当的时候处在恰当的位置上。在这一思想的指导下，设计内部控制的管理人员必须事先预计到各种可能性，规定每一个人在所有可能的情况下应当履行的职责、程序和手续，并据此制定政策。但在知识经济正在到来的今天，影响企业经营的环境不仅日益复杂，而且愈来愈不稳定，其变化不仅无法控制，而且难以预测，多样化的顾客需求和频繁变化的市场要求企业活动的内容与方式要及时调整。这些应对环境变化的适时调整是难以从历史经验中找到现成答案的。因此，未来的内部控制应着眼于增强企业的应变能力和学习能力，实行权变控制和分权控制。

（二）知识经济地位凸显

知识经济是以知识为基础的经济，是与农业经济、工业经济相对应的一个概念，工业化、信息化和知识化是现代化发展的三个阶段。教育和研究开发是知识经济的主要部门，高素质的人力资源是非常重要的资源之一。知识经济时代，会计主体面临的经济环境更加复杂、动荡，也对传统会计持续经营假设也提出严峻的挑战。在知识经济时代，会计主体面临竞争日趋激烈、风险日益增大的经济环境，其具体表现有商品价格、利率和汇率变动剧烈，反复无常；知识和技术的飞速发展，使得产品和设备会很快过时，所占的市场或边际利润会在顷刻间被竞争对手抢走，产品寿命周期大大缩短；各种复杂的金融业务和金融创新工具的大量涌现，使金融市场更加变幻莫测，波动频繁；而电子货币的广泛使用使资金流动轻型化、交易手段多样化，电子贸易更使买卖双方足不出户就可以顺利交易；一个企业瞬间成立，也可以瞬间解散。因此，传统会计的持续经营假设已经不适应知识经济对会计提出的要求。

（三）持续监控开始实施

只有当控制的程序步骤确定无疑时，对内部控制进行连续监控才是有意义的。员工的工作更多地表现为对知识的利用和创新，它存在于人的头脑之中，是一种抽象的思维过程，没有统一的外在内容和形式，不可能完全按照内部控制的程序进行活动，因此无法对其进行统一管理。同时，企业员工特别是高层管理员工对工作环境有更高的要求，这些人不喜欢受到束缚或管制，倾向于更宽松和更有自主权的工作方式，因而不宜采取类似于工业经济时代对作业的每一步骤都进行严密控制的管理方法，注重对工作绩效进行评价成为可行的控制方式，定期检查绩效评估的标准是否仍然有效，也就成为对内部控制进行监督的更好方式。

第十章 会计电算化

随着以计算机为主的当代电子技术和信息技术在会计实务中的应用，诸如记账、算账、报账、查账以及部分需由人脑完成的对会计信息（数据）的统计分析、判断乃至提供决策的过程，越来越多地由计算机代替人工来完成。随着社会的不断进步，不少中小型企业都面临着机遇和挑战，在这种情况下，充分发挥会计电算化在企业财务管理中的作用，建设与完善中小型企业的财务制度对企业的发展起到了至关重要的作用。企业之间在规模、资金、质量、技术、信息等方面展开了激烈的竞争，在这些竞争内容中，信息技术的竞争已成为企业间综合实力竞争的重要内容。信息化水平越来越被人们所关注，它能够体现一个企业甚至一个国家的国际化水准和全面能力。因为会计电算化相较于手工记账，不仅缩短了财会人员的劳动时间，提高了工作效率，而且为后期诸多检查和核算工作提供了方便，促进了企业管理的电算化，提高了企业的经济效益。

会计电算化是以电子计算机为基础的当代电子技术和信息技术应用到会计实务中的简称，是一个应用电子计算机实现的会计信息系统。它实现了数据处理的自动化，使传统的手工会计信息系统发展演变为电算化会计信息系统。会计电算化是会计发展史上的一次重大革命，它不仅是会计发展的需要，而且也是经济和科技对会计工作提出的要求。会计电算化在我国经过多年的发展，已经取得了长足的进步，在许多大企业中得到了广泛的应用。与传统的会计记账方式相比，会计电算化有着传统记账方式不可比拟的优势。会计电算化是一门融合了计算机、管理技术与信息技术的学科，在经济管理的各个领域里都处于领先地位。

第一节 会计电算化概述

一、会计电算化的有关概念

（一）计算机软件

计算机软件是指计算机系统中的程序及其文档，程序是计算任务的处理对象和处理规则的描述；文档是为了便于了解程序所需的阐明性资料。程序必须装入机器内部才能工作，文档一般是给人看的，不一定装入机器。软件是一系列按照特定顺序组织的计算机数据和指令的集合。一般来说软件被划分为编程语言、系统软件、应用软件和介于系统软件与应用软件之间的中间件。其中系统软件为计算机使用提供最基本的功能，但是并不针对某一特定应用领域，而应用软件则恰好相反，不同的应用软件根据用户和所服务的领域提供不同的功能。软件并不只是包括可以在计算机上运行的计算机程序，与这些计算机程序相关的文档，一般也被认为是软件的一部分。简单来说，软件就是程序加文档的集合体。软件被应用于世界的各个领域，对人们的生活和工作都产生了深远的影响。

计算机软件技术主要是在计算机中对软件进行应用的一项技术。这项技术在研发过程中需要掌握两点，一个是如何对相应的支撑体系进行优化，另一个是用相对应的方法进行开发研究。计算机软件系统在运营过程中形成了模型体系，这种模型体系主要分为应用软件、支撑软件与系统软件。计算机软件技术主要是对软件进行操作的一项技术，其主要研究内容分为两个方面，一是怎样优化相应支撑体系；二是对相应的方法手段进行开发探索。计算机软件系统是可运营的一种系统，已经形成了层次分明的模型体系。软件大多存在人们的存储设备或纸面上，它的正确与否，是好是坏，一直要到程序在机器上运行才能知道。这就给设计、生产和管理带来许多困难。软件开发，是人的智力的高度发挥，不是传统意义上的硬件制造，尽管软件开发与硬件制造之间有许多共同点，但这两种活动是根本不同的。

（二）会计电算化

会计电算化也叫计算机会计，就是利用会计软件，指挥各种计算机设备替代手工完成或在手工下很难完成的会计工作过程，会计电算化是以电子计算机为主的当代电子技术和信息技术应用到会计实务中的简称，会计电算化是指用计算机代替传统会计记账、算账的工作，同时利用电子信息技术，对会计数据进行有效分析，从而进行财务预测、计划、控制等工作的过程。会计电算化免去了传统会计核算中大量的手工计算填制工作，提高了效率，也节约了人工，同时还可以快捷地分析财务数据，帮助企业管理人合理规划运用资金，有效节约成本和费用，最终提高经济效益。

会计电算化的目的是利用现代化的电子计算机工作取代传统的手工记账，算账，报账和部分代替人脑完成对会计信息的分析、预测、决策。它使会计人员从繁重的手工劳动中解脱出来，节约了大量的人力、物力和时间，提高了会计工作效率和质量。同时改变了会计方式、数据处理程序和方法，扩大了会计信息领域，提高了会计信息质量，改变了会计内部控制和审计的方法与技术。数据处理人机结合，系统内部控制程序化、复杂化，增加了系统的预测和决策功能，使会计工作标准化、规范化，也有利于企业的现代化管理。

会计电算化会计系统是通过利用先进的计算机技术，加工会计数据，提供会计信息的系统。一般把各种原始会计资料称为会计数据。各种进入会计信息系统中的原始凭证是会计数据的载体。会计电算化系统通过对会计数据进行采集输入、加工处理、存储、传输、输出将这些会计数据转化为会计信息，这些会计信息对企业经营管理提供了决策依据。会计电算化业务过程主要包括采购与付款、生产与转换、销售与收款、人力、财务等循环，然后利用会计核算软件完成凭证录入、审核、修改、查询、记账和结账工作。对原始凭证的录入应首先选择凭证类型，输入制单日期，凭证按月和分凭证类型自动持续编号，然后依次输入附件张数、摘要、会计科目、帮助核算信息、金额等，对凭证进行审核后可以进行记账、查询、结账等工作。采购/支付，转换，销售/收款过程是一个物质流的过程，而人力、财务过程是人力、资金流过程，财务报告是对信息流进行记录、处理、输出而产生的，是一个财务报告过程。会计电算化在不断向深层次发展的过程中，由于财务工作本身的特点，以及网络技术和电子商务的迅速兴起对会计电算化提出了更高的要求，使会计电算化在实际应用中出现了一些问题，对这些问题的解决对策进行研究，有利于促进我国企业会计电算化事业健康发展。

（三）企业信息化

信息化的时代给人们现代的生活提供了很多便利，影响着人们的学习和工作，在一定程度上甚至作用于人们的生活方式。如晨起锻炼时设置的手机闹铃，人们工作时间用的打卡机，以及可以随时支付的地铁票，生活中用的信息技术产品非常多。在企业信息化管理的过程中，信息化发展为人们工作提供了很多发展空间和助力，在企业进行财务管理时，信息化技术的应用显得尤为重要。

信息化的发展日新月异，标志着新的发展阶段的到来。企业信息化分为以下几层含义，首先是数据方面信息化，企业将企业信息进行存档，形成原始库存信息，然后将所有的采购凭证进行数据化的管理，再将其录入到计算机中，以数字化的形式进行保存，这样在进行查阅的时候，信息可以随时进行调取，这种信息化的流程将通过软件的形式进行记录，使流程所涉及的部门工作更加的有序和规范。这样一来，不仅减少了人为管理的流程，让客户合理的要求得到满足，同时也将决策信息化，通过对原始数据进行加工，将企业的物流、现金流等汇集成为一定的模式，然后用于企业的决策，最后将相应的管理信息进行总结和企业整体规划，这对企业的良性发展起着重要的作用。财务管理对企业的发展起着举足轻重的作用，企业资金流转和管理以及整个经济活动，都需要财务管理，企业资金的活动方向都是由财务进行分配的，从生产销售到经营管理每一个重要的输出资金或者回笼资金都与财务有着密切的联系。

二、会计电算化的价值体现

（一）提升会计工作效率

会计工作是企业经济管理中不可缺少的一项重要工作，企业单位在确定应采用的会计工作组织形式时，既要考虑能正确、及时地反映企业单位的经济活动情况，又要注意简化核算手续，提高工作效率。企业会计工作效率对于企业的运作来说极为重要。实现电算化后，会计工作人员只要将记账凭证输入计算机，大量的数据计算、分类、存储、传输等工作都可由计算机自动完成，从而可以把财会人员从繁杂的手工记账、算账、报账中解脱出来。由于计算机的速度和准确度都是极高的，因此大大提高了会计工作的效率，同时也可为管理提供全面、及时、准确的会计信息。另外，会计工作人员在查阅时还可以将会计信息归类，打印查询结果。会计电算化的这些突出优势将会计人员从传统烦琐的记账、算账、报账程序中解放出来，并且使提供的会计信息更加准确可靠，大大提高了会计工作效率。对于会计凭证的正确性，传统会计主要从摘要内容、单价、金额、会计科目等项目来审核；对账户的正确性一般从日记账、明细账、总账三套账的相互核对来验证。此外，还通过账证相符、账账相符、账实等内部控制方式来保证数据的正确性。

通过种种会计程序，企业财务会计可以为企业提供一些实用全面的辅助信息，进而在企业进行正确的决策经营管理时起到有益作用，最终可以有效提高企业的社会效益和经济效益，促进企业的长久健康发展。相关学者通过分析传统的企业内部的财务会计工作效率，发现其中还有很多不足。会计电算化的产生与出现，很好地克服了这种不足。对于账册核对，电算化会计已由计算机代替传统会计中的人工核对，电算化会计中更多的是利用电算化系统建立各种辅助账来反映和控制经济活动。对于账簿记录的错误，一般规定凡是已经审核过的数据不得更改，如果出现错误，则采用输入更正凭证的方法加以更正，以便留下更改的痕迹。

（二）转变会计工作职能

从核算原则角度看，传统会计的首要原则是实际成本，即企业应把每一项资产的价格记为当时获取资产的价格，尽管物价会有变动，但会计准则不允许其进行调整。实际成本原则不仅是传统会计的首要原则，还是其他会计原则的基础，有利于维护会计信息的真实有效性。但随着信息时代的发展，会计工作将面临很多难题，如无形资产的剧增。因为无形资产在市场中价格非常不稳定，所以传统的实际成本无法继续记录信息。传统会计的重要原则之一是权责发生制原则，它是会计权责发生变动的时间，一般在此时核算企业损益情况。但该项信息无法体现出现金流量的信息，随着电子商务的发展，权责发生制已经无法满足企业的需求。

大多数企业的财务会计在工作职能的分工上并不是十分合理，要么是财务部门和其他部门的工作职能出现重叠，要么就是两者之间存在遗漏的地方，这就导致了有一些财务工作，各个部门都在做，浪费了人力和物力；而还有一些财务工作，却没有一个部门在负责。这样就会影响财务会计的正常运作，并且影响整个企业的运营和发展。

从数据处理角度看，会计电算化不再使用传统的搜集信息的方法，不需要原始凭证、审核记账凭证等凭证，更不需要员工手动记录信息，而是直接选用语音或键盘的方式录入信息，自动形成记账凭证，此外还可以利用远程等方式搜集信息，输入数据，提高办事效率；会计电算化不再使用传统的数据处理方式，不需要聘用专门的员工处理数据，不担心由于人数信息量大发生纰漏等问题，更不需要对账单进行定期核算，会计电算化可以利用计算机处理这些事情，且可以大大提高数据的准确度；会计电算化不再选用人工审核的审核方式，而是利用计算机处理，这可以大大提高审核的准确率，不再受会计人员自身素质的影响。

（三）规范财务工作过程

财务工作的规范化是企业生产经营成果的重要保障，只有合理规范的财务管理工作，才能保证对企业真实经济业务的记录，才能根据《企业会计制度》和《企业会计准则》的规定并出具符合企业实际情况的财务报表，给企业管理层提供准确的财务数据，因此在财务工作中规范化地对财务原始数据进行账务处理是很有必要，不容忽视的。由于企业决策者在进行财务决策时，大多本着经验主义和本本主义，没有切实考虑到企业实际情况，导致错误决策被执行。目前，我国的会计制度与国际会计制度逐渐接轨，但在会计工作中仍然存在着许多弊端，基础工作存在一些薄弱环节，这些弊端影响了会计工作秩序的正常运行和会计职能作用的有效发挥，也在一定程度上干扰了社会经济秩序，对各单位的经营管理产生了极为严重的消极影响。

财务基础工作在规范方面主要存在着以下的几方面问题。首先，对于原始凭证的填写与制作规范力度不够，所涉及内容不够完整，较为普遍存在的一点就是外单位所获取的原始凭证上缺少填制单位的公章证明，如发票接受单位、数量单价金额、填制单位、填制日期、凭证附件等基本要素填写不齐全；其次，财务核算资料的规范性力度不够，在部分企业中，往往把进料发票当作货物入库的单据，从而省略了填写入库单这一环节，并在物品出库的时候省略了出库单这一环节，只是简单记载相应的数量和价钱等信息，如此一来必然会造成材料核算工作过程混乱，不够规范，所得到的核算效果也就不理想；最后，会计科目设置不全或者科目使用不正确，工作人员对新出台的会计法规及新的核算要求不学习，用过去的模式进行财务处理，科目使用随意，前后不一致，导致数据缺乏可比性，过分依赖计算机，对计算机形成的账务及报表不进行核对和数据分析。

由于在电子计算机应用中，对会计数据有一定的规范化要求，从而在很大程度上解决了手工操作不规范，易出错等一系列问题，使会计工作标准化、制度化、规范化，使会计工作的质量得到进一步保证。

（四）强化企业管理职能

随着现代经济的发展，企业之间的竞争日趋激烈，在企业的发展对企业划分部门和工作岗位，并为每个工作岗位寻找能力和技能适当的员工过程中，传统的企业管理模式已不适应形势发展的需要。可以说，组织设计企业工作岗位涉及部门多，企业管理职能的重要性日益凸显，对企业工作岗位的组织设计，一定要做到全面而具体，充分发挥企业管理的职能作用，促进企业经济的持续健康发展。

企业在进行会计电算化工作时，一定要有可行的程序和准确地评估，企业可先实现账务处理、报表编制、应收应付账款核算、工资核算等工作电算化，然后再进一步实现财务分析和财务管理工作电算化。在技术上，企业最初可先采用微机单机运行，然后再逐步实现网络技术化，但会计电算化也会给企业管理带来一定的影响，目前在我国实行会计电算化的企业单位普遍存在着重视报账功能却忽视管理功能的现象，因此我国企业要实施会计电算化，就一定要建立一套与之相配套的一系列内部控制制度，这样才能充分发挥会计电算化对加强财务管理的作用。企业为了自身的发展也要加强电算化会计人员培训教育，在我国专业的会计人员既要掌握一定会计专业知识，又要掌握相关的计算机信息技术知识，因此企业为了自身的发展，必须要让会计人员自觉加强对会计专业知识以及计算机信息技术知识的学习，只有会计从业人员掌握相关的技术知识，才会更有利于企业的向前发展，有利于企业的管理创新，从而促进社会的发展进步。

第二节　会计电算化的职能目标

一、会计电算化的主要职能

（一）记账职能

会计记账是会计人员采用特定的记账符号，一定的记账原理、程序和方法，在会计账簿中进行登记，来反映单位所发生的经济业务或会计事项的一种方式。传统的手工记账规则规定日记账、总账要使用订本式账册，明细账要使用活页式账册，通过若干个套账来实现相互牵制、相互核对。凭证、账本记录的错误之处要用划线法和红字更正法更正，账页中的空页，空行要用红线划销。电算化会计形成的账页是打印输出的，可装订成活页式，不可装订为订本式，打印输出的一般是日记账、总账和报表。由于明细账打印数量大，一般用磁盘、光盘等形式输出。另外，对于需要打印的账页的空页，空行可用手工处理。因为各类企业的会计实行科目统一，所以方便了会计电算化的实施。

（二）核算职能

以计算机技术为主体的信息技术在会计核算实务中的应用，大大提高了会计核算工作的效率，节约了会计核算工作开展的成本，使其在各类企业中得到了广泛的应用。但就目前现状来看，会计电算化核算在各个方面还存在着诸多的问题。如何发挥会计电算化的优势，科学合理地运用会计电算化完成核算过程，成为广大会计工作者所研究的课题。手工会计下的会计核算形式并不是会计数据处理本身所要求的，而是由于手工处理的局限所致。计算机处理和手工处理相比，不仅仅在处理速度上有几何数量级的提高，而且不存在因为工作时间过长或疲劳而引起的计算错误和抄写错误，这样完全可以从所要达到的目标出发，设计出适合计算机处理、效率更高、数据处理流程更加合理的会计核算形式，如在中小型数据库管理系统下电算化会计的会计核算形式可采用科目汇总表和明细表两种会计核算形式。

（三）控制职能

从传统会计到电算化会计，表面上看是数据处理方法的变化，而实质上它使企业在内部控制上发生了根本的变化。手工会计中主要的交流与联系是人与人之间的，因此内部控制主要是针对这种联系的，如授权控制与责任分工。计算机的引入给会计工作增加了新的工作内容，其特点则决定了原来手工会计核算方式下的内部控制大部分将失去作用，因此现代会计电算化的信息处理技术给企业的内部控制赋予了新的内涵，并且由于系统建立和运行的复杂性，内部控制的范围相应扩大，所以必须重新设计内部控制环节，建立科学严密的会计电算化内部控制制度，强化企业内部控制机制，以保证会计数据的安全和完整，如组织控制、系统维护控制、系统的安全控制、输入输出控制、计算机处理与数据文件控制等。

二、会计电算化的主要目标

（一）正确处理财务关系

目前，我国会计电算化还处于会计核算电算化的水平，即仅仅实现了财务会计的电算化。财务会计电算化还不是完整意义的会计电算化，因为企业会计包括财务会计和成本与管理会计两大分支，所以完整意义的会计电算化应该是财务会计和管理会计的全面电算化。相关研究者不能因为目前管理会计在企业应用还不普及或者有困难而停滞不前。相关研究者认为，管理会计在企业推广困难的原因尽管很多，但重要原因之一是其规范性和可操作性不如财务会计以及财务会计与成本管理会计的职能并未完全分离。

管理会计软件商品化通用化比较困难，只能有针对性地开发研究。管理会计电算化是以财务会计电算化为基础的，因为它们的数据同源，财务会计电算化能为管理会计电算化提供所需的财会信息。企业应在实现财务会计电算化的基础上不失时机地推进管理会计电算化，解决管理会计手工操作难的问题，这里应特别强调会计电算化不是简单的财务会计电算化加管理会计电算化，而应该是财务会计与管理会计结合后的电算化，这样才能促进管理会计在企业中的推广应用，真正实现会计的核算职能、管理职能和控制职能。

（二）完善管理信息系统

企业管理信息系统是一个为企业管理决策服务的人、机系统，它通过对企业内部和外部的数据进行处理获取信息，控制企业的行为，利用已知的数据和模型对未来做出预测，从企业全局出发，对管理决策提供参考信息。企业管理信息系统按管理职能一般划分为会计管理、人事管理、市场营销、计划管理、生产管理、库存管理、技术管理等子系统。各子系统担负着不同的任务，起着不同的作用。

电算化会计子系统是开发企业管理信息系统的基础，因为会计信息全面反映了企业销、供、产日常生产经营流程的各个环节，完整反映了企业管理的全过程。没有哪个子系统的管理信息像会计信息那样自始至终贯穿于企业的管理活动之中，几乎与其他所有子系统都有数据联系。因此，企业管理现代化一般都从会计电算化开始，并在此基础上再逐步扩大功能，最终建立企业管理信息系统。企业管理信息系统是会计电算化发展的系统目标和客观生存环境。脱离企业管理这个系统目标，会计电算化的研究就会迷失方向，无所适从。会计电算化的研究应站在整个企业管理信息系统的立场上，从整个企业的角度发挥计算机在管理中的应用，努力实现管理一体化。

（三）优化审计工作进展

会计电算化是对传统手工会计进行了改造和革新后产生的，它将在企业现代化管理中扮演着十分重要的角色。会计电算化信息系统的诞生不仅给传统会计带来革新而且也给传统审计带来巨大冲击。会计电算化后，传统审计线索产生了变化而且计算过程也不再直观，因为电算化会计的手工明细账、日记账已经消失，记账凭证数据只存储在磁性介质上。财务处理过程在计算机内自动完成，肉眼可见的审计线索大大减少，过去对证账、账账核对的办法现在很难实现，这无疑给审计工作者带来了困难。

会计电算化后，过去的内部管理制度也已经不再适用。靠人为的分工来监督十分困难。因为电算化系统除凭证输入目前需要由人工完成外，其余处理全由计算机完成，人工干预越来越少，而且数据的输入、存储和修改都不留痕迹，所以手工会计使用的内部控制方法失去了作用。因此，会计电算化能给企业带来巨大效益的同时，也存在可能带来巨大的风险。为了尽可能减少风险，尤其是打击计算机舞弊，有关学者应该在研究开发电算化会计信息系统的同时重视研究电算化审计的工作，使二者相互配合相互促进。

第三节　会计电算化的影响因素与改善策略

一、会计电算化的影响因素

（一）思想因素

会计电算化要想在企业中得到实施，企业的内部环境是很重要的。对会计电算化实施能造成影响的内部因素十分复杂，在传统的手工记账发展多年以后，其已经逐渐地被人们接受，而当电算化发展起来之后，企业的领导者需要积极转变传统思想，要正确认识到电算化对管理功能的提升以及对企业效益的提升。很多的企业管理层对计算机网络和先进的科学技术应用持有怀疑的态度，担心可能会出现问题造成不良的影响，这种思想会影响企业的健康发展。传统的手工记账方式已经在人们头脑中形成了根深蒂固的影响，随着会计电算化的普及，要想真正实现会计电算化对企业带来效益的提升就必须从企业领导做起，转变其传统的思想观念，重视会计电算化高效的管理功能。但是很多企业对会计电算化缺乏一定的认识，对先进计算机技术应用心存偏见，担心会造成不良影响等，这些都制约着会计电算化在企业的健康发展。

思想观念对会计电算化的发展和应用有着十分重要的作用。我国的会计电算化已经实施了十几年，但人们并没有真正认识到电算化的重要性，同时也没有引起足够的重视。部分领导者认为，会计电算化就是在企业进行会计核算的过程中使用计算机来进行辅助，以此来缓解员工的工作强度，提高会计核算的准确性。但事实上会计电算化并不仅仅是这样，它不仅能有效对会计核算方式进行改变，同时还能提升会计信息的整体质量，改变内部控制技术。因此，企业一定要竖立起对会计电算化思想观念上的正确认识，以此来提升企业管理人员对会计电算化的重视程度。随着互联网的不断普及，计算机逐渐进入了大众的视野，由于计算机具有速度快、高效性的特点，在企业实现改革采用会计电算化之后，可以更准确更高效的获得会计信息，可以使会计这一职业更好的专业化规范化，可以在一定程度上减少会计工作的失真问题。

（二）制度因素

由于我国是发展中国家，经济发展水平较西方国家落后，所以我国会计电算化起步比较晚，会计电算化的法律法规方面经验不足，尚存在不完善之处。首先，对会计电算化相关人员的职责分配不明确存在一人兼多职或在其位不干其事之人，只是挂名领取工资，一定程度上使集团内部怨声载道、人心不稳；其次，企业在操作方面没有制定相应的较为严格的制度，员工在实际工作中存在随意性问题，或是员工的素质较低，对相关制度的理解不到位；最后，员工不能及时掌握市场动态，对信息的接收存在着滞后性，或是对信息的整理不符合公司的规定，无形中加大了工作的烦琐程度。企业负责人和财务部门要对中小型企业会计工作进行统筹规划，并对电算化管理中的基础设施进行完善，促进中小型企业各项财务管理工作的全面实施，提高企业服务质量。

部分中小型企业仍采用传统手工会计管理制度，传统手工会计管理背景下的财务处理、报表计算和内部稽核等与会计电算化也存在相应的差别。部分企业仍按照手工会计分工方式实行岗位分工，业务流程也并没有较大改变，内部管理制度仍然比较陈旧。同时，实际会计工作中，部分单位会计电算化管理制度与具体的电算化规范不符合，并没有从根本上对会计制度的相关要求进行考量，而对会计制度的理解也存在相应的偏差，对会计电算化产生了严重的制约，很难使中小型企业会计工作在真正意义上取得突破和进展。会计工作相对来说较为严谨和要求较高，因此企业一般会对不同岗位上的工作人员安排不同的会计人员，以起到监督作用。当前我国企业的管理制度不健全，在对会计电算化的应用中，也往往缺乏规范的管理制度。有些企业为了提升工作效率，也常常会出现一人多职的现象，在多个岗位中扮演角色。这种现象也使得会计电算化软件的使用权限相对混乱，影响其使用效果。

（三）基础因素

会计电算化在企业中的应用，使数据的模式得到了改变，同时也有效减少了员工的工作量，提高了工作效率。为了使电算化得到更快的发展，要利用内部控制来进行约束，使其优势能得到更大的发挥，提高效果。但从当前的情况来看，会计系统相关制度管理中仍然存在着一些问题，这些问题严重制约着会计电算化的发展，基础设施的落后使得员工的工作量没有得到有效降低。会计电算化基础管理不仅影响到企业实施会计电算化的效果，还会影响到会计电算化功能在企业中的充分展现，从而导致企业实施会计电算化的积极性和信心降低。好的会计基础工作、规范的业务处理程序和健全的会计电算化管理制度是有效实行会计电算化的前提条件。

许多会计电算化单位没有严密的基础管理工作制度。首先，在人员分工上，企业对会计电算化操作人员与系统维护人员等岗位没有严格权限限制措施，操作员密码公开或不设密码，为越权使用和篡改数据留下隐患，特别是一些中小型企业内部控制十分不完善，使得会计电算化不能正常健康运转。其次，从档案资料管理上，许多单位对存储会计档案的磁盘和会计资料未能及时归档，而已经归档的内容并不完整，导致不少会计档案被人为破坏和自然损坏，以至于造成企业财务信息泄露。

（四）法律因素

目前，相对我国会计电算化的高速发展，相关的法规制度建设却相对滞后，阻碍了会计电算化的普及与实施，会计电算化软件行业统一标准的缺乏，使得当前市场上会计电算化软件比较混乱，各会计电算化软件之间存在较大的差异。现行法规中并没有专门维护会计电算化实施以及针对会计电算化犯罪的规定。现行的会计准则和会计制度都是以手工核算为基础而制定的，无论是账户设置、账户登记方法和财务处理程序，还是会计工作的组织机构、会计系统信息设计、内部控制制度的方式和会计档案的保管等，都难以适应会计电算化发展的需要，在一定程度上限制了会计电算化的迅速发展。

（五）人员因素

会计电算化不仅要求会计人员要掌握一定的会计专业知识，还要掌握相关的计算机知识、财务软件的使用技术与保养维护技术，以及会计软件的系统分析和开发技术。但是，实际工作中有的会计人员业务经验丰富，理论水平比较高，但是计算机方面的专业知识相对匮乏，甚至仅局限于计算机的一般使用；有的虽然具备较丰富的计算机专业知识，但对会计、管理、金融、税务等专业知识相对欠缺。特别是随着知识经济时代知识更新速度加快，新的会计准则、税务法规等不断颁布，对会计人员的复合型知识结构要求也越来越高，对会计电算化的实施与发展影响也越来越大。

当前我国仍缺少会计电算化的专业人才，通常都是由企业中原来的会计或者出纳来担任电算化工作人员。这部分工作人员只能进行基础的财务软件操作，同时他们对计算机的软硬件知识也缺少清楚的了解，当计算机出现问题之后，这些人根本不能进行及时处理，不能够把计算机知识和会计等财务知识融合在一起。导致工作效率下降。而一些计算机专业能力强的工作人员又缺少财务管理方面的专业知识，在进行系统维护的过程中还需要不断询问财务人员。从这方面可以看出，当前我国迫切需要既懂得财务管理，同时又有着较强计算机技术应用能力的复合型人才，这是企业在会计电算化发展中亟须解决的重要问题。作为一个综合性的财会专业人才，需要具备计算机、会计、管理等多方面的专业知识，实现从满足手工会计的需要到适应会计电算化普及的过渡。

（六）安全因素

财务数据是企业的秘密，在很大程度上关系着企业的生存与发展。在会计电算化环境下，电子符号代替了会计数据，磁介质代替了纸介质，财务信息面临着安全风险。目前，我国的财务软件生产还处于模仿和加工阶段，没有形成一定的产业规模，多数财务软件的开发都是把重点放在理财与提供多功能管理和决策上，很少放在数据的安全保密上。网络经济时代的到来，在给企业带来无限商机的同时，也带来了一些问题，网络财务面临的最突出问题就是安全问题。网络下的会计信息系统很有可能遭受黑客或病毒的侵扰，而很多企业没有针对网络环境来建立和完善相应的会计电算化安全防范措施，一旦发生问题将会给企业造成巨大的损失。存储会计信息的磁性介质容易物理损坏而导致财务数据丢失或损坏，会计电算化软件的非完美性会影响其运行的可靠性而丢失或损坏数据，安全性和保密性的不足会导致经济信息的外泄，增加因计算机病毒与计算机黑客袭击导致计算机系统瘫痪及相关数据失窃、被篡改和丢失风险。这些风险的存在，增加了企业实施会计电算化的阻碍，甚至企业因风险防范能力较差而放弃实施会计电算化。

二、会计电算化的改善策略

（一）强化审计工作力度

企业组织在完成改革之后，审计管理的监督方式也发生了相应的改变，审计是对企业的会计管理水平进行提升的一种重要途径，也是企业组织管理过程中的一个重要部分，审计管理对于企业的可持续发展有重要意义，一方面，企业的管理者希望提高企业的经济效益，因此要对各种财务会计管理工作进行规范化管理，而通过审计管理监督约束各种工作，如财务管理、企业经济管理、企业人力资源管理等；另一方面，企业管理者对各种经济活动进行管理，都需要加强审计管理的力度，提高财务会计管理的效率，减少经济管理过程中的损失，对风险管理以及内部控制进行监督和完善，从而提高管理的效率。

审计在企业会计电算化管理过程中，有着重要的监督管理作用，对于规范企业财务管理，查处企业会计电算化中的一些违法违纪活动有十分重要的作用，当前会计电算化过程中的审计工作已经取得了一些成就，但同时仍然存在一些问题。会计电算化需要企业不断提高审计工作的开展程度。为进一步推动企业审计工作的开展，使审计工作的进行更好更有成效，首先要做的就是与时俱进，将审计工作与具体的会计环境结合起来，具体问题具体分析，从而提高审计工作的针对性；其次企业可以鼓励审计工作者加深对审计理论知识的深化理解，因为实践决定认识，而正确的认识也反作用于实践，推动实践的进步，特别是现今我国正处于探索中前进时期，对理论的借鉴理解就显得尤为重要。企业应明白审计工作的重要性并积极改进促使其进步，推动企业发展。

（二）培养优质专业人才

为了适应会计电算化工作的要求，企业要重视复合型的电算化会计人才的培养，要培养一大批既精通计算机信息技术，又熟悉财务知识，能够将两者有机结合起来，进行财务信息的加工和分析，满足各方对财务信息需求的复合型人才。要能培养出这样的人才，首先要对高等院校会计电算化专业和与财务相关的计算机专业的教学结构进行调整，对该类专业学生的培养要在计算机与财务两个方面共同培养，两手抓，两手都要硬；其次在会计电算化的具体实施过程中，要注重对财会人员计算机技能的培训，注重对计算机维护人员的财务知识培训，造就一大批高素质的一线应用与系统维护并能够进行二次开发应用的会计电算化人才。

复合型人才应该是在各个方面都有一定能力，并且在某一个具体的方面要能出类拔萃的人。随着社会知识体系更新速度的加快，会计从业人员要不断进行各种知识的更新，紧跟时代的步伐。在这其中，要特别加强对会计从业人员的计算机操作与财务软件的使用技术的培训，因为这是制约会计电算化发展的一个重要因素，也是很多会计从业人员的一个薄弱环节。对于企业会计电算化来说，人才是十分重要的部分，对此企业一定要积极加强对专业复合型人才的培养。企业可以利用一些比较优惠的政策来吸引外部的复合型人才加入企业中来，要求他们不仅有专业会计能力，同时还要精通网络计算机应用和维护，以此来优化企业内部员工结构。同时，企业也应加强对内部原有员工的电算化培训，不断提升会计人员网络计算机应用能力，使其能向复合型人才的方向发展，真正为企业会计电算化发展做出贡献。

（三）完善运行管理制度

要保证会计电算化工作的规范运作，制度化的会计电算化管理的法律法规是必不可少的。各级财政部门要重视这个问题，健全和完善会计电算化管理规章制度，使之以法律形式来约束与规范会计电算化工作；加强对会计电算化的规章制度的宣传、指导和监督检查也是必不可少的，要使得会计电算化的规章制度能发挥重要的作用，使之用于指导会计电算化工作。各级财政部门要在国家会计电算化的大规章制度下，鼓励各个地区、各种企业制定适用于本地区与本企业的具体会计制度，提高会计电算化的有效性。由于会计电算化涉及的内容较多、知识学科较复杂，因此会计电算化管理制度应该具有体系性，涵盖操作人员、操作流程、数据管理与保密、系统维护等方面的管理制度规定。对于已经实现或正在实施会计电算化的单位要严格遵守会计电算化法律法规。同时，在不违反国家会计电算化法律法规的基础上，允许企业建立起一套适应企业发展的会计电算化管理准则，以确保会计电算化有章可循及正常运行。

会计电算化在企业中的应用对于企业发展和提升效益来说无疑发挥了相对积极的作用。但是会计电算化在企业真正实施的过程中由于缺乏一定的管理经验，依然存在着各种问题和潜在的管理风险。究其原因，主要是由于企业的内部管理制度不健全造成的。因此，企业应该从制度上进行约束，重视对企业内部的监督管理，使企业内部的管理制度更加完善化和规范化。需要注意的是，应该在完善制度的过程中，牢记相关的保密性原则，对会计档案管理也要加以完善。为了避免出现不必要的错误和隐患，也要加强内部的数据控制工作，保证信息的真实性和可靠性。

（四）注重信息安全防范

为了加强会计电算化环境下财务信息的安全防范，首先要加强数据处理的控制，建立健全内部控制，从软件开发和维护控制、硬件管理和维护控制、组织机构与人员的管理和控制、系统操作的管理和控制、文档资料的管理和控制、计算机病毒的预防和消除等各个方面建立一整套制度，并保证措施能落到实处；其次在国家制定并实施了计算机安全法律，全社会加强对计算机安全宏观控制的同时，企业应安装正版查杀毒软件，采用防火墙技术、信息加密存储技术、身份识别技术等安全措施来保证财务信息的安全；最后应加强对计算机机房设施的管理，编写防火、防水、防盗以及突发事件应急处理的管理办法。

中小型企业会计电算化实施过程中，需借助计算机技术实现会计信息资源共享，使企业会计工作更加便利。但是，由于电算化工作保密性相对较差，企业和财务人员要采取合理的方法对公司财务数据进行保护，避免黑客攻击或相关数据泄露等对企业造成的经济损失。同时，企业也要结合自身的运营和发展背景，控制会计电算化操作人员权限，注重对计算机网络进行安全防范，使财务信息更加安全。企业要依据自身实际情况，对财务软件进行定期检查和维护，建立全面安全防范措施，提高会计电算化工作质量。

（五）合理开发会计软件

软件开发者要依据中小型企业会计电算化应用情况，构建完整的操作环境和软件系统，使会计人员在管理权限实施中更加独立、完整，实现内部监控；要结合中小型企业发展背景，对会计软件服务系统进行完善，真正实现会计工作内容与相关软件的兼容，并依据用户反馈情况和实际会计工作需求，对会计软件进行不断修改和完善；要根据使用单位和用户需求，对各类会计软件应用系统进行设计和完善，对应用软件进行分类，使中小型企业会计工作服务更具针对性。中小型企业要对会计软件进行合理选择，确保其在企业发展中的适用性，且不会使源软件发生更改。改变会计软件开发模式，可以进一步加速会计软件从核算型向管理型转变，软件开发者应在吸收国内外先进的成果基础上，开发出商品化的实用型会计软件。各种会计软件应该具有自己的特色，具备自己特色的功能，做到会计软件多样化、差异化，并且企业应具有二次开发的能力，以提高软件兼容性，满足企业管理方面的需求。

第四节　会计电算化的发展趋势

一、管理工作智能化

我国的会计电算化工作，虽然已取得了显著的成效，但目前会计软件的开发与应用仍然停留在以事后核算为主要内容的水平上，商品化的会计软件没给用户留出据其单位的实际情况能进一步扩充完善软件功能的接口，软件的分析、预测、决策等智能化管理功能不强，与先进国家相比，还有一定的差距。随着社会主义市场经济的发展，每个企事业单位都要面对市场自主经营、自负盈亏、自我发展。因此，各企事业单位必须建立完善的企业信息系统，广泛采集、利用各有关信息，辅助企业经营管理，搞好计划、分析、预测和决策，并根据实际情况及时调整预测误差保证其经营目标的实现。显然，以事后核算为主要内容的核算型会计软件不能适应上述管理上的要求，我国的会计电算化事业需要借鉴先进国家的成熟经验，密切结合我国的实际情况，开发与应用事前有预测、决策，事中有规划、控制，事后有核算和分析，并能据其储存的信息自动建立财务分析、预测、决策的数学模型并对事态的发展做进一步判断和推理的管理型，智能型的会计软件，同时在会计软件中给用户留出接口使其可以根据自身的核算、管理情况进一步完善其核算和智能化管理的功能，综合利用各方面的信息，这样才能满足社会主义市场经济条件下企事业单位管理上的需求。

二、信息处理人才专业化

由于信息处理和分析专业性较强，需要专门的人才，因此要求我国高校多培养出既懂理论，又有实践经验的会计电算化人才，同时也要求企业的会计专业人员不仅要精通本专业业务，还要熟悉计算机知识，具有上机处理基本业务核算工作的能力，掌握一般性故障排除方法和纠错方法；计算机专业人员除应有本专业知识外，还应有财会专业知识，了解会计核算工作，通晓会计数据流程。有关工作人员都要不断学习和掌握日新月异的计算机知识和应用技术，以满足会计电算化进一步发展的需要。

三、会计信息网络化与媒体化

随着计算机技术和信息处理技术的发展，为会计电算化实现网络化及其载体的多媒体化提供了条件，网络是充分及时利用、传递会计信息的一种重要手段，在单位局域网络环境中，可以将单位的各职能部门连接成一个整体，从而实现单位内的资源、数据、信息共享，形成单位内部的信息高速公路；在广域网络环境中，可以将单位与其在异地的分支机构实现及时的资源、数据信息的传递，并可与外界形成金融、商业、贸易、信息、技术等网络结构，从而实现及时从单位内部与外部广泛搜集、传递有关信息，以达到计划、预测、决策的及时性和准确性，实现单位的经营管理目标。而将计算机多媒体技术应用于会计工作，将文字、声音、图形结合在一起可以更形象地描述经济活动的目标以及计划、预测、决策和控制的过程，使会计对经济活动的反映形式多样化，有助于提高会计信息的质量，更好地满足各单位全面管理的要求。

四、会计软件标准化

经过多年的摸索实践，人们对会计电算化的规律有了更深入的了解，有利于形成更加科学、细致的标准。随着会计电算化的不断深入，人们越来越重视会计电算化的管理工作，会计制度也将进一步完善，这一切都将促进会计软件的标准走向成熟。面对互联网和电子商务的冲击，企业应重新定义新经济时代生存、发展的规则。以前那种缺乏前瞻性、国际可比性、闭关自守的会计信息，已经跟不上国际形势的发展，因此我国必须建立一套具有透明度、更加可靠，并具有国际可比性的国际财务管理模式，这种新型的财务管理模式的提出与推行，将对传统会计观念、会计理论、会计实务等产生重大影响，并将彻底改变我国原有财务软件的形象，推动我国会计电算化理论的发展，提高我国企业参与国际竞争的综合实力。

第十一章　会计电算化操作

我国会计电算化工作在各级财政部门、业务主管部门、广大软件开发工作者和财会工作者的共同努力下，已取得了很大进步，各类财会软件的运用为推动我国经济管理手段现代化、提高会计工作效率和财会人员业务素质发挥了重要的作用。会计电算化的实施是具有一个过程的，这一过程当中的细节是值得人们去注意的，它分为制定规划，硬件配置，软件配置，人才培训，管理制度等。会计电算化是一项制度工程。一方面，国家、地区和行业主管部门要制定一系列会计电算化管理制度、发展规划、技术标准和工作规范并颁布实施，要调动各方面的积极性，组织开发各行业适用的，具有多层次和类型的系列会计软件、审计软件，并对其合法性、正确可靠性进行评审，同时还要进行其他大量而艰巨的会计电算化宏观管理工作。另一方面，各基层单位要进行大量而复杂的会计电算化的配套管理工作，主要是提高企业领导及其他管理人员的现代化管理意识，在整个企业管理现代化总体规划的指导下做好会计电算化的长期、近期发展规划和计划，并认真组织实施，建立一系列现代企业管理制度，提高企业管理要求。

我国的会计电算化事业有了较快的发展，由于会计电算化具有能减轻财务人员的劳动度、提高工作效率、提高会计核算质量以及促进会计工作规范化等优点，使用会计软件进行会计核算的单位越来越多。实施会计电算化是一项复杂的系统工程，它包括编写规划、配置设备、改善办公环境、建立会计信息系统、培训人员、确立制度等诸多内容，各个环节相互关联，循序递进。要实施会计电算化只有采用系统工程的方法与原理去组织实施，才能保证工作的顺利进行。

第一节　会计电算化培训与法律规范

一、会计电算化培训概述

（一）会计电算化培训的价值

会计电算化是一门新兴的边缘学科，其涉及知识比较广泛包括财会理论与实务、计算机、通信技术、管理科学、信息系统开发技术等。会计电算化工作是一项高技术工作，它不仅需要会计和计算机专门人才，更需要既懂会计又懂计算机技术的复合型人才，培养和造就一批精通财会和计算机业务的双栖人才至关重要。因此，抓好各类会计电算化人才的选拔培训工作，培养一大批高素质的会计电算化领导人员、会计软件开发人员、使用维护人员和现代化财会管理人员，是保证会计电算化工作顺利进行的前提条件。

知识经济时代计算机及网络的飞速发展要求会计人员知识更新要及时有效。知识经济时代计算机技术的发展为人力资源会计、社会责任会计等提供了技术支持，电子商务的出现也大大改变了现有会计信息处理模式。在这样的社会背景下会计电算化一方面要求会计人员知识更新速度更快，以适应新的企业组织形式、经营方式的变化，另一方面也为会计人员多渠道获取新知识提供了途径。

（二）会计电算化培训的管理

根据本单位的实际情况，会计电算化人员的培训可分为初级、中级和高级三个层次。一部分会计人员应进行会计电算化初级培训，掌握计算机和会计软件的基本操作技能；多数会计人员要通过中级培训，使之能够负责计算机系统环境和会计软件的维护工作；一少部分会计人员要接受高级培训，掌握会计软件系统的实施与运行管理的能力，并能够逐步掌握会计电算化系统分析和系统设计工作。以计算机为代表的信息技术正以前所未有的速度迅猛发展，作为会计电算化的培训，在内容上，要跟上信息技术的发展，知识的更新，培训内容和课程的设计应基于培训目标。人们要根据会计电算化的发展进程，选择一些和实际工作紧密结合的知识进行优化组合，制定出培训内容，具体来说，一方面要加大会计信息系统和会计电算化的理论知识比重，要求会计人员不但要掌握会计核算软件功能，还应该具备计算机基础知识，掌握基本的计算机维护能力，能够比较熟练运用办公软件，及数据库管理系统，熟悉网络知识；另一方面对于少数参加高级培训的人员来说，因为他们在实际工作中要完成软硬件的系统维护工作，所以其培训内容还应包括软件的内部结构、数据结构和具体处理过程，并能解决版本升级、硬件和操作系统升级带来的问题，这些人员应具备较强的财会专业知识和企业管理知识并对本企业财会业务处理十分熟悉，了解和掌握程序设计技术及程序设计语言的应用知识、数据库理论与应用知识，操作系统和各种工具软件的应用知识，计算机硬件和使用知识以及系统分析设计技术等。培训作为实施会计电算化的重要前提，必须保证培训的效果。企业要通过考核指标的设定为培训人员指明学习的方向，并激发会计人员的潜力，通过对培训人员学习成绩的考核，并将培训考核结果纳入会计人员的年度考核中，明确奖惩措施，以激励会计人员，形成良好的组织培训和自我学习的环境。

（三）会计电算化培训的问题

会计电算化的实践性很强，从业人员除了应具备扎实的会计理论知识外，具体内容安排上和计算机也有很大关系。目前，很多单位的电算化人员是由过去的会计、出纳等经过短期培训而来，他们在使用计算机处理业务的过程中往往是除了开机使用财务软件之外，对计算机的软硬件知识了解甚少，一旦计算机出现故障或与平常见到的界面不同时，就束手无策，即使厂家在安装会计软件时都做了系统的培训，但一些从未接触过电算化的会计人员入门还是很慢，而且经常会出现误操作，一旦出错，就会使系统数据丢失，甚至导致整个系统瘫痪，这主要是因为工作人员缺乏计算机相关知识。此外，还要有其他相关知识的配合，这些相关知识包括各类企业组织方面的知识、审计知识、经济学知识、管理学知识、外语知识等。

由于各培训点聘请的培训教师水平参差不齐，导致会计电算化培训质量也有很大差别。各培训点应该选聘参加过会计电算化中级师资培训的教师，或选聘大学具有高职称、高学历、经验丰富的专门讲授会计电算化课程的教师，以保证教学质量与教学效果。因为培训班是阶段性的，许多培训点为了节约成本，并没有配备专业专职电算化教师，在每次培训班开班时，只临时聘请兼职教师授课。此外，由于电算化的软件程序是由软件工程师编写的，因此很容易遭到篡改，导致原始数据丢失，一些会计软件甚至可以正常修改以前年度的数据，违背了会计数据的真实性原则。

二、会计电算化法律规范

（一）工作规范

《会计法》关于会计电算化的规定，要求会计电算化工作规范的深化和细化。随着会计电算化工作的开展和普及，会计电算化的技术、设备、操作等方面统一规范化的问题，摆到了会计机构、会计人员的面前。为了使电子计算机生成的会计资料真实、完整，符合国家统一的会计制度的规定，就必须使会计软件统一规范并符合国家统一的会计制度的规定。

（二）人员规范

《会计法》关于会计电算化的规定，要求单位负责人必须重视会计电算化工作。会计电算化，不仅需要资金、设备、技术，还需要具有法律、会计知识、电算能力的会计人员，这就要单位负责人承担起义不容辞的责任和义务，从各方面为会计电算化工作的开展和进一步的发展，提供充分的人力、物力和财力，实现会计电算化。

（三）职责规范

《会计法》关于会计电算化的规定，要求会计电算化工作必须责任化。为防止差错、舞弊、破坏与袭击，保证会计电算化系统正常运行，就必须对会计电算化工作实行责任制和责任追究制，明确职责权限，落实岗位责任，严格管理，规范操作。

第二节 会计电算化软件的选择

一、会计电算化软件的主要特征

（一）互动性

网络时代会计电算化软件以网络的财务核算和管理技术为基础，以实现单位的电子业务为目标，为企业提供互联网环境下财务信息的输入、加工和输出。其实现了企业与外部的财务信息交换，因此各级工商行政管理机关正在积极推进企业登记审批制度的改革，加快建设电子政务、网络工商，逐步实行网上互联审批、网上办照、网上年检、网上查询，简化程序，减少环节，提高办事效率，并且实行在线报税、在线报关，让企业可以及时把纳税信息提供给税务部门，通过银行账号实现网上支付、网上缴纳税款。

各单位应根据审计部门的要求，通过操作员及其权限的设置，对输出的信息进行秘密等级分类，把所需提供的财务报告及相关情况如实提供给审计部门。尤其是上市公司应积极配合证券管理部门和审计部门的审查，为其提供真实完整的会计信息。审计部门则要根据企业所提供的信息做出客观、公正的评价及结论，以确保其合法性、合规性。会计主体与投资者、债权人之间的信息交换主要体现在会计信息报告的公布和读取上。债权人可以随时了解该单位的营运情况，分析其未来的发展潜力，以做出有利于自身的决策；投资人与潜在的投资人可以充分了解该单位的各项财务指标，分析其经营状况、业绩好坏、市场竞争情况，展望其发展前景，然后做出下一步的投资决策。

（二）保密性

保密性是指网络信息不被泄露给非授权的用户、实体，即信息只为授权用户使用。保密性是在可靠性和可用性基础之上，保障网络信息安全的重要手段。这里所说的保密性是指销售厂家的商品化会计软件对用户的保密性。

商品化软件不给用户提供源程序代码，只提供经过加密的软件。这是因为开发会计软件的厂家，在开发过程中，投入了大量的人力、物力、财力，因此开发出来的商品化会计软件是商品化会计软件厂家的成果。软件厂家要采取许多加密措施，以防止他人对软件模仿、拷贝，因而一般不会提供给用户可读的源程序代码，其提供给用户的是已经编译过的而且已加密的会计软件。

（三）多样性

目前在管理功能方面，财务软件的功能获得了较大程度的提升，并具有很多适合管理任务的模块，如财务分析模块。在会计信息化中，对会计工作在经济管理中的作用进行发挥可以说是一项十分重要的目标，为了实现该目标，除了通过计算程序的方式对财务核算进行实现外，也有很多是加强会计控制、会计监督、辅助决策等方面的功能，并通过多种功能的加入实现对不同部门、不同类型的服务。而在具体应用中，企业对这部分功能的掌握情况，也将对会计信息化管理作用的发挥程度产生影响，并会对会计信息化实现的质量产生影响。而在软件的模块组成方面，也设置有很多模块。财务软件除系统按财务制度要求设定的数据展现模式外，还可以根据用户的实际需求进一步开发应用软件，像自定义结转、自定义账簿、自定义报表功能和建模分析的应用，都体现出财务软件强大的服务功能，展示出个性化与多样性的特点。

二、会计软件的选择原则

（一）通过财政评审

广义的会计法规制度是由国家相关部门共同制定规范社会不同会计关系的法规总称，它包含行政规章及法规、会计法律等。狭义的会计法规制度是由我国最高权力机构，通过相应的立法程序出台的会计法规，因此它是由全国人民代表大会遵循相关法规程序制定的，《中华人民共和国会计法》的规定具有强制性，是国家规范会计的有力举措。该法它被用来规范会计行为，提高经济管理水平，保障在经济发展过程中会计信息的可靠性、真实性，加强我国经济市场的管理能力，促进我国经济的快速发展。法律责任是一个十分重要的法律词语，通常情况下主要指的是由于人们违法乱纪或者法律规定而必须要承担的法律后果。法律责任具有三个功能，即救济、预防、惩罚。

通过评审的软件是通过专家测试并符合财政部颁布的《会计核算软件基本功能规范》的软件，且财政部门对其今后服务进行统一管理。会计工作要遵循全国统一的会计制度和其他财经制度中的有关规定，对执行和完成会计工作的商品化会计软件也不例外。对商品化会计软件来说，其应满足国家有关会计软件的管理规定。

（二）具有实用价值

实用性是指发明或者实用新型软件必须能够在产业上制造或者使用，并且能够产生积极效果。但是，应该注意的是，各国对实用新型软件要求的创造性比对发明软件的要求低，有些国家甚至不要求实用新型软件具有创造性，只看其各种自定义功能是否满足使用单位的要求。

一个软件的实用性可以从以下的几个角度来考量。首先，软件能否完整正确录入本单位所需的各类会计数据，各类数据的录入项目是否齐全，比如记账凭证的录入至少应包括凭证类别、日期、摘要、会计科目、辅助核算项目、金额，另外是否附有附单张数、制单人、复核人、记账人等选项。其次，软件输出的信息包括各种凭证、账簿、报表及其他信息的格式能否满足本单位要求，其输出形式是否是开放的，单位可否随时修改、补充、调整。最后，软件是否具有业务处理能力，软件本身提供的处理功能是否满足本单位会计业务处理的要求，着重考察所提供的处理功能是否齐全，各核算模块的衔接是否通畅，如固定资产、工资、成本核算系统能否与账务核算连接生成相应会计凭证，继而反映到报表中。

（三）保障使用安全

安全性是指商品化会计软件防止会计信息被泄漏和破坏的能力。可靠性是指商品化软件防错、查错、纠错的能力。一般情况下，由人工录入的每一个字段都应有以下几种可靠保证措施：由计算机接受的录入数据应有校验措施；机内存放的数据或所输出的信息应进行加密；对重要的模块或子系统应有存取权限控制等。一些软件虽然设置了各种安全可靠性措施，但其实际运行却没有达到预期的目标，或者其本身就不合理。因此，要及时备份数据，凭证、报表、账簿要按需按时打印，储存数据的介质要妥善保存；要加强局域网的管理；设置实时监控的查毒、杀毒软件；对系统要进行定期维护。要建立网络安全保障体系，就要分析安全环境、安全风险、安全需求，做出安全保护策略，并对安全目标进行评估、评审，保障系统实现动态安全。中小型企业在选择财务软件时应充分考虑其自身的需求，从企业规模、所属行业、业务特点及未来前景等方面综合分析。软件服务包括售前、售中和售后，但即使安装了财务软件也并不意味着一劳永逸。

（四）售后服务支持

售后服务，就是在商品出售以后所提供的各种服务活动。从推销工作来看，售后服务本身同时也是一种促销手段。在追踪跟进阶段，推销人员要采取各种形式的配合步骤，通过售后服务来提高企业的信誉，扩大产品的市场占有率，提高推销工作的效率及效益。售后服务是售后最重要的环节。售后服务已经成为企业保持或扩大市场份额的重要条件。售后服务的优劣能影响消费者的满意程度。在购买时，商品的保修、售后服务等有关规定可使顾客摆脱疑虑、摇摆的形态，下定决心购买商品。优质的售后服务可以算是品牌经济的产物，在市场激烈竞争的今天，随着消费者维权意识的提高和消费观念的变化，消费者们不再只关注产品本身，而是在同类产品的质量与性能都相似的情况下，更愿意选择那些拥有优质售后服务的公司。

作为软件产品，虽然在其上市前要经过评审和测试，但仍会遗漏一些问题，给用户带来不便，随着会计核算的逐步完善，良好的售后服务使用户在解决问题的同时，还可借助开发商的技术力量加快自身电算化建设，另外软件公司的操作培训、售后维护、软件保修、版本更新也关系到所用软件是否与企业发展相适应，使用单位能否减少后期投入。除此之外，财政部门对商品化会计软件的售后服务问题要进行监督管理，从而为解决电算化的维护问题免去用户的后顾之忧。

第三节 岗位人员的具体职责

一、财务主管的具体职责

（一）维护财务部门运转

财务主管的职责是制定并不断完善公司的财务制度、规定与办法，并向公司相关人员解释相关的财务制度，保证公司人员明白相关财务的流程与手续；组织财会部门的工作，落实财务部门的人员分工与岗位职责，协调本部人员与其他部门人员的工作，贯彻落实国家相关会计法律规定和公司的财务规章制度，协调人员工作并监督财务工作的执行，防范和制止违法乱纪情况的发生；定期组织财务部门员工进行财产清查，对公司的现金、银行存款与存货定期进行盘点，核对财物是否相符；保管公司财务章；对企业的财务报表、报告的真实性、准确性进行监督。财务主管应负责组织、协调会计电算化工作；根据事业需要制定会计电算化发展规划；选定会计核算软件，合理配置硬件设备；按照上级有关规定，结合本单位实际，制定会计电算化制度及管理措施；负责制定会计电算化岗位职责、明确权限；负责组织会计人员电算化知识学习与培训，提高会计电算化水平；负责会计电算化工作检查，保证会计电算化工作的正常运转。

（二）参与经营计划制定

经营计划是指在经营决策基础上，根据经营目标对企业的生产经营活动和所需要的各项资源，从时间和空间上进行具体统筹安排所形成的计划体系。事实上，经营计划是企业围绕市场，为实现自身经营目标而进行的具体规划、安排和组织实施的一系列管理活动。企业经营计划是企业经营活动的先导，并始终贯穿于企业经营活动的全过程。经营计划中包括年度预决算方案，资金使用和调度计划、费用开支计划、筹融资计划、利润分配方案、弥补亏损方案等。财务主管要参与企业资金的使用和调度、贷款担保、对外投资、产权转让、资产重组等重大决策活动。财务主管通过列席董事会和总经理办公会，参与制订有关企业经费的重大计划。关于企业资金的使用，要结合企业实际，根据企业规模的大小，确定资金额度，在金额起点以上与企业负责人进行沟通，对于贷款担保，对外投资产权转让、资产重组、不良资产的处理等事项，无论金额大小一律实行监察。若财务总监认为监察事项依据不足，要做出书面说明，并请企业负责人责成有关部门补齐依据后再监察。

（三）合理控制企业资金

在现代企业的经营管理中，财务主管的职责不仅仅是管理好财务部门，还需要参加企业的经营决策，参与重要的经济合同和经济协议，并主持和制定相应的财务指标来对部门及员工的绩效进行考核。通过对财务信息进行进一步的提取分析，提供经济预测和企业财务资金预测是财务主管进行决策支持的一个重要表现。在传统的财务观念中，财务主管主要职责是保证企业能够筹集到资金，不会过多关注企业的盈余资金，而在现代财务管理理念中，企业的盈余资金也是获得股东权益的方式。为此，财务主管需要掌握公司的资金结存状况以及市场上有价证券等短期投资的市场变动，编制长短期资金的筹集、偿还计划与盈余资金的投资计划。

二、系统管理员具体职责

（一）系统运行前期工作

系统管理员的总体要求是保护计算机软件系统、硬件系统的正常运行，管理机内会计数据。系统管理员的首要任务是负责会计软件运行环境的建立以及系统建立时的各项初始化工作。会计软件运行环境的建立包括系统软件、应用软件的使用，并要结合本单位实际情况建立科目体系、凭证类型、会计核算方式等。系统管理员还要检查各操作员操作的日志记载情况，对计算机开机、关机和运行情况进行检查，防止非法调用和操作；要保证会计软件正常运行与数据的保密和安全。

（二）软件运行实施工作

系统管理员要负责会计软件日常运行管理工作，监督并保证系统的有效、安全、正常运行。系统自身的安全运行主要涉及系统各项运行日志的管理维护、防病毒的措施等。系统运行日志主要是指会计人员上机的操作日志管理，包括机制日志和手工日志。加强对操作日志的管理，应成为系统管理员日常的一项重要而又必要的工作。如今，计算机病毒对系统攻击的破坏性比以往任何时候都严重得多，预防与清除计算机病毒已成为会计电算化工作中应加以重视的问题。

（四）系统安全监测工作

系统管理员应负责系统定期的正确性、安全性检测，保证系统软件、硬件、网络、数据库的正常运行；负责在系统发生故障时，及时组织有关人员恢复系统的正确运行，针对系统事故找到系统事故原因；确保各种网络应用服务运行的不间断性和工作性能的良好性，出现故障时应将故障造成的损失和影响控制在最小范围内。对于要求不可中断的关键型网络应用系统，系统管理员除了在软件手段上要掌握、备份系统参数和定期备份系统业务数据外，必要时还要在硬件上建立和配置系统的热备份。这里特别将灾难预防单独说明，原因就在于会计数据的重要性、会计信息系统自身的特点。预防灾难的措施中主要包括会计软件，系统软件和各项会计数据、网络参数的备份等。

第四节　操作过程的规范管理

一、电算化操作的实施过程

（一）编写总体规划

编写会计电算化总体规划需要遵循一定的原则，基于这些原则基础上的规划才能是合理的有效的。首先，应该遵循整体性原则，整体性原则是解决企业单位管理信息系统与会计信息系统及其各功能模块间关系的基本准则。

其次，要遵循阶段性原则，在制定总体方案的基础上确立分段实施目标，对每一阶段的任务、目标做出明确的规定。再次，要遵循可行性原则，制定会计电算化发展规划要从本单位的客观需要和实际可能性出发，使会计信息系统与企业的管理信息系统、管理模式相适应。最后，要遵循领导负责原则，会计电算化的实施要由企业单位的领导亲自参与进来，并组织全公司的部门统一协调，统筹过程中可能出现的各种问题。总体规划的主要内容包括：确立本单位会计电算化工作目标；确定会计信息系统的总体结构；选择电算化会计信息系统建立的途径和硬件与软件的配置；确定会计电算化实现的步骤；确定会计电算化工作管理体制和机构；制定专业人员的培训和配备计划；费用预算等。

（二）系统软件配置

对于不同的群体，会计软件的获取方式也是不同的，对于中小型企业，一般可以通过采用购买商品化会计软件就可以初步建立本企业的会计信息系统；对于大型企业，往往会先选购会计软件然后对其进行二次开发来满足企业会计核算和经济管理的需要；对于微型企业，可以通过互联网直接访问网络财务公司的网络在线电算化会计信息服务系统，通过在线方式建立起自己的会计系统。上述只是一般规律，具体情况仍需结合企业自身，虽然不同规模企业配置的方法不同，但是它们都需要遵循共同的原则。

（三）岗位人员培训

目前来看，电算化培训主要分为正规教育和在职短期培训两大种类。正规教育就是指高等院校、中等职业院校开设会计电算化专业和课程，使学生通过一段时间的正规教育，学习计算机知识、处理数据知识、程序设计与软件操作等，通过此种培训培养出来的是从事会计电算化的应用型人才，专业性很强。但是这种培训不适用于在职的或者是从事会计行业多年的会计工作人员。我国会计电算化教育缺乏一个总体的思路和设想。会计电算化人才的缺乏，在某种程度上仍然是当前制约会计电算化事业进一步发展的关键因素，因此需要大力培养会计电算化人才。多年来，我国财政部除了在全国开展大规模会计电算化人才的培训外，还着重加强了对会计电算化人才在校培养的重视。从会计电算化培养的目标来看，会计电算化人才应具有层次性，会计电算化的教学目标应该是培养出既懂得计算机技术又具备会计理论和业务知识的不同层次的应用型、理论型、创造型的复合人才。高校是会计电算化人才培养的重要基地，为了实现培养电算化人才这一目标，如何有效地开展会计电算化教学就成了首要问题。目前，关于这个问题各个学者仍然没有达成一致，因此仍没有一个完善的课程体系和统一的教学大纲。

二、电算化操作的完善策略

（一）加强知识技能培训

理论知识是指概括性强、抽象度高的知识体系。理论知识不是分散的、零星的知识，不是个别性的、具体性的知识，而是系统的、有普通意义的知识。理论知识中往往包含了一般知识和专业知识。培训是一种有组织的知识传递、技能传递、标准传递、信息传递、信念传递、管理训诫行为。目前我国培训以技能传递为主，时间则侧重上岗前，也有部分为在岗时。会计电算化的人才缺乏，是制约会计电算化发展的关键因素。要提高会计人员计算机业务素质，必须大力加强人才培训的力度，提高会计人员综合素质。在培训的内容上要切合工作实际的需要，及时更新培训内容，完善会计人员会计电算化结构体系。对会计人员、系统维护人员、系统管理人员应按不同内容与不同要求进行培训。培养会计电算化骨干力量，只有建立良好的培训机制，落实培训效果，才能造就一大批既能够精通计算机信息技术，又专于财务管理知识，能够熟练地进行财务信息的加工和分析，满足各方对财务信息需求的综合型人才，为促进会计电算化的顺利发展打下良好的基础。

在实际会计电算化培训中，由于时间、场地和会计人员素质所限，培训内容往往注重财务软件的操作流程和操作方法，对电算化会计信息系统的基本理论不进行讲解，忽略了对计算机基础知识和应用知识的介绍。从而造成会计人员对电算化会计信息系统认识模糊，不能了解系统的全貌，自然更谈不上软件功能的全面深入应用；有的会计人员仅能操作财务软件，对其他应用软件一无所知，不能充分发挥计算机在提高会计工作效率和质量方面的作用。

（二）监督管理制度完善

会计电算化的发展使得会计人员的工作任务得以减轻，使其从烦琐的核算与报账转化为电子化的工作，但是在会计电算化实施的过程中很多部门却只是注重报账，而轻视甚至是忽略了会计电算化的管理作用。制定严格的机构和人员岗位管理制度、系统操作的各项制度和相应的控制措施、健全档案管理制度，对各类操作人员必须制定岗位责任制，重点工作岗位必须实现职权分离，有效限制和及时发现错误违法行为，杜绝舞弊现象发生。严格规范系统操作的各项制度和相应的控制措施。对于系统操作环境，必须编写一套完整而严格的操作规定。操作规定应明确职责、操作程序和注意事项，形成一套电算化系统文件和具有可操作性的管理规范。同时建立健全档案管理制度，这些档案主要是指各种账簿、报表、凭证和其他会计资料等。系统开发时就要对这些资料进行不同的存档和安全保管、保密工作。档案管理一般通过编写与实施严格的档案管理制度来实现。虽然会计的发展已经取得了一定的成就，从过去的核算型逐步迈向管理型，但是所使用的模型与管理的发展需求并不相符，因此要充分的利用会计电算化的特长，使得管理能够进一步发展，一定要将其融入信息管理体系，提升会计电算化的功能，使得管理模块能够有所增加。

（三）提升会计软件质量

为了保证会计信息的准确性、保密性等，建立一套完善的操作环境和软件系统是非常必要的，不仅能保证会计人员独立行使自己的权限，同时也达到了会计内部监控的作用。会计系统软件开发前，相关人员需进行市场调研，然后以相关法律准则为指导，分析研究各应用软件板块的兼容性、统一性，使各种业务之间能相互衔接，最大化的满足用户需求。软件开发完成后，还要进行系统调试，试运行一段时间后再完全交由企业使用。信息时代已经到来，互联网已成为人们获取信息的重要途径，信息化的普及程度和应用水平高低已经成为衡量经济发展和综合竞争力的重要指标。会计软件的使用大大地提高了会计行业信息化的普及程度。

当前会计软件虽然已开始从核算型转换到管理型，但要充分发挥会计电算化的优势，为单位管理服务，包括管理信息系统，提高会计软件功能，企业就必须注意管理功能模块。管理的主要模块包括财务指标分析和评价。建立金融指标分析系统，可以根据计划和实际或连续几次实现的对比分析，揭示其变化趋势。计算机可以进行全面预算管理，根据最近的分析数据，销售预算，生产和成本预算，形成预算报告提供给管理层。软件在功能完善的基础之上，安全性也要有一定的提升，财务数据是关系单位机密的重要信息，在一定程度上来说它也是关系到单位生存与发展的关键，因此财务数据保密就显得尤为重要。但是，当前的很多软件都是针对适应财务制度和改善会计功能等方面进行研究，很少有软件进行数据保密的研究，因此建立安全工作的会计制度是公司的首要任务。

（四）完善会计档案制度

会计工作是经济管理的一部分，是一项细致严密的工作。任何一个企事业单位每天都要发生频繁的经济活动和财务收支，会计以货币为计量单位，真实、连续地记录和反映从凭证到账簿再到报表这些经济活动发生的过程。电算化会计档案是这一过程的再现，它为经济管理提供了数据资料，综合反映了已发生或完成的各项经济活动，以便于了解并考核经济活动的过程和结果，为事后考查某个会计事项编写书面证明，提供原始数据。增强电算化会计档案管理意识，完善硬件设施建设，科学界定电算化会计档案资料的范围，建立健全电算化会计档案管理制度，编制电算化会计档案管理专用软件，加强会计档案工作队伍的建设，是完善电算化会计档案管理的有效措施。针对电算化会计档案必须借助于特定的环境才能再现的特点，在进行管理时必须注意组织力量编写一套电算化会计档案管理软件，以便对往年资料进行管理，同时利用电算化会计档案处理方便、快捷、直观，对管理和决策支持性好的特点，对保存完好的各个时期的数据进行财务分析和预测，为企业的经营管理和事业的发展服务。

参考文献

[1] 安应民 . 管理学新编 [M]. 北京：中共中央党校出版社，2004.

[2] 程春晖 . 全面收益会计研究 [M]. 大连：东北财经大学出版社，2000.

[3] 盖地 . 税务会计与税务筹划 [M].11 版 . 北京：中国人民大学出版社，2018.

[4] 黄少安 . 产权经济学导论 [M]. 北京：经济科学出版社，2004.

[5] 吴长煜 . 风险环境下的企业财务战略 [M]. 沈阳：辽宁大学出版社，2002.

[6] 保小梅 . 企业财务投资战略研究 [J]. 全国流通经济，2017（24）：84-85.

[7] 蔡晖 . 会计电算化的目标与发展 [J]. 审计与理财，2003（12）：41-42.

[8] 曹丽 . 浅谈财务会计信息失真的成因及对策 [J]. 企业技术开发，2015（30）：116-117.

[9] 曹伟 . 我国财务报表要素的设置问题 [J]. 对外经贸财会，2003（6）：8-9.

[10] 陈茜 . 探讨企业社会责任会计信息披露 [J]. 广东经济，2013（5）：48-49.

[11] 陈守忠 . 企业财务管理原则探析 [J]. 财会研究，2008（1）：47-49.

[12] 陈兆聪 . 论企业经营质量的财务分析 [J]. 中国集体经济，2008（16）：154-155.

[13] 邓瑶 . 增强实践教学在高职会计教学中的重要意义 [J]. 现代交际，2017（9）：129.

[14] 段瑞祥 . 试论如何规范会计电算化 [J]. 科技信息（学术版）2006（2）：179.

[15] 樊祥琦 . 论知识经济对财务会计的影响 [J]. 商场现代化，2016（20）：152.

[16] 巩文凭 . 谨慎性原则在财产清查中的运用 [J]. 商，2013（13）：144+131.

[17] 顾晓 . 试论稳健性原则在财务分析中的运用 [J]. 现代商业，2007（30）：48.

[18] 郭松克 . 论企业投资的市场分析 [J]. 企业研究，2003（7）：70-72.

[19] 何翔舟，金潇 . 公共治理理论的发展及其中国定位 [J]. 学术月刊，2014（8）：125-134.

[20] 黄傲，周红 . 库存现金管理存在的问题及对策 [J]. 商场现代化，2009（30）：16-17.

[21] 黄莉娟，杨得正．内部控制理论新发展及其启示 [J]. 财会通讯，2009（35）：96-98.

[22] 黄朴，陈凯丽．企业投资方式选择的纳税筹划 [J]. 财会月刊，2015（10）：48-50.

[23] 黄婉婷．企业财务风险控制研究 [J]. 会计之友，2013（23）：77-79.

[24] 江昌来．抑制财务数据造假强化会计规范管理 [J]. 工业会计，2003（5）：3-5.

[25] 姜平．对企业财务管理的法律思考 [J]. 云南财贸学院学报（社会科学版），2003（3）：108-109.

[26] 李秉文，付春香．企业组建中的纳税筹划 [J]. 财会月刊，2007（25）：68-69.

[27] 李惠，赵长宇．关于我国现代企业财务管理的现状与优化探讨 [J]. 中国经贸，2012（6）：189.

[28] 李金翠．浅析财产清查的内容和方法 [J]. 中国科技投资，2012（26）：24.

[29] 李静．企业内部控制的有效性和效率问题探究 [J]. 会计师，2015（15）：59-60.

[30] 李学忠．论财务会计目标的定位 [J]. 江苏商论，2007（6）：141-142.

[31] 李勇．财产清查会计处理存在的问题 [J]. 财会月刊，2007（28）：74-75.

[32] 利英敏．浅析企业财务会计目标的定位与构建 [J]. 科技创业月刊，2014（6）：67-69.

[33] 梁云凤，王伟．价值信息整合观下的会计本质定义 [J]. 财会月刊，2007（29）：57-58.

[34] 刘春秋．论信息化的安全维护 [J]. 大陆桥视野，2010（8）：88.

[35] 刘存英．企业纳税管理问题浅析 [J]. 财经界（学术版），2012（7）：273.

[36] 刘福生．对我国会计电算化发展的理论思考 [J]. 中国管理信息化（会计版），2007，10（4）：19-21.

[37] 刘孟斌．财务会计信息需求研究 [J]. 延安职业技术学院学报，2009（4）：22-24.

[38] 刘瑞华．上市公司财务报表粉饰与治理对策 [J]. 财会学习，2016（10）：16-17.

[39] 马力强．中小型企业会计基础工作的探讨 [J]. 浙江工商职业技术学院学报，2010（1）：18-20.

[40] 沈钧．试论会计工作效率的提高 [J]. 商场现代化，2005（9）：114.

[41] 施先旺. 内部控制理论的变迁及其启示 [J]. 审计研究，2008（6）：79-83.

[42] 宋为勇. 我国财务会计目标的影响因素与定位 [J]. 才智，2010（34）：2-3.

[43] 苏晓红. 论现代企业的共同治理 [J]. 社会科学辑刊，2004（3）：165-167.

[44] 孙玉珍. 企业财务会计人员素质提升策略 [J]. 商业经济，2015（12）：135-137.

[45] 王海红. 浅谈企业应收账款管理 [J]. 技术与市场，2016（6）：282+284.

[46] 王双敏. 从内部控制看企业会计人员的管理 [J]. 中小企业管理与科技（上旬刊），2010（2）：9.

[47] 王晓鹏. 企业投资项目决策科学化探讨 [J]. 内蒙古科技与经济，2017（17）：47-48.

[48] 魏晓芳. 企业应收账款风险的衡量与防范 [J]. 山西经济管理干部学院学报，2014（1）：32-34+47.

[49] 吴洪洛. 我国电算化审计面临的几个问题探析 [J]. 金融经济，2011（22）：148-149.

[50] 徐宁中. 使用会计软件应注意的几个方面 [J]. 中国会计电算化，2001（8）：1.

[51] 徐向真. 我国政府审计制度建设研究 [J]. 西安财经学院学报，2013（4）：41-44.

[52] 薛多忠. 企业内部财务制度建设 [J]. 中国集体经济，2017（19）：101-102.

[53] 姬瑞芳. 财务会计目标之透视 [J]. 内蒙古财经大学学报（综合版），2009（4）：140-144.

[54] 杨丽. 会计电算化对传统会计职能的影响 [J]. 财经界（学术版），2010（8）：188-189.

[55] 于燕飞，邢海萍. 浅谈我国的会计电算化问题 [J]. 商业经济，2006（7）：65-66.

[56] 苑珊. 企业投资项目管理模式研究 [J]. 企业技术开发，2016（3）：22-23.

[57] 张军. 企业财务转型的人才观 [J]. 中国总会计师，2017（3）：54-56.

[58] 张莉. 我国中小型企业融资的问题与解决途径 [J]. 湖北农村金融研究，2004（1）：43-46.

[59] 张盼. 浅谈财务报表分析方法的改进 [J]. 商，2016（16）：159+152.

[60] 张朔，臧建玲. 企业营运资金管理问题研究 [J]. 山西农经，2017（21）：98-99+102.

[61] 张鑫 . 企业清算会计浅议 [J]. 合作经济与科技，2016（6）：160-161.

[62] 张觎翔 . 论企业营运资金预算管理 [J]. 现代工业经济和信息化，2016（17）：18-19.

[63] 张长海 . 中小型企业会计电算化存在的问题及其对策 [J]. 中国集体经济，2008（27）：168-169.

[64] 郑秧军 . 中小民营企业经营者管理意识瓶颈剖析 [J]. 当代经济，2005（3）：10-11.

[65] 钟宁桦，刘志阔，向嘉鑫，等 . 我国企业债务的结构性问题 [J]. 经济研究，2016（7）：102-117.

[66] 周建民 . 论财务管理的目标和基本原则 [J]. 中国市场，2015（40）：150-151.

[67] 朱博义 . 企业投资风险的成因及控制 [J]. 会计之友，2011（7）：57-58.

[68] 邹妍 . 企业市场风险与投资风险的预测及分析 [J]. 中国高新技术企业，2011（34）：19-21.

[69] 代立伟 . 投资项目运行经济分析 [D]. 大连：大连理工大学，2002.

[70] 冯静 . 知识经济与财务理论发展 [D]. 成都：西南财经大学，2000.

[71] 刘照欣 . 企业内部控制问题与对策研究——以 A 公司为例 [D]. 大连：大连海事大学，2014.

[72] 邵君 . 企业现金管理理论与应用研究 [D]. 成都：四川大学，2005.

[73]] 粟靖 . 财务会计目标研究 [D]. 长春：吉林财经大学，2011.

[74] 肖光红 . 企业内部控制基本理论问题研究 [D]. 成都：西南财经大学，2014.

[75] 肖焰 . 企业治理结构变迁研究 [D]. 咸阳：西北农林科技大学，2005.

[76] 谢卓彬 . 企业纳税管理研究——基于供应链结构安排的分析 [D]. 广州：暨南大学，2015.

[77] 许景 . 我国中小型企业有效税务筹划研究 [D]. 镇江：江苏科技大学，2014.

[78] 杨宇 . 财务会计要素研究 [D]. 厦门：厦门大学，2007.

[79] 杨振 . 企业不同发展阶段的财务行为选择研究 [D]. 成都：西南财经大学，2006.

[80] 张晓琼 . 会计电算化全通用理论研究 [D]. 湘潭：湘潭大学，2004.

[81] 周鹏燕 . 企业风险财务管理研究 [D]. 荆州：长江大学，2013.